, Bärbel Wartenberg Potter (Hg.)

Was tust du, fragt der Engel

HERDER spektrum

Band 5450

Das Buch

„Die Träumenden zum Handeln bringen, die Handelnden zum Träumen" (Dorothee Sölle). Für Dorothee Sölle ging es, in ihrem Schreiben und ihrem Arbeiten, immer wieder um das untrennbare Ineinander von Sein und Tun. Und sie fand eine neue inspirierte Sprache für den Raum der religiösen Erfahrung, für Mystik im Alltag. Diese unverwechselbare Stimme fehlt; aber sie bleibt in dem, was sie gesagt hat. Und die Inspiration, die ihr poetisches Reden und engagiertes Schreiben bedeutete, die Anregung, der Widerspruch, die Fragen, die Auseinandersetzung haben noch lange kein Ende: In diesem Buch gehen Autorinnen und Autoren, die seit langem auf einem eigenen Weg theologischen Denkens und spirituellen Schreibens unterwegs sind und die sich dabei mit Dorothee Sölle verbunden fühlen, weiter in der von ihr eingeschlagenen Suchrichtung. Es ist ein Buch, das mit den je eigenen Stimmen der Autorinnen und Autoren sagen will, wie ein mystisches Leben heute zu denken und wie von ihm engagiert zu sprechen ist, im Kontext unserer Zeit und im Zusammenhang unseres Lebens und unserer eigenen Erfahrungen.

„Wir alle sind Mystikerinnen und Mystiker – einige wissen es, einige wissen es nicht": Dorothee Sölle ging es um die Demokratisierung der Mystik als jener Gestalt des Christentums, die Zukunft hat. Glück und Schönheit, Kämpfen, Hoffen und Unterscheiden, Achtsamkeit und Mut, Gerechtigkeit und Liebe, Loben und Schauen, Tränen und Traum gehörten für sie dazu. Solche Themen sind es, zu denen bekannte Autorinnen und Autoren hier schreiben. Sie laden ein, dies weiter zu denken und zu entwickeln – für eine Mystik im Alltag, nach der sich heute viele Suchende sehnen

Die Herausgeberin

Bärbel Wartenberg-Potter, geb. 1943, Studium der Germanistik und Theologie, war bis 1980 Studienleiterin im Zentrum für Entwicklungsbezogene Bildungsarbeit in Stuttgart, von 1980 – 1985 Direktorin in der Abteilung Frau in Kirche und Gesellschaft des Ökumenischen Rates der Kirchen (ÖRK) Genf. Von 1985 bis 1990 lehrte sie an der Universität der Westindischen Inseln, nach einer Tätigkeit als Geschäftsführerin der Arbeitsgemeinschaft Christlicher Kirchen in Deutschland wurde sie 2001 als Bischöfin im Sprengel Holstein-Lübeck der Nordelbischen Evangelisch-Lutherischen Kirche gewählt

Bärbel Wartenberg Potter (Hg.)

Was tust du, fragt der Engel

Mystik im Alltag

HERDER

FREIBURG · BASEL · WIEN

Für Frauke Eiben – danke für die Achtsamkeit

Originalausgabe
Alle Rechte vorbehalten – Printed in Germany
© Verlag Herder Freiburg im Breisgau 2004
www.herder.de
Satz: Barbara Herrmann, Freiburg
Druck und Bindung: fgb· freiburger graphische betriebe 2004
www.fgb.de
Umschlaggestaltung und Konzeption:
R·M·E München / Roland Eschlbeck, Liana Tuchel
Umschlagbild: Josef Grüter, Der Engel als ständiger Begleiter
zwischen Leben und Tod, © Josef Grüter, Rickenbach SZ (Schweiz)
Autorenfoto: © Bischofskanzlei des Sprengels Holstein-Lübeck
ISBN 3-451-05450-7

Inhalt

Vorwort

Bei einer Vorlesung in der Hamburger Universität zur Erinnerung an Dorothee Sölle sprach ich über das Thema „Achtsamkeit", ein Wort aus dem mystischen Denken, das Dorothee Sölle in den letzten Jahren ihres Lebens so besonders bewegt hat. Sie beschreibt es als „ein anderes Verhältnis zur Zeit". „Es gibt zwei Arten, das Geschirr abzuwaschen. Die erste ist, das Geschirr zu spülen, um sauberes Geschirr zu haben, und die zweite ist, das Geschirr zu spülen, um das Geschirr zu spülen." „Was wird aus unserer Lebenszeit in den unwichtigen Augenblicken des Lebens?", fragt sie. Und sie ermutigt zu einem anderen Umgang mit der Zeit, zu einer anderen Art zu leben, „einer anderen Einwurzelung im Hier und Jetzt".

„Was tust du, fragt der Engel", der Titel dieses Buches, ist eine Gedichtzeile von Dorothee Sölle. Er deutet in diese Richtung: Anliegen und zentrale Botschaft der Beiträge dieses Buches ist: Alles, was wir tun, ist ein Weg zu Gott, wenn wir es achtsam und in Verbundenheit mit Gott, den Menschen und der Schöpfung tun: Singen, Loben, Lachen, Weinen, Hoffen, Lieben, glücklich sein, mutig sein, Schönes sehen.

Die Autoren und Autorinnen haben sich anregen lassen und zum Teil ihre Begegnungen mit Dorothee Sölle zum Anlaß genommen, dem nachzusinnen, was diese ungewöhnliche Frau in ihrem Leben aufgeweckt, angestoßen, vertieft, lebendig gemacht hat.

Sie hat eine neue Dimension Gottes gezeigt und Menschen ermutigt, neue Wege der Gottesbegegnung zu erkunden. Von solchen Erfahrungen wird auf den Seiten dieses Buches gesprochen. Dorothee Sölle hat vielen Menschen geholfen, lebendig zu werden in ihrem Glauben. So ist sie auch im wahrsten Sinn „vom Leben zum Leben" gegangen, denn sie fährt fort, uns in allem, was wir tun, Gott sehen zu lernen. Diese mystischen Erfahrungen, die manche nur zaghaft zu artikulieren wagen, führen aber nicht in die abgesonderte Einsamkeit, sondern in die Mitte der Menschen, denn alle diese Gottesbegegnung findet „in Beziehung" statt, sie kommen zur Fülle und Schönheit, wenn sie mit anderen gelebt werden und durch sie hindurch sich bewahrheiten und verwirklichen. Die „communio sanctorum" ist dabei die Verbindungsstelle, in der solche Erfahrungen sich artikulieren und auch korrigieren und an dem achtsamsten Menschen, Jesus von Nazareth, Maß nehmen. „Der Geist erforscht alle Dinge, auch die Tiefe der Gottheit", heißt es im 1. Korintherbrief (1 Kor 2,10).

Dieses Buch möchte dazu beitragen, die Tiefe der Gottheit, aber auch ihre Höhe, Schönheit, Lebendigkeit, ihr „Unter uns sein" zu erforschen und den Leserinnen und Lesern Mut machen, die Tiefe in Gott zu finden durch ein liebendes und mitmenschlich geführtes achtsames Leben. „Aus der Tiefe rufe ich, Gott, zu Dir", heißt es in den Psalmen. Nicht nur aus der Tiefe des Leidens, nein, auch aus der Tiefe der glückhaften Begegnung, der Tiefe des Singens und Mitleidens, des Lachens und Mutigseins.

Nach der Hamburger Vorlesung saß Dorothees Familie mit ein paar Freundinnen und Freunden beim Essen zusammen. Uns beschäftigte die Frage, warum Dorothee die Achtsamkeit nun ausgerechnet am Geschirrspülen verdeutlicht hat. „Geschirr spülen, das hat sie doch nun wirklich selten und ungern gemacht", lachte die Familie. Vielleicht ist das überhaupt das Geheimnis: Dass wir Gott auch dort begegnen, wo wir es am wenigsten erwarten oder wo wir nur ungern hinschauen. Für die Überraschungen auf dem mystischen Weg mitten im Alltag will uns dieses Buch offenhalten.

Lübeck, 10. Februar 2004   Bärbel Wartenberg-Potter

Lieben
Das „Dennoch" des Herzens

von Uwe Seidel

> *„Wenn wir in Zukunft von Gott*
> *noch etwas sagen können, dann nur dies:*
> *Gott ist, dass wir lieben können."*
> (Dorothee Sölle)

Wir hatten uns nicht verabredet. Es war mehr ein Zufall, dass wir uns trafen. „Es gibt keine Zufälle", sagte sie zur Begrüßung. Ich wusste es. Die Tageshitze lastete nicht mehr so unerträglich auf uns. Ein Hauch von Wind kühlte den Schweiß.

Dorothee Sölle hielt einen Vortrag im Centro Oecumenico des Franziskanerpaters Uriel Molina in Managua: Vor Frauen und für Frauen. Sie sprach von *la esperanza* – von der Hoffnung, der Energieträgerin unseres Lebens. Es war noch die Zeit des Contra-Terrors, von den USA lanciert und finanziert. Sie sprach den Frauen Mut zu, und wie ich beobachtete, nahm sie ihnen zunehmend die Angst. Nach der *reunion,* der Versammlung, saßen wir bis in die Nacht zusammen.

„Warum", so fragte ich sie, *„fährst du um die halbe Welt? Warum zehrst du dich auf, engagierst dich bis zur letzten Kraft rund um den Globus?"*

„Weil ich die Menschen liebe", gab sie zur Antwort – und mir zu Bedenken, dass die heutige Nachfolge Jesu solch Hand und Fuß, ein Gesicht und einen solchen Mund haben könnte. So viele Sprachen, so wichtige Worte, so scharfe Gedanken, so eindeutiges Engagement für die Menschen – bis zum Umfallen, wie wir es auf Kirchentagen erlebten. Wenn ich sie befragte, ihr zuhörte, gewann ich immer mehr den Eindruck: Hier sitzt oder steht eine Prophetin vor dir, die die Visionen ihrer Sehnsucht lebt, aber wiederum mit beiden Füßen in der Wirklichkeit geerdet ist. Sie kämpft für Frieden und Gerechtigkeit, für den Lebensraum der Unterdrückten und Entrechteten, gegen den Moloch der Macht, des Kapitals und der Rüstung.

„Da erinnere ich daran
daß gott nicht in einem tank kam
und nicht in einer bank geboren wurde
und die alten wunderwaffen
die blitze und donner und himmlischen heere
einseitig aufgab
die paläste der könige und die soldaten
waren nicht sein mittel als er
unilateral
anfing mensch zu werden
das ist ohne rüstung leben"[2]

„Meinst du nicht", so fragte ich weiter, *„das ist ein Kampf gegen Windmühlenflügel?"*

„Nimm mir nicht den Mut. Dieser Kampf gleicht dem David gegen Goliath. Jedes Macht-System hat wunde Stellen. Du musst sie nur herausfinden. Dazu gehört sehr viel Intelligenz und Phantasie und Geduld. Sieh, Martin Luther King hat seine Visionen unter die Menschen gesät und ist offenbar vom FBI dafür getötet worden. Die Saat aber ist aufgegangen und hat schon viel verändert. Die Träume der Menschen kannst du nicht begraben, in die Erde versenken. Du kannst sie für tot erklären, aber sie leben dennoch weiter."

Dieses trotzige und unermüdliche DENNOCH hat sich in meine Gedanken gegraben, mir Kraft gegeben – nicht Fünfe gerade sein lassen, nicht klein beigeben, sich nicht in die private Isolation zurückziehen, sondern immer wieder um die Veränderung ungerechter Verhältnisse kämpfen. Immer um der Menschen willen. Die Grundintention LIEBE wird für mich zum Kontinuum des Lebens.

„Aus diesen gründen empfiehlt es sich
die älteste geschichte
von gottes liebe zu allem was lebt
nicht den alles respektierenden
schnattergänsen zu überlassen."[3]

Wir waren schon wieder in Schweiß gebadet. Ich berichtete von den Fahrten durch Nicaragua, den Projekten, natürlich auch von deren Finanzierungen, aber besonders von den Visionen der Bauern, der Arbeiterinnen und Arbeiter, den Gesundheitsstationen und vom Regenwaldschutz am Rio San Juan – und von den Millionen grüner Fliegen, die einen kaum atmen lassen. Sie kannte das alles.

„Wie hältst du das aus und durch? Wenn ich hier zwei Wochen arbeite, bin ich erledigt."

„Die Liebe zu den Menschen lässt mich durchhalten. Sie motiviert mich. Manchmal allerdings geht es mir wie dir. Vor allen Dingen, wenn sich alles gegen mich und uns wendet; wenn die Zeichen auf Sturm stehen und der Wind uns ins Gesicht bläst. Ich habe das auf vielen Demonstrationen erlebt, und wenn wir am Boden lagen – im doppelten Sinne – dann versuchten wir, uns gegenseitig auf die Füße zu helfen.

Allein schaffst du es nicht. Allein bist du zu schwach."

„Ich weiß. Oft genug habe ich diese ‚Niederlagen' selbst erlebt. Wenn du dich wieder aufrichtest, sind das die anderen Freundinnen und Freunde, oder hilft dir der Glaube wieder auf die Beine?"

„Was gibt es da für einen Unterschied? Der Glaube kommt mir vor allen Dingen in den Menschen entgegen – für mich eine weltweite Erfahrung. Du kannst den Glauben nicht von den Menschen trennen. Gott ist nicht ein Gott der isolierten Theologie und der einsamen Dogmen, die immer wieder benutzt werden, um die Menschen zu knebeln und einzuschüchtern. Gott befreit im persönlichen Bereich, aber vor allen Dingen in und aus den Strukturen. Die Liebe Gottes zeigt sich in Menschen-gerechten Strukturen. Das müssen auch die Kirchen endlich verstehen und lernen. Lies die Bergpredigt, dann weißt du, was ich meine."

„Wenn ich drei wünsche hätt für heute abend
einer wäre für dich und mich
daß wir nicht aus versehn aus der liebe fallen
einer wär für die leute in el salvador"[4]

„Die Bergpredigt habe ich gelesen, über sie gepredigt, sie versucht anzuwenden, aber wie oft bin ich an meine Grenzen gekommen? Wie oft habe ich klein beigegeben, und wie oft habe ich meine Ausreden in schöne Worte verpackt."

„Du musst radikaler sein. Du musst den Mut haben, anzuecken, dich unbeliebt zu machen. Ich kenne das Problem. Jede und jeder möchte gern „Lieb Kind" sein. Aber dann hast du Gott selten im Rücken, im Herzen schon gar nicht, und deine Gedanken kannst du vergessen."

Es ging schon weit über Mitternacht hinaus und ich muss sagen, meine Kräfte waren langsam erschöpft. Aber noch eine Frage:

„Wenn du selber so radikal bist, warum hast du bei der Lateinamerikanischen Beat-Messe zum Katholikentag in Aachen so geweint?"

„Ich habe diese Atmosphäre in deutschen Kirchen noch nicht erlebt. Wenn du hier in Managua eine normale Messe besuchst, mit einer kleinen Musikgruppe – denn eine Orgel hat hier keine Gemeinde –, dann siehst du die Menschen weinen, wenn sie ihrer Gefallenen gedenken, die im Kampf gegen die Contras umgekommen sind. Du hörst sie voller Hoffnung rufen: ‚PRESENTE' – sie sind lebendig unter uns, die Verstorbenen. Weißt du, die Hoffnung wird unter ihnen lebendig. Sie weinen und klagen. Sie schreien das Unrecht zum Himmel – aber die Getöteten sind lebendig. Und bei der Eucharistie, beim Friedenszeichen umarmen sie sich, weinen und lachen und tanzen vor Freude. Ihre Sehnsucht nach Frieden und Gerechtigkeit fährt ihnen in die Glieder. Das habe ich schon oft in Lateinamerika, in El Salvador, in Mexiko und hier im geschundenen Nicaragua erlebt. Aber in einer deutschen Kirche noch nicht. Das brachte mich aus der

Fassung. Und wie die Jungen und Alten mitsangen, beteten, meditierten und das Abendmahl, die Eucharistie in ergreifender Andacht feierten, das hat mich tief beeindruckt. Und wie viele kamen; die Kirche hätte mehr als doppelt so viele aufnehmen können. Die Sehnsucht nach einem lebendigen Gottesdienst ist in Deutschland in beiden Kirchen wohl sehr groß. Das hat mich zu Tränen gerührt. Ich konnte nicht einmal Brot und Kelch austeilen."

„Das reich gottes kann erst kommen
wenn wir in allen schulen des landes
werden wie die kinder"[5]

„Du hast mit Freundinnen und Freunden das Politische Nachtgebet in Köln ins Leben gerufen. Information, Reflexion und Aktion sind seine Schritte. Hier fehlen die Feier, der Gesang und die zeichenhafte Handlung der versammelten Gemeinde. Warum?"

„Das Politische Nachtgebet war für uns in Köln und anderswo eine Zeitansage. Politisches Bewusstsein und Handeln zur gesellschaftlichen Veränderung gehören auch in die Kirche, in die kirchlichen Räume. Wir können in unserem Kyrie nicht permanent die Schwierigkeiten in der Welt beklagen und unsere Hände in den Schoß legen: Der „liebe Gott" wird's wohl richten. Der „liebe Gott" wird uns richten, wenn wir uns nicht regen und aufregen – besonders auch in der Kirche. Wenn ich die Leiden der Menschen hier, das Unrecht weltweit erfahre, von der Folter, dem Tod Unschuldiger höre, dann kann ich nicht schweigen, dann müssen wir in unseren christlichen Kirchen das Wort ergreifen und zum Handeln aufrufen. Wir sind noch beim Kyrie, die Feier liegt noch weit in der Zukunft vor uns. Wir können noch nicht tanzen und singen angesichts der Bedrückung in unserer einen Welt.

„DENN SO DU WILLST DAS SEHEN AN
WAS SÜND UND UNRECHT IST GETAN
WER KANN HERR VOR DIR BLEIBEN"

Wann können wir Gott loben, ohne zu lügen, ohne uns in die eigene Tasche zu trösten und ohne falsch Zeugnis zu reden wider uns? Wann ist die Zeit gekommen? Weißt du es?"

Ich wusste es auch nicht. *„Nie"*, sagte ich ihr. *„Nie wird die Zeit kommen; denn es fehlt der neue Mensch, wie Ernesto Cardenal sagt und schreibt. Wenn wir auf den neuen Menschen warten, werden wir uns erst nach dieser Erdengeschichte wiedersehen."*

„Aber die Zeit ist gekommen, in der wir das Leben für alle erträglicher machen müssen.

Wir brauchen ein neues Konzept, das uns vom Egoismus der Reichen, auch von unserem eigenen Egoismus, von der Diktatur des Kapitals, von den Spekulationen der Börsianer befreit. So, wie wir leben, richten wir uns zugrunde, uns und unsere Erde. Mit dieser Erkenntnis Gott loben, das bringe ich sehr oft nicht über meine Lippen, denn Herz, Sinn und Verstand sprechen eine andere Sprache. Die Einsicht in die Welt-Zusammenhänge lässt mich nur mehr selten singen."

„CREDO
Ich glaube an gottes gute schöpfung die erde
sie ist heilig
gestern heute und morgen

Taste sie nicht an
sie gehört nicht dir
und keinem konzern
wir besitzen sie nicht wie ein ding
das man kauft benutzt und wegwirft
sie gehört einem anderen

Ich glaube an gottes gute schöpfung die erde
sie ist für alle da nicht nur für die reichen
sie ist heilig
jedes einzelne blatt
das meer und das land

das licht und die finsternis
das geborenwerden und das sterben
alle singen das lied der erde

Laßt uns nicht einen tag leben
und sie vergessen
wir wollen ihren rhythmus bewahren
und ihr glück leuchten lassen
sie beschützen vor habsucht und herrschsucht
weil sie heilig ist
können wir suchtfrei werden
weil sie heilig ist
lernen wir das heilen

Ich glaube an gottes gute schöpfung die erde
sie ist heilig
gestern heute und morgen"[6]

Wir hatten bis in den Morgen hinein geredet. Ein langer Tag lag
vor ihr und vor mir: Begegnungen mit vielen mir noch unbekann-
ten Menschen, Gespräche, die meinen Horizont erweiterten: mit
Ernesto Cardenal, der uns seine neuen Darstellungen erklärte und
die neuen Bilder von den Bauern aus Solentiname zeigte. Hier bist
du der Zeitgeschichte näher als im alten Europa, dachte ich. Und
so war es auch. Vieles, was Ernesto erzählte, hatte ich vorher von
Dorothee im Nachtgespräch gehört und in meiner Seele und in
meinem Verstand bewegt. Aber auch die Campesinas und Campe-
sinos inspirierten mich für eine neue Welt. Der Traum und die Arbeit, von der auch Dorothee scheinbar wie besessen war. Vielleicht
lag in diesem Traum ihre unermüdliche Arbeit begründet, mit der
sie um die Welt reiste, vielen Freundinnen und Freunden Mut zu-
sprach und sie mit Hoffnung erfüllte – ohne den Boden unter den
Füßen zu verlieren. Mit dieser Bodenhaftung erklärte sie mir immer wieder die Welt-Zusammenhänge, die Abhängigkeiten von
den lieblosen Strukturen. Sie predigte, beschwor und erklärte in

Lateinamerika besonders den Frauen, die auf der Welt immer nur die zweite Geige spielen durften, dass sie die erste Geige spielen mussten – um aller Menschen willen. „Die Frauen sind die Hoffnungsträgerinnen", sagte sie, „besonders hier in Lateinamerika. Aber auch sonst werden die Frauen wach und erkennen, dass sie das starke Geschlecht sind. Wenn sie nicht anfangen, die Verhältnisse zu verändern, wer dann?"

An diesem Tag lernte ich viele dieser Frauen kennen, die mit Power die Alphabetisierung bis in die fernsten Winkel des Landes tragen, die Radiostationen betreiben und ungerechte Verhältnisse öffentlich machen, auf den Feldern neues Saatgut züchten und sich weder durch Sturm noch Dauerregen oder die stechende Sonne entmutigen lassen. Ich verstand immer mehr, warum Dorothee diese Menschen so liebte: Sie inspirierten ihre Hoffnung. Menschen können Nahrung für die Seele sein, dachte ich. Diese Erfahrung hebt die Müdigkeit und die Lethargie auf – trotz unerträglicher Hitze und wenig Schlaf.

Verändert kehrst du jeden Abend heim und verändert kommst du nach Hause zurück – in die ferne alte Heimat, in der es so schwer ist, mit der Inspiration und dem Engagement der Latinos zu leben und das Erbe von Dorothee Sölle lebendig zu bewahren.

„Gegen den tod

Ich muß sterben
aber das ist auch alles
was ich für den tod tun werde

Alle andern ansinnen
seine beamten zu respektieren
seine banken als menschenfreundlich
seine erfindungen als fortschritte der wissenschaft
zu feiern
werde ich ablehnen

All den anderen verführungen
zur milden depression
zur geölten beziehungslosigkeit
zum sicheren wissen
daß er ja sowieso siegt
will ich widerstehen

Sterben muß ich
aber das ist auch alles
was ich für den tod tu

Lachen werd ich gegen ihn
geschichten erzählen
wie man ihn überlistet hat
und wie die frauen ihn
aus dem land trieben

Singen werd ich
und ihm land abgewinnen
in jedem ton

Aber das ist auch alles"[7]

Kämpfen
Konsequenz des Bekennens

von Julio de Santa Ana

> *„„Da kann man nichts machen'*
> *ist ein gottloser Satz."*
> (Dorothee Sölle)[1]

Gespeist aus Konflikten

In der Geschichte der Theologie und in der Bibel stoßen wir überall auf Gestalten mit einem sehr authentischen Glauben, der sich in einem kämpferischen Verhalten ausdrückt; ihr Leben war durchgängig von Auseinandersetzungen geprägt. Theologie zu betreiben ist eine gefährlicher Sache: Die Propheten der hebräischen Bibel belegen diese Aussage glaubwürdig. Auch Jesus von Nazareth, der Christus Gottes, und seine Jünger nahmen diese Gefahr auf sich. Die Geschichte der Gemeinden, die diesen Weg gegangen sind, wird durch verschiedene Auseinandersetzungen bestimmt. Deshalb wage ich zu behaupten: Der Glaube – und auch gute Theologie – erweisen sich in Kämpfen, in denen die Gläubigen zur Treue gegenüber Gott herausgefordert sind; das macht ihr Leben aus. Kapitel 11 des Hebräerbriefs ist ein Schriftzeugnis für die unauflösbare Verbindung zwischen Glaube und Kampf.

Dorothee Sölle war eine Theologin, die ein klares Bild von dieser Beziehung zwischen der Frömmigkeit und den Konflikten hatte, die sich im Verlauf des Lebens unausweichlich einstellen. Sie gehört in die Reihe jener christlichen Denker, deren Denken sich aus den Spannungen speiste, die mit den uns auferlegten Auseinandersetzungen verbunden sind. Viele glauben, Theologie sei eine friedliche Angelegenheit, bei der man sich von den die

Wirklichkeit prägenden Kämpfen fernhalten müsse. Aber die Propheten des Alten Testaments, Jesus von Nazareth , Paulus von Tarsus, der Seher auf der Insel Patmos, Johannes Chrysostomus, Augustinus von Hippo, Martin Luther, Thomas Münzer, Karl Barth während seiner Zeit als Pfarrer in Safenwil, Paul Tillich, Simone Weil, Dietrich Bonhoeffer, Helder Camara, Pedro Casaldáliga und viele andere belegen die These, dass Theologie im Kontext von Kämpfen und Auseinandersetzungen unter den Gläubigen entsteht und sich entwickelt. Dorothee Sölle gehört in diese Reihe von Theologen. Gute Theologie speist sich aus Kämpfen und wächst in ihnen.

Ihren ganzen Lebens- und Denkweg hindurch war sich Dorothee Sölle dieser grundlegenden Haltung bewusst und wurde durch sie geprägt. Im Lauf ihres Leben entwickelte sich diese Haltung immer stärker. Die Funken ihres kämpferischen Denkens sprangen auch auf die Leser ihrer ersten Veröffentlichungen über, und das blieb so bis zu ihrem Tod. Ich wage die Aussage, dass man diese Haltung deutlicher wahrnimmt, wenn man mit der Lektüre ihrer letzten Texte beginnt und dann Schritt für Schritt zu den ersten zurückgeht. Beim Verfolgen dieses Weges zeigt sich sehr klar eine durchgängige Linie: Mystische Existenz, Kampf, Widerstand, Einsatz für die Freiheit, zu der die Kinder Gottes berufen sind (Freiheit „im Geist", vgl. Gal 5, 13–24).

Die von Theologen wie Dorothee Sölle ausgefochtenen Kämpfe betreffen nicht nur die öffentliche Dimension ihres Lebens. Es geht auch um innere und theologische Konflikte, sogar um Auseinandersetzungen mit Gott selber. Es war ein guter Einfall, für die Gestaltung der Titelseite der englischen Ausgabe ihres Buchs „Mystik und Widerstand" („The Silent Cry")[2] ein Bild zu verwenden, das den Kampf Jakobs mit dem Engel Gottes darstellt. Das Engagement des Theologen in den Kämpfen, die in der Welt ausgetragen werden, lässt sich nicht verstehen ohne den Blick auf die Gefechte und Auseinandersetzungen mit dem eigenen Ich und dem Geheimnis Gottes.

Die inneren Kämpfe

Die Kämpfe unseres Leben und die Kämpfe mit Gott lassen sich unmöglich voneinander trennen: Sie laufen auf unseren Lebenswegen vielmehr parallel. Durch den Einsatz unseres analytischen Instrumentariums kann man diese Elemente zwar in der intellektuellen Reflexion auseinandernehmen. Aber die Analyse ist nur ein Schritt auf dem Weg der Erkenntnis, der auf anderen Ebenen des Denkens seine Fortsetzung erfahren muss: Es braucht die Interpretation und die Absicht, so weit als möglich das analysierte Leben als solches zu rekonstruieren. Das heißt: Wo man mit dem analytischen Instrumentarium die Kämpfe der Theologin beziehungsweise des Theologen mit dem eigenen Ich von denen mit Gott trennt, darf nie außer Acht bleiben, dass in der Existenz von Menschen, die ihren Glauben im Bewusstsein leben, dass ihr Leben sich nicht von der Gegenwart Gottes abtrennen lässt, diese Gegenwart immer zu berücksichtigen ist.

Daraus ergibt sich eine gewaltige Verlegenheit: Welche Sprache ist angemessen, um die unwiederholbare Erfahrung eines Lebens mit Gott mitzuteilen? Wie müssen Begriffe beschaffen sein, mit denen wir unsere tiefsten Überzeugungen bekräftigen können, ohne diejenigen zu verletzten, die anders denken? Wie können wir uns verständlich machen, ohne unsere Sache zu verraten? Wie können wir Rechenschaft über unseren Glauben ablegen ohne Selbstrechtfertigung? Das Leben eines jeden Menschen lässt sich, vor allem in dem Maß, in dem er sich über die möglichen Wege klar wird, die sich ihm eröffnen, als ständiger Konflikt mit und zwischen verschiedenen „Anderen" beschreiben, die zur eigenen Person gehören. So war es bei dem Besessenen von Gerasa, der auf die Frage Jesu: „Wie heißt du?" die Antwort gab: „Mein Name ist Legion", da viele Dämonen von ihm Besitz ergriffen hatten. Paul Tillich erzählte seinen Freunden, er führe jeden Tag zwischen sieben und zehn Uhr einen wirklichen Kampf, Mann gegen Mann, mit und unter seinen Dämonen.[3] Faust sagt in Goethes berühmtem Werk etwas Ähnliches: „Zwei Seelen wohnen, ach, in meiner Brust". Und heute zeigt Paul Ricoeur in seinem Buch „Soi-même comme un autre"[4], dass sich unsere Identität im Beschreiten von Wegen herausbildet, die von ständigen Konflikten geprägt sind. Das zeigt auch das Leben von Dorothee Sölle.

Es gibt Menschen, die sich der Anerkennung der ihnen eingestifteten Konflikte, der Gegenwart einer vielfältigen Alterität in der eigenen Person verschließen. Eine solche Leugnung der „Anderen" in unserem eigenen Wesen ist auf verschiedene Weise möglich: Manche berufen sich auf den Grundsatz, wonach es Gesetze und Vorschriften gibt, die bestimmte Dinge in jedem möglichen Fall verbieten. Solche Menschen leben nach Grundsätzen, die sie für unverrückbar halten. Andere bewältigen ihre inneren Konflikte dadurch, dass sie sich den sie quälenden „Anderen" oder „Dämonen" gegenüber intolerant verhalten. Meist legen Menschen, die dieser Leitlinie folgen, eine unerbittliche Intoleranz an den Tag. Was sich im Blick auf die Kämpfe in unserem Inneren abspielt, spiegelt sich dann auf der Ebene der Theologie: „ Nur wer meinen Glauben teilt, hat den wahren Glauben." Man akzeptiert die „Anderen" nicht in ihrer Andersheit. Sie müssen wie wir sein, damit wir sie in die eigenen Existenzvollzüge integrieren können. So verhielten sich früher viele christliche Missionare: Wer getauft werden wollte, musste Lebensweise und Kultur der Missionare übernehmen. Heute ist diese Haltung charakteristisch für protestantische Fundamentalisten und für Integralisten in verschiedenen Religionen.

Die von Dorothee Sölle in ihren Schriften zitierten Frauen und Männer wandten sich gegen Intoleranz und wussten, dass es zur eigenen Entfaltung gehört, die inneren Konflikte zu akzeptieren, um der Komplexität unseres eigenen Wesens gerecht zu werden, die die Quelle des Reichtums unseres Lebens ausmacht. Es versteht sich von selbst, dass diese Konflikte soweit wie möglich gelöst werden sollten. Dazu braucht es Toleranz sich selber gegenüber und gleichzeitig den Mut, dann Entscheidungen zu treffen, wenn wir den einzuschlagenden Weg bewusst vor uns sehen. Dorothee Sölle wuchs wie der Verfasser dieser Zeilen in einem kulturellen Umfeld auf, in dem man bei der Ausbildung der Persönlichkeit großen Wert auf „Authentizität" legte. In den meisten Fällen war es notwendig, auf dem Weg dorthin einen Teil der eigenen Alterität zu amputieren. Dorothee Sölle lehrte wie Ricoeur und Levinas, dass man mit dem, was sich in unserem Inneren in Widerstreit befindet und miteinander kämpft, ehrlich, sanft, liebevoll und demütig umgehen soll. Das heißt: Sie ermutigt uns dazu, die vielfältigen Facetten unseres Wesens im Blick zu behalten, die häufig auf unerwartete Weise miteinander in Konflikt geraten. Solche Konflikte lassen sich nicht durch Anwendung von „Gewalt" lösen, wie es von der herrschenden bürgerlichen Ideologie gefordert wird, sondern nur mit Aufmerksamkeit, Sorgfalt, Sanftmut und Behutsamkeit.

Natürlich muss man, koste es, was es wolle, den Weg, der sich vor einem öffnet, einschlagen, sobald man einmal erkannt hat, was getan werden muss. Ständig in einer Haltung des inneren Kampfes zu leben, ist viel schlimmer als nur problematisch: Es macht krank. Die Überwindung innerer Konflikte befähigt uns dazu, uns um den andern zu kümmern, auch wenn er anders lebt und denkt. Das heißt wiederum nicht, dass man die Bereitschaft zum Kämpfen aufgeben müsste. Es gab einen Zeitpunkt, zu dem Jesus von Nazareth sich für den Weg entschied, den er zu gehen hatte (Mk 8,27–38): Er führte ihn zur Konfrontation mit den herrschenden Mächten der Gesellschaft, in der er lebte. Gegen den Rat einiger seiner Jüngern beschloss er, es sei an der Zeit, nach Jerusalem zu gehen. Die Stärke seiner Überzeugungen erwies sich, als er die Händler aus dem Tempel vertrieb (Mk 11,15–18), aber auch, als er im Wissen darum, dass das gesellschaftliche Establishment ihn töten wollte, mit dessen Repräsentanten Streitgespräche führte und vor allem, als er litt und am Kreuz starb. Er wusste genau, welchen Weg er einzuschlagen hatte: „Dann begann er sie darüber zu lehren, der Menschensohn müsse vieles erleiden und von den Ältesten, den Hohenpriestern und den Schriftgelehrten verworfen werden, er werde getötet …"

(Mk 8,31). Diese in seinem Wesen verborgene Kraft drückte sich auch in seinem Verhalten gegenüber denen aus, die ihn festnehmen wollten (Mk 14,48ff. und die Parallelstellen Mt 26,47–56; Lk 22,47– 53; Jn 18,2–12). Das alles zeugt von einer ungeheuren Selbstbeherrschung, von einer Lebensreife, die auf der Gnade beruht und nicht zur Gewalt Zuflucht nimmt.

In diesem inneren Kampf gibt es einen sehr gefährlichen Konkurrenten: Das Bild von uns selbst, das wir immer wieder zu dem Zweck pflegen, von anderen anerkannt und geachtet zu werden. In psychoanalytischer Begrifflichkeit handelt es sich um das sogenannte Über-Ich. Wo wir uns auf einen Sockel stellen, um von den Anderen gesehen zu werden, sind wir im Übermaß individualistisch und selbstbezogen. Es geht dabei nicht nur darum, Dinge zu besitzen, obwohl die Tendenz zum Konsumismus ein Symptom für diesen Kult um unsere Idealpersönlichkeit sein kann, sondern vor allem darum, Macht und Einfluss zu haben, um so das Leben anderer ebenso kontrollieren zu können wie Vorgänge, über die andere Menschen andere Meinungen haben als wir. Der Konflikt, in den uns Individualismus und Besitzgier (bezogen auf materielle oder geistige Dinge) stürzen, lässt uns nach dem Wirken der Gnade Ausschau halten, die nicht auf Gegenseitigkeit setzt. Dorothee Sölle erinnert in ihrem Buch „Mystik und Widerstand" an die Bekehrung Tolstois von seinem Ego zu Gott.[5] Für viele Menschen unserer Zeit bräuchte es eine Bekehrung aus der Gefangenschaft, die uns eine Kultur des Massenkonsums auferlegt. Es geht darum, „den Anderen" oder „die Anderen" jenseits unserer zu individualistischen Sehnsüchte anzuerkennen.

Das führt zu der Einsicht, dass es ein Mehr an Ungehorsam und an Widerstand gegen die etablierten Mächte und nicht an Gehorsam braucht. In einem ihrer frühesten Bücher, „Phantasie und Gehorsam" (in der englischen Übersetzung „Beyond mere Obedience"), stellt Sölle die Verpflichtung der Christen heraus, den Begriff Gehorsam in allen seinen Dimensionen zu kritisieren. Unser Wesen weist eine reiche Vielfalt von Wünschen und Visionen auf. Es kommt darauf an, sie anzuerkennen und sich nicht dem Aufruf zum „aufopfernden Gehorsam" zu fügen, den sehr häufig Machthaber an ihre Untergebenen richten.[6]

Ein Weg zum Mit-Leiden

Wie schon ausgeführt, lässt sich der Kampf mit den „Anderen" in unserem eigenen Wesen im realen Leben nicht vom Kampf mit Gott trennen. Ich erwähnte auch schon den Kampf Jakobs mit dem Engel. Die Geschichte ist bekannt: Nachdem Jakob seinen Bruder Esau getäuscht und betrogen hat, flieht er auf Rat seines Vaters nach Padan Aram, wo er bei Laban, seinem Onkel mütterlicherseits, Unterschlupf findet und eine Familie gründen kann. Auf dem Weg zum Anwesen Labans hat er einen Traum, der ihm deutlich macht, dass am Ort, wo er sich befindet, der Herr gegenwärtig ist, der Gott seiner Vorväter Abraham und Isaak. Daraufhin legt er ein Gelübde ab: Er richtet den Stein, auf dem sein Kopf während des Traumes lag, als Steinmal auf und gelobt, Gott zu dienen und ihm von allem, was er erhalten wird, den zehnten Teil zu geben. Jahre danach verlässt er den Dienst bei Laban und beschließt, nach Palästina zurückzukehren. Er muss sich auf die schwierige Begegnung mit seinem Bruder vorbereiten, den er betrogen hat. „Jakob wurde angst und bange", heißt es im Bibeltext (Gen 32,8). Mit seinem schlauen Verstand entwirft er einen Plan, wie er Esau für sich einnehmen kann: Er schickt Diener mit Geschenken für seinen älteren Bruder voraus und sorgt dafür, dass sich seine beiden Frauen, seine Knechte und Mägde mit seinem Besitz in Sicherheit bringen. Dann „bleibt er allein zurück" (Gen 32,25). In dieser Nacht kämpft jemand bis zum Morgengrauen mit ihm: Es war Gott, der ihm beim Herannahen der Morgenröte verkündet, dass er künftig einen anderen Namen tragen wird: „Nicht mehr Jakob wird man dich nennen, sondern Israel; denn mit Gott und Menschen hast du gestritten und du hast gewonnen." An diesem Ort bereitet sich Jakob im Kampf mit Gott auf die Begegnung mit seinem Bruder vor. Es ist ein dramatisches, aber gleichzeitig glückliches Wiedersehen. Die vielen „Anderen" im Wesen Jakobs werden zu Israel. Kampf mit Gott meint, dass wir mit seiner Gegenwart an unserer Seite leben, dass er uns nicht im Stich lässt und uns immer wieder dazu aufruft, die Grenzen zu überschreiten, die wir gezogen haben, um uns vor der eigenen Angst vor dem Seindürfen, der Angst vor der Freiheit zu schützen.

Dieser Kampf kennt keine Unterbrechungen: Schließlich erfinden wir immer neue Kniffe, um nicht den Weg einschlagen zu müssen, den uns der Kampf mit Gott weist, mit seinem Geist, dessen Präsenz Freiheit bedeutet (2 Kor 3,17). Dorothee Sölle hat in vielen ihrer Werke herausgestellt, dass dieser Weg zum Leiden und zum Kreuz führt. Er öffnet uns für das Mitleiden (cum- passio). Es ist kein Eroberungsweg: deshalb kennen ihn die Mächtigen nicht. Es ist ein Weg der Demut, für den es Liebe braucht und keine Gewalt. So lehrten die Quäker und im letzten Jahrhundert Mahatma Gandhi, Martin Luther King, Helder Camara und Pedro Casaldaliga. Es ist der mystische Weg par excellence, der Weg, der zum Frieden führt. Wer ihn beschreitet, wie es gerade auch Dorothee Sölle getan hat, praktiziert weder Intoleranz noch puritanische Strenge. Es ist ein Weg der Gnade. Wer so lebt, vermittelt Gnade, weil er aus der Gnade lebt.

Die öffentlichen Kämpfe

Ich muss hier nichts über die konkreten Ausdrucksformen der Kämpfe sagen, an denen Dorothee Sölle teilnahm: gegen die jahrhundertelange Unterdrückung der Frauen und für ihre Befreiung; für soziale Gerechtigkeit und ganz konkret gegen die Apartheid in Südafrika; für Frieden und Gewaltfreiheit, gegen den Militarismus; gegen den Kapitalismus; gegen den Konsumismus; für Gottes Schöpfung und den Schutz der Umwelt. Ihre Schriften bezeugen ihr gesellschaftliches Engagement. Schlüsselbegriff für sie war in allen genannten Bereichen „Widerstand". Es lohnt sich, die Sätze zu zitieren, mit denen ihr Beitrag bei einer Diskussion

Anfang 1983 in Genf im Rahmen der sechsten „Internationalen Konferenz der ökumenischen Vereinigung von Theologen der Dritten Welt" (EATWOT) schloss:

„Wenn wir nicht den Widerstand lehren und leben, wie es Jesus tat, werden wir entweder als Opfer von Präemptivschlägen oder als psychische Opfer mitten in unseren Apartheids-Festungen umkommen. Wir sind auf der Suche nach einer Welt ohne Spaltungen. Es gibt keinen Weg am Kreuz vorbei, wir können es nicht übergehen. Die Kreuze, vor denen wir uns eifrig davonstehlen, kommen auf unsere Nachbarn herab. Im Blick auf die spirituelle Wirklichkeit, die sich auf Jesus Christus gründet, dessen Liebe allem galt und sein ganzes Wesen ausmachte, gibt es nur einen Ort, um zur Einheit zu gelangen: Im Kampf, im Kreuz, im Widerstand."[7]

Es geht um Widerstand als Ausdruck von Freiheit, zu der uns Jesus Paulus zufolge aufgerufen hat. Die Kämpfe für die Befreiung der Frauen; gegen die Militärmächte; gegen jede Art der sozialen, ethnischen, kulturellen oder religiösen Ausgrenzung: Das alles führt wiederum zu Konflikten mit uns selber. Das feministische Anliegen fordert eine Befreiung der Sprache, die von der biblischen Theologie zweitausend Jahre hindurch in bezug auf Gott verwendet wurde. Die Auseinandersetzung mit den militaristischen Tendenzen, wie sie für alle Imperialismen typisch sind, bringt uns dazu, ein neues Bild unserer Identität als Teil von Nationen zu gewinnen, die auf die eine oder andere Weise versucht haben, durch Waffengewalt die Vorherrschaft über andere zu erringen. Soweit wir aus bürgerlichen oder kleinbürgerlichen Verhältnissen stammen, müssen wir unsere Gesellschaftsschicht hinter uns lassen, uns bei unseren Verwandten und vielen unserer Freunde unbeliebt machen. Diese Auseinandersetzung steht Tag für Tag an, ist doch die Befreiung von der Tradition unserer Klassenzugehörigkeit Teil unseres täglichen Kampfes.[8]

Es geht auch um Widerstand gegen die bürgerliche Gefangenschaft, in die der größte Teil der Kirchen auf dieser Welt geraten ist. Die kirchlichen Institutionen haben immer noch nicht begriffen, dass sie ohne Privilegien leben können und auch müssen. Jahrhunderte der engen Verbindung zwischen kirchlichen Institutionen und der politischen wie wirtschaftlichen Macht haben dazu geführt, dass man sich offenbar „Kirche" nur im Schulterschluss mit den Machtinstitutionen vorstellen kann. In ihrem Beitrag für eine Konferenz in Seattle (USA), bei der es um die Bekennende Kirche in Deutschland zur Zeit des Naziregimes ging, äußerte sich Dorothee Sölle kritisch dazu und besonders zum Sinn des „Bekennens". Wenn man bekennt, muss die Botschaft demnach eindeutig sein. Es braucht den Bruch mit der Vorherrschaft der religiösen Sprache, die immer vieldeutig und ambivalent ist. Sölle hielt fest, falls die Sprache nicht von dieser Mehrdeutigkeit loskomme, müsse sie durch Handeln präzisiert werden. Es gebe eine Praxis des Bekennens, die sich in der Praxis des Widerstands konkretisiere. Widerstandshandeln belegt, dass es wirklich einen „status confessionis" gibt: „Die Konsequenz des Bekennens heißt Widerstand."[9]

Der Kampf gegen die soziale und kulturelle Gefangenschaft, in der die meisten Kirchen leben, hat einen Horizont: Es geht um die Befreiung der Verkündigung des Wortes Gottes. Das ist ein Kampf ohne Ruhepausen, ein theologischer Kampf par excellence.

Der Kampf geht weiter

Das Zeugnis von Dorothee Sölle ist eindeutig: Treue zu Jesus Christus bedeutet Zugehörigkeit zu dem, was Ernst Troeltsch „Gruppen" nannte, als eigenständige christliche Organisationsform neben „Kirche" und „Sekte"[10]. Das ist kein elitäres Verhalten. Die Gefolgsleute Jesu, die Gemeinschaften des „Wegs" wollten der ganzen Gesellschaft dienen und für Gerechtigkeit kämpfen; aber sie rechneten nicht damit, dass sich alle Völker der Welt zum Christentum bekehren würden. Ihnen ging es um das Zeugnis für die Gegenwart des Reiches Gottes mitten unter den Menschen. Heute leidet dieses Reich Gottes Gewalt. Es gibt Kräfte, die sich ihm andienen, um es so zugunsten ihrer Machtinteressen zu manipulieren. Angesichts dieser Herausforderung fordert uns Dorothee Sölle auf, zu kämpfen und Widerstand zu leisten. Das muss auf der Grundlage unserer Frömmigkeit, unseres Glaubens geschehen. Es geht nicht darum, uns spirituell für den Kampf zu rüsten, sondern mit den Kräften des Reiches Gottes zu leben und zu kämpfen.

Aus dem Spanischen von Ulrich Ruh

Tränen

Schaue. Weine. Lebe

von Bärbel Wartenberg-Potter

> *„Ohne Tränen zu sein das bedeutet in einer ausdrucksarmen und gefühlsunfähigen Kultur zu leben."*
> (Dorothee Sölle)[1]

Brief an meine Freundin

Liebe Marie!

Dir brauche ich es eigentlich nicht zu erklären, in welcher Weise „Das von Gott", wie Dorothee Sölle es nannte, mit den Tränen zusammenhängt. Du kennst dich aus mit den Tränen. Du hattest ein Tränenkrüglein auf deinem gastfreundlichen Küchentisch stehen, in das du zwei Jahre lang die Tränen gesammelt hast, die ich dort geweint habe.

Natürlich wurde an deinem Tisch nicht nur geweint: Nein, es wurde auch gesungen, gelacht, gestritten, diskutiert, gebetet und vor allem: viel besprochen. Es wurde getröstet und geschwiegen, während drüben im Krankenhaus mein Kind zwei Jahre lang lebte, lachte und dort sein kleines Leben beendete. Du warst mit deiner Familie die ganze Zeit für mich da, in allem.

Dass Menschen weinen, wenn sie Kummer und Angst haben, ist ja bekannt. Aber wie vielfältig die Gottes- und Menschenliebe in jeder Träne stecken kann, darüber lässt mich Dorothee Sölle jetzt nachdenken. Darüber schreibe ich dir, in Fortsetzung unserer Küchengespräche.

Dorothee Sölle war für uns beide in jener Zeit eine wichtige

Gottes-Lehrerin. Sie hat in einem ihrer Gedichte gebetet: „Gib mir die Gabe der Tränen, Gott." Sie selbst war keine „fleißige Weinerin", wie diese Bitte beweist.

In unserer westlichen Kultur wird das Weinen noch immer als ein Zeichen von Schwäche und mangelnder Selbstbeherrschung, ja Hysterie angesehen. „Ein deutsches Mädchen weint nicht", schrieb mein Vater in einem Feldpostbrief an eine seiner Töchter. Dennoch durften wir Mädchen weinen, haben es auch fleißig getan, mit Talent oder aus Herzensnot, je nachdem. Als wir erwachsen wurden, wurde es dann schon weniger mit dem Weinen. Aber jetzt, beim Älterwerden, können die Tränen wieder fleißiger fließen, bei mir jedenfalls, aus dem reichen Brunnquell allen Glücks und allen Schmerzes.

Liebe Marie, wir beide lesen gerne in der Bibel. Ist sie nicht reich an Tränenworten und -geschichten? In der Bibel wird geweint, „nach allen Regeln der Kunst". Denn wie in vielen Kulturen[2], so gehört auch in der Bibel das Weinen besonders zum Menschsein dazu. Rituale erleichtern es, Klagefrauen helfen der Gemeinschaft beim Trauern. Die Israeliten beweinten Mose 30 Tage lang „bis die Zeit des Weinens und Klagens vorüber war" (Dt 34,8). König Saul weinte, als er hört, dass David, dem er nach dem Leben trachtete, ihm selbst, als er in einer Höhle schlief, nichts zuleide getan hatte (1 Sm 24,17). In den Psalmen weinen die Betenden, die an die Wasser Babels verschleppt sind, aus tiefem Heimweh (Ps 137,1); sie „netzen ihr Lager mir Tränen" (Ps 6,7) und bitten Gott: „Schweige nicht zu meinen Tränen" (Ps 39,13). Sie bitten: „Sammle die Tränen in deinen Krug" (Ps 56,9) und sie wissen: „Die mit Tränen säen, werden mit Freuden ernten" (Ps 126,5).

Wo die Tränen sind, ist Gott nicht fern.

Im Neuen Testament weinen viele Frauen: Beim Kindermord in Bethlehem heißt es: „In Rama hat man ein Geschrei gehört, viel Weinen und Wehklagen; Rahel beweinte ihre Kinder und wollte sich nicht trösten lassen, denn es war aus mit ihnen" (Mt 2,18). Eine Frau „fing an, seine (Jesu) Füße mit Tränen zu benet-

zen und mit den Haaren ihres Hauptes zu trocknen" (Lk 7,38).
Petrus weinte bitterlich über seinen Verrat an Jesus. Am Kreuz
und am Grab weinen die Frauen. Aber am Ostermorgen entdecken sie den Auferstandenen durch den Schleier der Tränen
hindurch. „Weint mit den Weinenden", ruft Paulus der Gemeinde
in Rom zu, und er selbst weinte viele Tränen über seine Kummer-
gemeinde in Korinth.

Ja, Jesus selbst weinte über die Stadt Jerusalem: „Wenn doch
auch du erkenntest zu dieser Zeit, was zum Frieden dient" (Lk
19,41–42). Im Garten Gethsemane, berichtet Matthäus, „fing er
an zu trauern und zu zagen ..., fiel nieder auf sein Angesicht und
betete" (Mt 26,36ff.). Auf zahllosen Bildern wird Jesus „am Öl-
berg" in dieser Verzweiflung und in Tränen dargestellt. Es ist eines der Herzstücke der Bibel. Nirgends ist Jesus uns als Mensch
so nah wie in diesem Augenblick, in dem er mit einem unab-
wendbaren Schicksal ringt. Selbst die Pop-Musikgruppe „Les
Humphries" hat das so gesehen, als sie einen ihrer populärsten
Songs genau dieser Szene widmete: „Jesus cried on the day that
he died".

Die Bibel, ein Buch voll menschlicher Erschütterungen und
Tränen über Schmerz, Tod, Gewalt, Verleumdung, Verrat, Zorn,
auch Liebe, Freude und Hoffnung. Am Ende aber wird verhei-
ßen: „Gott wird abwischen alle Tränen von ihren Augen und der
Tod wird nicht mehr sein, noch Leid, noch Geschrei, noch
Schmerz" (Apk 21,4).

Den biblischen Menschen ist die „Gabe der Tränen" gegeben.
Uns wurden sie in einer Kultur der Selbstbeherrschung und Dis-
ziplin oft abgewöhnt. Die Unfähigkeit zu weinen, geschlechter-
spezifisch differenziert, geht heute einher mit der Trivialisierung
aller Gefühle. Echte Tränen aber sind widerständig, weder mani-
pulier- noch programmierbar. Der Zeitgeist der Spaßgesellschaft
hat für Tränen eigentlich keinen, und wenn, dann einen trivialen
Platz.

Und doch wird auch heute geweint: an Krankenbetten und an
Gräbern, in Kinderzimmern und Ehebetten, in Klassenzimmern

und an Schreibtischen, in Sitzungen und unter der Bettdecke, bei der Abendschau, auf Arbeitsämtern, auf Schlachtfeldern.

Es wird geweint vor Hunger, vor Sehnsucht, aus Verzweiflung. Menschen weinen, weil sie getreten und geschlagen sind, zornig und enttäuscht, hilflos, gekränkt und wutentbrannt. Es wird auch geweint aus Reue und Scham, vor Glück, vor Erleichterung, in Erinnerung, in Erfüllung, aus Rührung, aus „Compassion", aus „Mitleidenschaft".

Tränen. Tränen.

Die Erfahrung kennt jeder: Weinen erleichtert. Die Engländer sagen: „Having a good cry"[3] bringt Katharsis, Reinigung. Wenn alles ausgeweint ist, kann man durchatmen, hat wieder Luft und Spielraum.

Was aber haben die Tränen mit Gott zu tun? Wo ist der Steg, der von hier nach dort führt? Wie wohnt Gott in den Tränen?

In der mystischen Tradition des Christentums berufen sich viele auf die ägyptischen Wüstenväter des 4. Jahrhunderts.[4] „Manche Menschen denken von sich selbst, sie seien fertige Menschen … Wüsten-Gläubige verstehen, dass sie in einer Schule sind, in der sie das Lieben lernen. Es ist eine gute Schule, man beginnt im Kindergarten oder in der erste Klasse. Sie verstehen auch, dass man nicht richtig lieben kann, ohne Tränen zu vergießen. Sie entdecken, dass Lieben lernen dasselbe ist wie das Dasein lernen. Weil sie wissen, dass sie ungeschickte Schüler sind, haben sie nichts gegen das Weinen einzuwenden."[5]

Drei Aufforderungen begleiten den Weg der Wüstengläubigen: Schaue! Weine! Lebe!

„Schaue! Schauen heißt eine kontemplative Bereitschaft, das, was vor uns liegt, anzuschauen, ohne es sogleich zu interpretieren. Die Wüstentradition behauptet, wenn wir lange und genau genug schauen, werden Tränen fließen.[6] Deshalb die zweite Aufforderung: Weine! Die Frucht einer ehrlichen Kontemplation ist „die Gabe der Tränen". Und das sichere Zeichen, dass unsere Aufmerksamkeit den richtigen Dingen galt und ehrlich war und unsere Tränen uns reinigten, ist die Freude. Die Freude ist die Frucht der Wüsten-Geduld. Deshalb heißt die dritte Aufforderung: Lebe! Ein einfaches Muster: Wir schauen. Wir weinen. Wir leben."[7]

Liebe Marie, das klingt ein wenig weltfremd, aber schön und richtig. Meine eigene Erfahrung geht dahin: Weinende spüren auf seltsame Weise, dass sie lebendig sind. Der Schmerz, der Zorn, die Reue, die Freude, die sie weinen lassen, sind oft heftig, erschütternd, greifen ins Leben ein. Während man in der Gleichförmigkeit des Alltags und der Gewohnheit gefühllos und gleichgültig, leid- aber ebenso auch freudlos sein kann, während die Angst lähmt und erstarren lässt, berührt man in der Zeit der Tränen den lebendigen Grund des Daseins. Gott weckt uns aus dem Totsein – durch das Weinen.[8]

Als ich in deinem Haus wohnte, liebe Marie, gab es unter vielen Tränenstunden eine, die mich am nächsten dorthin führte, wo die Tränen und Gott sich verbinden.

Es war der Tag, an dem der Arzt uns das Ergebnis der Labortests mitteilen wollte. Es ging darum: War unser neugeborenes Kind mit der gleichen Immunschwäche auf die Welt gekommen wie sein daran gestorbener Bruder oder nicht. An jenem Tag konnte ich nicht einmal laufen. Ich war erstarrt vor Angst. Mein Mann ging allein in die Klinik. Ich lag auf Deinem Sofa unter der Lampe und zitterte. Und wusste intuitiv schon, was in den Laborgläsern sichtbar geworden war: dass auch dieses Kind keine Chance hatte, lebensbefähigende Abwehrkräfte zu bilden. Als mein Mann mir die Nachricht brachte, weinte ich, weinte und weinte. Die Tränen waren meine Antwort auf diese erneute Ungeheuerlichkeit des Schicksals. Marie, du und ich wissen, dass jeden Tag viele Menschen solche oder ähnliche Botschaften erhalten.

Es ist der Augenblick, den die Bibel und auch die Wüstenväter „penthos"[9] nennen, Trauer und Herzleid. Der Schutzschild des Herzens wird durchbohrt. Es liegt ungeschützt da, ist äußerst verletzlich. Es gibt nichts mehr zwischen dem Schmerz und mir selbst. Man ist den tiefsten Gefühlen und Ängsten ausgeliefert. Die Psalmen beschreiben diesen Zustand in großartiger Genauigkeit: „Gott hilf mir, denn das Wasser geht mir bis zur Kehle. Ich versinke in tiefem Schlamm, wo kein Grund ist ... und die Flut will mich ersäufen. Ich habe mich müde geschrien, mein Hals ist heiser" (Ps 69,1–4).

Es ist der Zustand des Wartenmüssens, ohne irgend etwas tun zu können. Für mich, die Aktivistin, war dies der allerhärteste Schlag: Ausharren in der äußersten Schwachheit, die Ausweglosigkeit ertragen müssen, die durch die Liebe zu dem gefährdeten Kind endlos verstärkt wurde. Das Leben war – wahrhaftig – keine Routine mehr.

In dieser Stunde, so sagen die Wüsten-Gläubigen, wartet Gott auf der anderen Seite. Und gibt uns die Tränen. So habe ich es erlebt. Gott gab mir, die immer geglaubt hatte, irgendetwas gegen das Elend tun zu können, auf der tiefsten Stufe der Hilflosigkeit und Ohnmacht die Gabe der Tränen. Ich musste nicht erstarren, sondern konnte weinen. Ich war noch nicht tot. Nein, der Schmerz war heiß und stark und lebendig. Mit den Tränen konnte ich mich wehren, protestieren. Gott selbst hatte mir die „Sprache der Tränen" gegeben, damit ich mit Gott rechten und meinen Protest herausweinen konnte. Damit die Flut der Ohnmacht mich nicht ersäufte.

In dieser Stunde vor dem Nichts habe ich voller Ablehnung und Protest den biblischen Satz als eine höhnische Quälerei vernommen: „Lass dir an meiner Gnade genügen, denn meine Kraft ist in den Schwachen mächtig" (2 Kor 12,9).

Aber irgendwann später begann eine andere Erfahrung: „Die Gabe der Tränen hat etwas mit Leben und Freude zu tun über die Neustrukturierung unserer Identität und das Neuordnen unseres Selbstverständnisses. Diese „Gabe" bewirkt eine radikale und manchmal schmerzliche Veränderung. Die Tränen führen zu einer größeren Selbsterkenntnis." [10]

Gott gab mir die Tränen, mit deren Hilfe eine behutsame Transformation begann. Bald war das Wort von „Gottes Kraft, die in den Schwachen mächtig ist", für mich kein frommer Spruch mehr, sondern wurde, auf der untersten Stufe der Hilflosigkeit, schlicht zur einzigen Überlebensmöglichkeit. Der Satz war wie der Zweig, den ich in jenen Tagen wütend von einem Baum gerissen und auf dem Boden zertrampelt hatte. Jetzt suchte ich ihn, hob die Reste sorgfältig auf und nahm sie vorsichtshalber mit in meinen neuen Alltag, der völlig unvorhersehbar war. In ihm war „auf nichts Verlass, nur auf Wunder"[11].

„You can't plan for life", sagt mein karibischer Mann noch heute manchmal besänftigend zu mir. Das habe ich damals mühsamst begonnen zu verstehen.

So wurden *die Tränen zu einer neuen Kraft.* Es ist nicht nur die Kraft, es mit der unbeantwortbaren Frage des Lebens auszuhalten und mit den zerschlagenen Hoffnungen und unerfüllbaren Sehnsüchten, ja, mit ihnen zu leben, irgendwann sogar im Frieden.

Tränen haben die Kraft der Befreiung. „Die Tränen reinigen. Sie waschen die Hartnäckigkeit unserer Täuschungen (der willentlichen und der unwillentlichen) weg und helfen uns, klar zu sehen. Aber wir erhalten mehr als Klarheit durch diese „Gabe". Der Wille wird dadurch zum Handeln befreit. Sehen ohne die Möglichkeit zu handeln wäre die Hölle."[12] Dieses mein Wollen war aber nun irgendwie freier von der Selbstherrlichkeit der Aktivistin. Es war geläutert und auf diese Weise nützlicher für die Arbeit im Weinberg Gottes. In jener Zeit habe ich ein Netzwerk „Kind im Krankenhaus" aufgebaut und die Südafrika-Solidaritätsarbeit vorangetrieben. Das half mir, den *„penthos"* anderer zu sehen und mit meinem Schmerz nicht allein zu bleiben. So, denke ich, tragen die Tränen zum Reich Gottes bei und sind ein Weg von Gott zu Gott.

Freilich, die Erfahrungen, dass Menschen Tränen vergießen, ohne einen Gedanken an Gott zu verschwenden, sind gewiss ebenso zahlreich, wenn nicht in der Überzahl. In jedem Leben gibt es das absolut vergebliche Weinen, das schwächt und nicht öffnet, sondern noch mehr verschließt. Deshalb gibt es die Erstarrung, die Eiszeit, die Wüste, die toten Tränen auch bei mir. Es ist wie ein Gezeitenwechsel. So sehr die „Gabe der Tränen" mir selbst und anderen oft eine Last war, so verband sich mit ihr doch die

Hoffnung, dass aus all dem doch einmal wieder etwas wachsen werde, etwas blühen könne. In unserer Glaubenssprache nennen wir das Wiedererblühen nach Zeiten der Wüste, wenn es möglich wird, eine Gnade. Es hätte auch anders ausgehen können, sah auch oft danach aus. Und für viele geht es ja auch anders aus.

Aber selbst in den Zeiten, in denen man gar *nichts sieht, nicht weint, nicht lebt,* kann es sein, dass man plötzlich in einer Mendelsohn Bartholdy Symphonie eine schöne warme Baritonstimme singen hört:

„Er (Gott) zählet unsere Tränen in der Zeit der Not,
er tröstet die Betrübten mit seinem Wort."

Was für ein Gedanke: Gott zählt unsere Tränen, selbst wenn es ein Meer von toten Tränen wäre. Auch sie sind nicht vergeblich geweint. Die Aufmerksamkeit unseres Gottes vergisst keine Träne.

Und „er tröstet die Betrübten mit seinem Wort", mit Worten des mitgehenden Gottes der Bibel, der uns die schweren Wege niemals allein antreten lässt. Was käme einem Gottes-Wort, wie es der Prophet Jesaja mitteilt, gleich: „Wenn du durchs Wasser gehst, will ich bei dir sein, dass dich die Ströme nicht ersäufen sollen; und wenn du ins Feuer gehst, sollst du nicht brennen und die Flamme soll dich nicht versengen (Js 43,2).

Dorothee Sölle hat in ihrem Gebet um die „Gabe der Tränen" gebetet. Auch sie lebte aus der Hoffnung, dass man im „Segen der Tränen" noch einmal neu ein lebendiger, einfühlsamer Mensch werden kann, Gott-näher und Menschen-näher.

Für mich steht neben der Bitte um die „Gabe der Tränen" die Bitte um solche Küchentische wie den deinen, Marie; um Menschen mit solchen Augen und Händen, die andere vor dem Untergang bewahren. Oder auch um ein paar Menschen, die mir auf meinem Weg helfen, das Glück zu vermehren. Gottes- und Menschenliebe sind immer nah beieinander, kommen gerne miteinander, durchdringen einander. Das ist das Glück der Tränen.

Wie ich dich kenne, Marie, wirst du fragen, ob ich wirklich so viel von mir preisgeben wolle. Das habe ich von den Wüstenleuten gelernt: Nicht nur selber genau hinsehen, auch andere teilnehmen lassen an dem, was man sieht. Einander sehen helfen. Die Tränen nicht nur weinen, sondern anderen helfen, „die Gabe der Tränen" zu empfangen. Denn das ist gewiss: bestimmte Dinge sieht man erst und überhaupt nur durch den Schleier der Tränen klar.

Liebe Marie! Schaue! Weine! Lebe! Und nun steck dein Taschentuch wieder ein. Oder ist es dir wie Selma Lagerlöf ergangen, die sagte, als es in einem wirklich bedeutenden Augenblick ihres Lebens gebraucht wurde, habe sie kein Taschentuch bei sich gehabt?

So war es an deinem Küchentisch, unaufgeregt, normal, honigklebrig und mit Kindergeschrei. Du nahmst dir Zeit. Das alles war eine (die!) Voraussetzung dafür, dass sich die Zeit der Tränen in Segen verwandeln konnte, für alle. Oder wie siehst du es heute?

Deine Bärbel

Compassion
Das Leid der anderen spüren

von Johann Baptist Metz

> *„Die Menschen,*
> *die sich auf die Seite der Armen ziehen lassen,*
> *kommen mit dem Grund alles Lebens in Berührung;*
> *das drückt die Bibel so aus,*
> *dass ihnen Gott in den Armen begegnet."*
> (Dorothee Sölle)[1]

Jesu neue Art zu leben

Worin wir uns immer einig waren, Dorothee Sölle und ich, war die Auffassung, dass christliche Mystik nicht eigentlich eine elitäre, sondern gewissermaßen eine populäre Angelegenheit ist, dass sie allen zugetraut und zugemutet wird in der alltäglichen Verschränkung von Lebens- und Glaubenserfahrung und dass diese Mystik einen – im weiteren, wenn auch keineswegs unbestimmten Sinn – politischen Grundzug hat. Das gilt jedenfalls für die Mystik der Compassion, wie ich sie hier kurz erläutern möchte.

Die Jesusgeschichten des Neuen Testaments machen eines deutlich: Jesu erster Blick galt nicht der Sünde der anderen, sondern dem Leid der anderen. Die Sünde war ihm nicht zuletzt Verweigerung der Teilnahme am Leid der anderen, war ihm Weigerung, über den dunklen Horizont der eigenen Leidensgeschichte hinauszudenken, war ihm, wie das Augustinus genannt hat, „Selbstverkrümmung des Herzens", Auslieferung an den heimlichen Narzissmus der Kreatur. Und so begann das Christentum als eine Erinnerungs- und Erzählgemeinschaft in der Nachfolge Jesu, dessen erster Blick dem fremden Leid galt.

Diese Empfindlichkeit für das Leid der anderen kennzeichnet m. E. Jesu „neue Art zu leben". Diese Leidempfindlichkeit hat nichts zu tun mit Wehleidigkeit oder einem unfrohen Leidenskult. Sie ist vielmehr der gänzlich unsentimentale Ausdruck jener Liebe, die Jesus meinte, wenn er – übrigens ganz in der Tendenz seines jüdischen Erbes – von der unzertrennlichen Einheit von Gottes- und Nächstenliebe sprach: Gottesleidenschaft als Mitleidenschaft. Es gibt Parabeln Jesu, mit denen er sich in besonderer Weise in das Gedächtnis der Menschheit hineinerzählt hat. Dazu gehört vorweg das bekannte Gleichnis vom „barmherzigen Samariter", dieses Gleichnis mit seiner Kritik am Priester und am Leviten, die beide – auf ihrem Weg zwischen Jerusalem und Jericho – „im höheren Interesse" an dem unter die Räuber Gefallenen vorübergehen. Wer „Gott" im Sinne Jesu sucht, kennt hier kein dispensierendes „höheres Interesse". Wer „Gott" im Sinne Jesu sucht, nimmt die Verletzung der vorgefassten religiösen Vorstellungen wegen des Unglücks der anderen in Kauf. Vom Gott Jesu zu reden, heißt unbedingt, fremdes Leid zur Sprache zu bringen und versäumte Verantwortung, verweigerte Solidarität zu beklagen.

Inspiration für wahren Frieden

Nun gibt es in der deutschen Sprache kein Wort, das diese elementare Leidempfindlichkeit – und die Tatsache, dass Jesu erster Blick dem fremden Leid galt – unmissverständlich zum Ausdruck bringt. „Mitleid" ist seit der Kritik Friedrich Nietzsches nicht mehr unkommentiert zu gebrauchen. Es klingt jedenfalls zu gefühlsbetont, zu praxisfern, zu unpolitisch. Es steht im Verdacht, die gesellschaftlichen Zustände durch Übermoralisierung zu entpolitisieren, die herrschenden Ungerechtigkeiten durch Sentimentalität zu verschleiern. So verwende ich versuchsweise das Fremdwort „Compassion". Und ich verstehe sie als Mitleidenschaft, als teilnehmende Wahrnehmung fremden Leids, als tätiges Eingedenken des Leids der Anderen, schließlich als Versuch, sich selbst mit den Augen der Anderen, ja, auch mit den Augen der bisherigen Feinde anzuschauen und diesem Blick um ein Geringes länger standzuhalten, als es unsere spontanen Reflexe der Selbstverteidigung erlauben.

Diese Mystik der Compassion hat durchaus inspirierende Kraft für unser politisches Leben. So kann sie als Inspiration für eine neue Politik des Friedens gelten. Fremdes Leid – bis hin zum Leid der bisherigen Feinde – wahrzunehmen und beim eigenen Handeln zu berücksichtigen, ist die Voraussetzung aller erfolgreichen Friedenspolitik in unserer globalisierten Welt. Die Mystik der Compassion kann zudem zu einer neuen Politik der Anerkennung anstiften. Es kann in den globalen politischen Verhältnissen heute ja nicht nur um das Verhältnis der einen Diskurspartner zu den anderen Diskurspartnern gehen, sondern – fundamentaler – um das Verhältnis der einen zu den bedrohten und ausgeschlossenen anderen, also auch um das Verhältnis zu den Opfern der Globalisierung. Erst asymmetrische Anerkennungsverhältnisse, erst die Zuwendung der einen zu den ausgegrenzten und vergessenen anderen bricht die Gewalt der reinen Logik des Marktes. Nicht wenige werden in dieser Betonung der Asymmetrie einen zu emphatischen Politikbegriff vermuten. Tatsächlich reklamiert er jedoch nur die unverzichtbare Beziehung zwischen Politik und Moral. Ohne diese „moralische Implikation" wäre Politik, wäre Weltpolitik nur das, als was sie heute bereits weithin erscheint: die Geisel von Ökonomie und Technik und ihren sogenannten „Sachzwängen".

Schließlich protestiert die Mystik der Compassion immer wieder gegen eine Politik, die sich vom Leidensgedächtnis der Menschen strikt losgesagt hat. Was wäre denn, wenn sich die Menschen eines Tages nur noch mit der Waffe des Vergessens gegen das Unglück in der Welt wehren könnten? Wenn sie ihr Glück nur noch auf das mitleidlose Vergessen der Opfer bauen könnten, also auf eine Kultur der Amnesie, in der die Zeit alle Wunden heilt? Woraus würde sich dann noch der Aufstand gegen die unschuldigen und ungerechten Leiden in der Welt nähren? Was würde dann noch zur Aufmerksamkeit für das fremde Leid und die Vision einer neuen größeren Gerechtigkeit inspirieren?

Eine Mystik der offenen Augen

Damit die gegenwärtigen Prozesse der Globalisierung am Ende nicht zur kulturellen und moralischen Trivialisierung führen, darf das in den Religionen der Menschheit akkumulierte Leidensgedächtnis nicht vernachlässigt werden. Es könnte schließlich die Basis sein für eine Koalition der Religionen zur Rettung und Beförderung der sozialen und politischen Compassion in unserer Welt. Dabei wird künftig vor allem eine Frage von entscheidender Bedeutung sein und den weltweiten Religionsdiskurs bestimmen: Wie verhalten sich zwei klassische Formen dieser Mystik der Religionen zum Umgang mit fremdem Leid? Es handelt sich zum einen um die biblisch monotheistischen Traditionen, zum anderen um die Leidensmystik in den fernöstlichen, insbesondere in den buddhistischen Traditionen, die inzwischen auch in der postmodernen Welt des Westens, in der Welt nach dem proklamierten „Tod Gottes", immer mehr Anhänger gewinnt.

Ich will die Schwierigkeit bei der Begegnung abendländisch-westlicher Mystik mit der fernöstlich-buddhistischen Mystik schließlich in eine Frage kleiden (Wenn eine westliche Buddhismusrezeption diese Frage in den Wind schlagen würde, führte sie schließlich nur zu Trivialformen einer großen Religion der Menschheit und bestätigte damit indirekt nur jene wachsende Skepsis, die der originäre Buddhismus des Ostens gegen seine ungenierte Übernahme in westliche Lebensformen hegt). Geht die fernöstliche Leidensmystik nicht davon aus, dass alle leidschaffenden Gegensätze zwischen Ich und Welt dadurch überwunden werden, dass sich das Ich schließlich in die vorgängige Alleinheit und Harmonie des Universums auflöst? Ist also hier das Ich nicht eine mystisch durchschaubare Illusion? Wo indes das eigenständige Subjekt mystisch zur Disposition steht: verflüchtigen sich in solcher Mystik nicht auch alle anderen Subjekte ins Illusionäre? Wo wäre da noch eine unhintergehbare Verpflichtung zur Compassion – zur Empfindlichkeit für und zur

Sorge um das Leid der Anderen? Ist diese fernöstliche Leidens-mystik am Ende nicht doch eine subjektferne und alteritätsblinde Mystik? Entspannt sie deshalb nicht das Verhältnis von Mystik und Moral zu einem allzu hohen Preis? Gewiss, auch die Mystik der biblischen Traditionen spricht von einem „Verlassen des Ich", von einem Heraustreten aus dem Ich, aber eben nicht als ein Sich-Auflösen, als ein Verschwinden in der gestaltlosen Leere eines ichfreien, eines subjektlosen Universums, sondern als das immer tiefere Hineinwachsen in einen Bund, in jenen mystischen Bund zwischen Gott und den Menschen, der sich in der Com-passion erfährt und bewährt.

Die Mystik der biblisch monotheistischen Traditionen ist je-denfalls in ihrem Kern eine politische Mystik, eine Mystik der po-litischen und sozialen Compassion. Sie ist eine Antlitzmystik, nicht eine antlitzlose Natur- bzw. kosmische Alleinheitsmystik. Ihr kategorischer Imperativ lautet: Aufwachen, die Augen öffnen! Jesus lehrte nicht – bei allem Respekt vor Buddha und fernöst-licher Spiritualität sei dies gesagt – eine Mystik der geschlossenen Augen, sondern eine Mystik der offenen Augen, eine Mystik der unbedingten Wahrnehmungspflicht für fremdes Leid. Dabei rechnete er in seinen Gleichnissen mit den kreatürlichen Seh-Schwierigkeiten der Menschen, mit ihren eingeborenen Narziss-men – er kennzeichnete sie als solche, die sehen und doch nicht sehen. Gibt es womöglich eine elementare Angst vor dem Sehen, vor dem genauen Hinsehen, vor jenem Hinsehen, das uns ins Ge-schehene unentrinnbar verstrickt und uns nicht unschuldig pas-sieren lässt? „Sieh hin – und du weißt!" (Hans Jonas) Hier ist jene unhintergehbare Verantwortung des Ich verankert, die christlich „Gewissen" heißt; und was wir die „Stimme" dieses Gewissens nennen, ist unsere Reaktion auf die Heimsuchung durch das fremde Antlitz der Leidenden. Für dieses Gewissen manifestiert sich die Autorität des richtenden Gottes in der Auto-rität der Leidenden, in jener Autorität, unter die Jesus in seiner berühmten Gerichtsparabel von Matthäus 25 die gesamte Menschheitsgeschichte gestellt hat.

Träume

Sich von Gott gebraucht zu wissen – ein Lebenstraum

von Ingrid Riedel

> *„Die Träumenden zum Handeln bringen,*
> *die Handelnden zum Träumen."*
> (Dorothee Sölle)[1]

Gottes Wünsche – große Träume

„Sie hatte große Träume und sie willigte ein in die Endlichkeit des Lebens" – so lese ich in der Todesanzeige für Dorothee Sölle – gewiss von Fulbert Steffensky, ihrem Mann, so formuliert.

„Große Träume" hatte sie, das erwies jedes Gespräch mit ihr, das zeigte sich in jedem ihrer Vorträge, ihrer Gedichte, ihrer Bücher. Dabei kenne ich keinen einzigen ihrer nächtlichen Träume – davon sprach sie nicht – sie sprach von den Träumen ihrer helllichten Tage, die trotzdem viel mehr waren als das, was wir üblicherweise Tagträume nennen. Es waren Träume, von der biblischen Verheißung durch die Jahrhunderte hin ihr zugetragen und mitgetragen von dem Widerhall in ihr, der offenbar bis in ihr Unbewusstes reichte und es mitschwingen ließ. So konnte sie schreiben: „Gottes Wunsch für uns ist, dass wir zum Werkzeug des Friedens werden bis in unsere Träume hinein."[2]

Ihre Träume könnten und sollten also Gottes Wünsche, Gottes Träume – und was sie als solche verstand – widerspiegeln: Sie möchte Gottes Träume mitträumen, weiterträumen und sie stellt sich vor, selbst von Gott geträumt zu sein. So lautet der Titel einer ihrer Gedichtbände „Träume mich, Gott"[3].

Einen dieser „Träume Gottes", den sie mitträumen möchte, benennt sie mit einem Schlüsselwort des Franz von Assisi: „dass wir zum ‚Werkzeug des Friedens' werden". Bei Dorothee Sölle ist das nicht nur ein Traum für sich selbst oder für den nächsten Freundeskreis, sondern ein politischer Traum für die ganze Erde, von der biblischen Verheißung gedeckt: „Wir warten auf einen neuen Himmel und auf eine neue Erde, und unsere Identität ist dort, wo wir noch nie waren, in der wahren Heimat des Menschen, einer Erde ohne Krieg." – Und sie fährt fort und führt aus, wie dieser „große Traum" in ihrer persönlichsten Gottesbeziehung verwurzelt ist: „Dein bin ich, o Gott" bedeutet, „dass ich mich fallen lassen kann", aber es heißt auch, „dass meine Wünsche für mein Leben nicht klein und ängstlich sein müssen, sondern gerade so groß wie die Wünsche und Verheißungen dessen, dem ich gehöre." Auch in der Tiefenpsychologie nennen wir die Träume, die weit über das Persönliche hinausgehen und die ganze Gesellschaft, die ganze Menschheit, ja die ganze Erde betreffen, große Träume. Sie wurden früher von Schamanen, von Propheten und von Königen geträumt, die die Verantwortung für ein ganzes Land zu tragen hatten.

Seit ihrem frühen Buch „Die Hinreise", wenn ich recht sehe, in dem sie die Innenseite der Religion, des Glaubens, die innere Erfahrung zum ersten Mal stark betonte, wertete Dorothee Sölle die Kraft des Wünschens im Menschen auf – im Gegensatz zu der seinerzeit modischen, auf Sigmund Freud zurückgehenden Vorstellung, dass „Wunschdenken" als illusionär und realitätsfeindlich abzuwerten sei. Sogar an Märchen-Beispielen, in denen die „Zeit, in der das Wünschen noch geholfen hat," immer wieder hervorgehoben wird, erläutert sie hier die schöpferische Kraft des Wünschens, die ja eine Kraft des Imaginierens ist, des Voraus-Entwerfens, des Probehandelns, die zugleich starke emotionale Kräfte freisetzt: Sehnsucht, Liebe, Mut, die der Verwirklichung des Voraus-entworfenen zugute kommen, indem sie den Energie-Schub, den „Sprit" gleichsam dazu geben.

Der Wunsch, ganz zu sein

Als tiefsten Wunsch und Traum eines Menschen im Blick auf sich selbst nennt Sölle hier „den Wunsch, ganz zu sein". Für sie ist dieses eben nicht der Wunsch des schwachen, verachteten und sich selbst verachtenden Individuums, sondern gerade „der wachsende Wunsch, der aus einem erfüllten Leben kommt". Sie beschreibt diesen tiefsten Traum des Menschen, die Sehnsucht nach Selbst-Transzendierung, im Anklang an Augustinus und Kierkegaard: „Die größte Vollkommenheit des Menschen ist sein tiefster Mangel: Gottes zu bedürfen – das heißt: seine Bedürfnisse wachsen ständig nach, keine Erfüllung kann sie stillen. Dass wir „Gottes" bedürfen, drückt diese unstillbare Sehnsucht aus. Der Schmerz um das noch ausstehende Reich Gottes ist zugleich der größte Reichtum des Menschen."[4]

Auch angesichts der Begrenzungen unseres Lebens wie Endlichkeit, Tod, Schuld und Leiden wird natürlich der Wunsch, ganz zu sein, laut, als „das Bedürfnis nach einem unzerstückten Leben": „So drückt das alte Wort der religiösen Sprache ‚Heil' gerade dieses Ganz-Sein, Unzerstückt-Sein, Nicht-kaputt-sein aus." Es sei zugleich „der Wunsch nach einem Leben ohne Berechnung und ohne Angst, ohne äußere oder bereits verinnerlichte Erfolgskontrolle, ohne Absicherung; Vertrauen können, hoffen können, glauben können – alle diese Erfahrungen sind mit einem intensiven Glücksgefühl verbunden, und eben um dieses Glück des Ganzseins geht es in der Religion"[5].

Wenn wir nun nach den wichtigsten Wünschen, den wichtigsten Trauminhalten der Dorothee Sölle fragen, so zeigen sie sich immer in Verbindung mit Gott: „Hat Gott Zukunft? Gottes Zukunft ist glaubbar nur in der Erfahrung von Gottes Gegenwart. Nur wenn wir die Gegenwart Gottes erfahren, können wir auch um die Zukunft Gottes beten oder von ihr träumen." Träumen und Beten rücken hier nahe zusammen. Von diesem Gedanken her kommt Dorothee Sölle zur Mystik, die sie später als Basis des Widerstands gegen das Unrecht in der Welt in ihrem Denken und

Träumen immer stärker bestimmt: „Wenn es uns gelingt, wieder eine Mystik der Gegenwart Gottes mitzuteilen, eine Mystik, die zugleich den Widerstand, die Revolution Gottes enthält, nur dann können wir ernsthaft von der Zukunft Gottes sprechen."[6]

Teilhabe und Zwiesprache

Eines der schönsten, sehr weiblich empfundenen Traumbilder Dorothee Sölles ist dieses, dass wir Menschen dazu da seien, „am Mantel Gottes mitzustricken": Die Voraussetzung dazu steckt in ihrer Überzeugung, dass Gott selbst uns träume: „Gott träumt uns, und wir sollen ihn nicht alleine träumen lassen."[7]

Zum Mantel Gottes, an dem wir mitstricken, gehört vor allem die Schöpfung: „Ich denke, die mystische Spiritualität des Einsseins mit der Natur ist die beste Vorbereitung auf das andere Leben, das wir suchen. Ein sakramentaler Umgang mit dem Brot und dem Wasser, dem eigenen Leib und den nichtmenschlichen Geschwistern, der Energie und dem Kosmos selber wächst aus dem Abgrund, der unser herrschaftsfreier Grund ist." Also aus Gott.

Dorothee Sölle erinnert an eine Gedichtzeile aus Mittelamerika, die sie sehr liebt: „Die Erde dreht sich zärtlich, compañera" – und fügt hinzu: „Dieses Drehen und Wiegen soll nicht aufhören, und wir sind Teil der Bewegung."[8]

So werden wir – den Träumen Dorothee Sölles folgend – aufgerufen, an der Schöpfung bewusst zu partizipieren, mitzuarbeiten an der Schöpfung, die keine vergangene, abgeschlossene Tatsache ist, sondern der Prozess, der unsere eigentliche Zukunft entwirft: Einer ihrer Träume, in Gedichtform gefasst, die für sie die stimmigste Sprache ihrer Träume war, lautet:

> „Einmal werden die bäume die lehrer sein
> das wasser wird trinkbar
> und das lob so leise
> wie der wind an einem septembermorgen"[9]

Eine Spiritualität der Schöpfung, so Sölle, erinnerte uns zugleich daran, „dass wir zur Freude geboren sind", zur Freude, die im Herzen lebendig bleiben kann, selbst noch in den immer möglichen körperlichen Schmerzen, die sie kennt:

> „Der sich in Gott verlierende Mensch verliert die totale Abhängigkeit vom körperlichen Wohlbefinden und tauscht sie gegen eine Interdependenz von dem, was ‚im Herzen' und dem, was ‚in der Zeit des Kummers' geschieht."[10]

In dem Gedicht „Ich dein baum" spricht Dorothee Sölle in wunderbarer Klarheit aus, wie all ihr eigenes Träumen sich – so nimmt sie es wahr – dem Träumen Gottes verdanke:

> „Du hast mich geträumt gott
> wie ich den aufrechten gang übe
> und niederknien lerne
> schöner als ich jetzt bin
> glücklicher als ich mich traue
> freier als bei uns erlaubt"

Diese Gegenseitigkeit des Träumens und Geträumtwerden ist es, was ihre Art des Träumens, das zugleich Zwiesprache mit Gott ist, ausmacht:

> „Hör nicht auf mich zu träumen gott
> ich will nicht aufhören mich zu erinnern
> dass ich dein baum bin
> gepflanzt an den wasserbächen
> des lebens."

Die Sprache der Poesie war für sie die eigentliche Sprache ihrer Träume und damit Theo-Poesie, die sie für die adäquatere Sprache angesichts Gottes hielt im Vergleich zur Sprache der Theologie, mit ihrem Sprechen über Gott in Analogie zum Logos der Wissenschaft: Theo-Poesie dagegen ist, analog zu den Psalmen, Zwiesprache mit Gott in Frage, Zweifel, Staunen und Rühmen.

Berührungen

Inwiefern haben Dorothee Sölles Träume sich mit meinen Träumen berührt? Ihr Buch „Stellvertretung – Theologie nach dem Tode Gottes" traf mich seinerzeit, als es erschien, ich war noch im Studium, wie ein erhellender Blitz und versetzte mir zugleich einen Schlag: Auch mir, Kriegs- und Nachkriegskind, seinerzeit von der Schreckensgeschichte Hitler-Deutschlands noch wie benommen, war zu der Zeit der Glaube an einen allmächtigen Vater-Gott, der „alles so herrlich regieret", gründlich ins Rutschen geraten, erschien mir doch dieser objektivierbare Gott damals bis in meine Nachtträume hinein als eine Projektion: So sah ich ihn im Traum mit einem Riesenprojektionsapparat an die Wolkendecke projiziert. Eine große Menschenmenge, die dieses Bild am Himmel erblickte, geriet in Panik wegen des möglicherweise bevorstehenden Weltuntergangs. Auch ich war irritiert, erkannte aber in dem am Himmel erscheinenden Bild exakt die Projektion eines Gottesbildes von Michelangelo. Wenig später entdeckte ich sogar den Projektionsapparat, der auf einer weiten Wiese aufgebaut war: dies alles im Traum.

Ein solches objektivierbares Gottesbild also konnte es nicht länger sein. Von Dorothee Sölles mutigem Buch fühlte ich mich zum ersten Mal von einem Menschen voll in meinem Erleben verstanden. Dorothee Sölles Vorstellung, dass es nun gelte, Gott im Sinne des Jesus von Nazareth gleichsam „zu vertreten", Gott also „zu leben" in dieser nachtheistischen Welt, sein „Baum" zu sein, das war es, was mich elektrisierte als eine ungeheure Einladung und Herausforderung zugleich. Hörte ich doch Dietrich Bonhoeffers Gedichtzeile mitklingen: „Christen stehn bei Gott in seinem Leiden" und später Martin Luther Kings: „Ich habe einen Traum …". Unter diesem Motto konnte ich der Theologie treu bleiben, zunächst im Wirkungsfeld einer Evangelischen Akademie, wo wir etwas von solcher Mitverantwortung für die Welt zu vermitteln suchten. Noch in meinem letzten Gespräch mit Dorothee, wenige Wochen vor ihrem Tod, anlässlich einer Tagung in Berlin, konnte ich ihr bestätigen, wie viel mir gerade ihr frühes Plädoyer für eine „Theologie nach dem Tode Gottes", die ihr so viel Missverständnis eingebracht hatte, bedeutet hatte.

Das zweite Buch, mit dem mich Dorothee Sölle, die ich inzwischen persönlich kennen gelernt hatte, erreichte, war „Die Hinreise", in dem ich vieles von dem, was religiöse Erfahrung und auch die Erfahrung realer Nachtträume mich gelehrt hatten, wiederfand, zugleich in einer theopoetischen Tiefe weiterreflektiert, die meine Erfahrung bestärkte, dass es eine seelische Tiefe im Menschen gäbe, das sogenannte Unbewusste oder auch Überbewusste, in dem Transzendenzerfahrung gemacht werden könne.

Im Blick auf das religiöse Bedürfnis, den Sinnhunger und die religiöse Erfahrung gibt Dorothee Sölle zu bedenken: „Als Theologen haben wir diese jetzt weit gefasste Grundlage zu wenig ausgesprochen, weil wir oft den zweiten Schritt vor dem ersten taten und die klare und bestimmte Richtung, die der christliche Glaube diesem allgemeinen und weit gefassten Bedürfnis gibt, eher in den Vordergrund stellten als das in der Tat schwer formulierbare Bedürfnis selber. Wir haben die Herausforderung und die Antwort nicht zueinander gebracht." Dies sprach mir aus dem Herzen: Wie lange war mir, unter dem Einfluss der nach dem Krieg so einflussreichen Theologie Karl Barths, die Sehnsucht nach Erfahrung des Glaubens madig gemacht worden. Hatte doch Barth, um die radikale Andersartigkeit Gottes und seiner Offenbarung gegenüber aller natürlichen Religion zu betonen, Erfahrung und Glauben weit auseinandergerissen. Seitdem ich mich mit Dorothee Sölle in der Bedeutung von Spiritualität einig wusste, habe ich die Erfahrungswege und -weisen zu Religion, Spiritualität, Kontemplation und Imagination noch stärker als zuvor in meine persönliche Lebenspraxis aufgenommen und sie auch in meine Arbeit an den Evangelischen Akademien und anderen Bildungshäusern, an Universitäten und Kirchentagen, an Rundfunk und Fernsehen einzubringen versucht, wo immer ich eben konnte.

Ein drittes Mal berührte mich Dorothee Sölles Weg und Werk, als sie eine neue Theologie der Schöpfung zu entwerfen begann, eine ökologische Theologie, und dabei wie ich auf die inspirierende Gestalt Hildegards von Bingen mit ihren Schöpfungsvisionen aufmerksam wurde, auf die Grünkraft, auf die Mitschöpferin Sophia, auf die Entsprechung zwischen Schöpfer und Mensch, darauf, dass die Schöpfung uns Menschen, jeden Einzelnen von uns, braucht, um vollendet zu werden. In diesen Zusammenhang gehörte auch für mich eine umfassende Wiederentdeckung der Leiblichkeit – der Weiblichkeit! – und damit auch der Gebärde, des Ritus, des Rituals samt der zugehörigen Elemente: Der Traum also von einem „sakramentalen Umgang mit dem Brot und dem Wasser, dem eigenen Leib und den nichtmenschlichen Geschwistern, der Energie und dem Kosmos selber …"

Ein viertes Mal kreuzten sich unsere Wege über Sölles Wiederentdeckung der Mystik: Wie habe ich doch „dem stillen Geschrei" der Mystiker, das sie in ihrem letzten und ihr liebsten Buch vernehmbar machte, fast atemlos gelauscht, dem überzeugenden Argument, dass Mystik, das „Verlorensein in Gott", eine so unüberwindliche Kraft zum Widerstand gegen Gewalt und Unrecht freisetze wie nichts anderes auf der Welt. Ihr Buch inspirierte mich persönlich, weckte alte und neue Erfahrungen in mir auf, regte mich aber auch zu Vorlesungen und Kursen über Mystik an, auch über protestantische Mystik, wie die von Tersteegen, Böhme, Müntzer, und dies auch im Rahmen der Universität, der Theologie, aber auch im Rahmen der Tiefenpsychologie, die doch inzwischen mein berufliches Feld geworden war.

Bei unserem Gespräch in Lindau allerdings, während der Tagung der „Internationalen Gesellschaft für Tiefenpsychologie", war uns die Unterscheidung zwischen psychologisch verstandener Ich-Selbst-Achse, die die Person des Menschen konstituiert, und der mystischen Gottgelassenheit des Ich, in der der Mensch sein Ich Gott überlässt, wichtig geworden. Darüber stritten wir uns fruchtbar, wie ich fand. Das Ergebnis blieb offen, aber jeder weiteren Frage wert.

Es war schon während des Kirchentags in Leipzig gewesen, als ich mit Dorothee Sölle auf unser wichtigstes Thema kam. Sie hatte im Rahmen der feministisch-theologischen Basisfakultät mit einer Inderin gesprochen, die sehr stark die Mütterlichkeit Gottes und der Erde betonte. Es ging um ein neues ökologisches Denken in der Theologie. Da warf Dorothee den Gedanken in den Raum, der mich wieder traf wie ein elektrischer Funke: Einzuwilligen in die eigene Sterblichkeit sei eine Konsequenz ökologischen Denkens.

Als ich in diesem Frühjahr die Todesanzeige für Dorothee Sölle in der Hand hielt, sah ich diesen Moment wieder vor mir, wie sie in all ihrer temperamentvollen Lebendigkeit diesen Gedanken vertrat. Damals war sie im Blick auf ihre Gesundheit schon spürbar gefährdet – sie wusste also, wovon sie sprach. Die Schlichtheit und Kühnheit dieses Gedankens, einzuwilligen in die Sterblichkeit, auch als Konsequenz ökologischen Denkens, berührte mich tief, und ich spürte, ich würde ihn mir zu eigen machen.

In Berlin, während einer Tagung der Katholischen Akademie, traf ich sie zuletzt: Sie hatte Meister Eckarts eigenwillige Auslegung der Maria- und Martha-Geschichte ihrem Vortrag zugrundegelegt, in der Eckhart bekanntlich für Martha als die reifere der beiden Frauen plädiert, sie, die von der Mystik des Hörens auf den Meister zur selbständig Handelnden und auch den Meister Umsorgenden fortgeschritten sei. Solch eine Martha war Dorothee Sölle in meinen Augen selbst geworden. Umhegte sie doch Gottes Sache und wartete nicht darauf, von Gott umsorgt zu werden. Ihr Lebenstraum war, sich von ihrem Gott gebraucht zu wissen: Und das bedeutete Glück für sie.

„Singen werd ich ..."

Unser letztes Gespräch, in einer Pause zwischen Vorträgen, ging um die rechte Einstellung zum Sterben, nachdem Dorothee nach dem tiefen gesundheitlichen Einbruch um die Weihnachtszeit herum bereits vom Tode gestreift worden war: Sie mochte sich nicht „schonen", wie sie sagte, nicht auf das „Verteilen Gottes", wie sie ihre öffentliche Wirksamkeit nannte, verzichten, um sich für irgendetwas Vages – wofür denn? – aufzusparen. Gebraucht zu werden, dem Traum Gottes zu entsprechen, indem sie dessen Traum an die Menschen weiterreichte, dies war für sie zugleich Erfüllung und Genügen: „Ich bin zu Hause in diesem Kosmos, ohne dass ich jetzt meine Teilhaftigkeit, die ich vielleicht siebzig Jahre lang gehabt habe, weiterleben müsste."[11]

Noch in ihren Entwürfen zu einer „Mystik des Todes", die erst nach ihrem Tod erschienen ist, erzählt sie die kleine Anekdote: „Hauptsache, unser Herrgott bleibt gesund", antwortete da ein abgearbeiteter alter Bauer, als sein Landpfarrer ihn nach seinem Befinden fragte. So hätte es auch Sölle selber sagen können. Sie erwartete, „in Gott hinein" zu sterben, ohne auf die Vorstellung einer individuellen Auferstehung abzuheben – dass das größere Leben, Gottes Leben und sein Traum für die Welt weitergehen, sich weiter verwirklichen, das war ihr genug. Es hat mich tief beeindruckt und daran erinnert, wie sie in Lindau bei der letzten Tagung der „Internationalen Gesellschaft für Tiefenpsychologie", bei der sie dabei war, ihr Gedicht „Gegen den Tod" vortrug, ihren Traum gegen den Tod:

„Sterben muss ich
aber das ist auch alles
was ich für den tod tu

Lachen werd ich gegen ihn
Geschichten erzählen,
wie man ihn überlistet hat
und wie die frauen ihn
aus dem land trieben

Singen werd ich
und ihm land abgewinnen
mit jedem ton
Aber das ist auch alles."

Das also war ihr Traum von der Überwindung des Todes. „Singen werd' ich …" Sie hatte gelegentlich wirklich den wundervoll unkonventionellen Mut, vom Rednerpult aus zu singen. Und sie berichtet, wie sie ihrer Mutter, bei deren Sterben, sang, vor allem sang, aber auch vorlas, zum Beispiel auch die Stelle des 126. Psalms: „Wenn der Herr die Gefangenen Zions erlösen wird, / werden wir sein wie die Träumenden."

Da haben wir noch einmal die Träumenden vor Augen: Vielleicht war diese Stelle eine Quelle für Dorothee Sölles Vorstellung vom Träumen. Gewiss war sie auch die Quelle für Martin Luther King, wenn er über die Befreiung der schwarzen Amerikaner zu ihren vollen Menschenrechten, zu ihrer Würde sprach: „Ich habe einen Traum …" Dieser Traum von der Befreiung war seine wie auch ihre Vision.

Es geht bei ihren Träumen um Befreiung aus Gefangenschaften hier auf dieser Erde – so meinte es auch dieser Psalm – um Befreiung realer Gefangener, bei der sie mitwirkte, es geht aber auch um die Befreiung seelisch-geistig und religiös Gefangener. Es liegt ihr auch an Befreiung aus der Enge der individuellen Existenz überhaupt. Dass ich heute, schon einen ganzen Sonntag lang, während ich dies niederschreibe, in intensivem Gespräch mit Dorothee Sölle bin und mich dabei bereichert und beglückt fühle, trotz ihres Todes, zeigt, dass der Traum Gottes, den sie mitträumte, der sie war, weitergeträumt und weiter in die Welt getragen wird: von allen, die mit ihr im Gespräch sind und am Mantel Gottes weiterstricken.

Letztlich werden die großen Träume und die großen Wünsche für Dorothee Sölle zu Gebeten, wie sie es in ihrem „Gebet für Nicaragua" anspricht, in dem der Mantel Gottes zu einer schützenden Decke wird:

„Eine große Decke breite aus
aus Wünschen, die so viel Zärtlichkeit ahnen,
dass sie Gebete werden
und Lieben ist das Tätigkeitswort,

das zu Gott gehört
So kommt die Decke von Gott

Eine dunkle Decke
ausgebreitet die Hoffnung der Armen zu schützen
bis die Nacht endet
bis endlich die Nacht endet"[12]

Dorothee Sölles Träume nämlich sind keine Nachtträume, sondern Wünsche und Gebete am helllichten Tag, die uns zurufen: „Kommt ins Helle!"

Leiden
Solidarisch sein – Raum zum Leben schaffen

von Eugen Drewermann

> *„Ich kann mich nicht auf Gott zurückziehen*
> *vor dem Leiden,*
> *ich kann ihn nicht zu meinem Schutz*
> *und zu meiner festen Burg machen*
> *gegenüber dem da draußen."*
> (Dorothee Sölle)[1]

Die Passion Christi und das Leiden der Menschen

Dorothee Sölle hat darauf hingewiesen, dass sich die reformatorische Theologie kritisch gegen eine allzu triumphalistische Theologie gewandt hat. Lutherische Theologie sagt: Leiden, Kreuz, Pein gehören wesentlich zum Christsein. Und das vielleicht größte protestantische Kunstwerk, die Matthäus-Passion von Johann Sebastian Bach, das immer noch Menschen erreicht, drückt diesen Schmerz, die Zerrissenheit, die Verlorenheit aus. Dorothee Sölle spitzt zu: „Auf die Frage ‚Wer hat dich so geschlagen?' ist die protestantische Antwort: ‚Ich war es'." Denn dieser Christus – das war für sie nicht nur die historische Figur von damals! „Das ist das philippinische Mädchen heute, das in ein touristisches Bordell verkauft wird, das sind die Armen, die Ausgeplünderten, die Zerstörten, die Alleingelassenen. Und wenn ich da frage: ‚Wer hat dich so geschlagen?', dann bekommt das Ganze eine ganz andere existentielle Tiefe. Und dann kann ich mich wirklich fragen: In was für einer Welt lebe ich denn, in der so etwas ständig geschieht? ‚Geschlagen' heißt für mich auch ‚vergast'."

Als wir miteinander in einer Rundfunksendung an einem Karfreitag über das Thema „Leiden der Menschen und die Passion Jesu" diskutierten, erwiderte ich ihr darauf: Die Problematik liegt darin, dass die vergasten Juden Opfer sind; es geht von ihrem Leid keine erlösende Wirkung aus. Das ist ein fundamentaler Unterschied zur Passion Christi. Woher eigentlich kommt die Kraft, der Mut, die Identität und die Integrität zum Widerstand gegen das Leid? Und wie frei muss man selber geworden sein, um befreiend zu wirken? Wir Christen glauben, dass sich im Tode Jesu für unser gesamtes menschliches Geschichtsbewusstsein und Geschick etwas radikal gewandelt hat. Freilich habe ich Zweifel, ob die Lehre vom Leiden Jesu, das uns erlösen könnte, so wie wir sie in der christlichen Selbstauslegung verstanden haben, die Wirkung hat, die sie haben müsste.

Opferideologie

Jedes Kind, das im christlichen Elternhaus aufwächst, wird noch nicht sechs Jahre alt sein und schon auf das Kreuz hingewiesen werden als den Ort und Punkt, von dem her es leben soll. Dieses Schema – Jemand hat sich geopfert aus Liebe zu dir, und das hat dich befreit – hat eine außerordentlich tiefe Resonanz gerade bei Kindern, die etwas Ähnliches in der eigenen Familie wirklich erlebt haben. Irgendwo ist eine Familie, in der die Eltern wie in einem ständigen Krieg leben, und nehmen wir an, dass eine Mutter existiert, die diese Ehe nur retten kann durch ständige Verzichte, indem sie sich opfert – inmitten unserer patriarchalischen Kultur ein sehr häufiger Fall; das Kind entdeckt, dass die Mutter wirklich, indem sie sich selber verleugnet, indem sie die eigenen Interessen bis zum Unglück unterdrückt, Garant des Lebens für das Kind ist. Nun kann es aber sein, dass die Mutter, wenn sie sehr verzweifelt ist, irgendwann aus der Haut fährt und den Kindern und der ganzen Familie vorwirft, sie seien wie „Sargnägel" in ihrem Leben. So etwas muss sie nur ein einziges Mal sagen, es wirkt in der Seele eines Kindes so furchtbar, dass es das vermutlich nie wieder los wird.

Welch ein Kind möchte schon Schuld daran sein, dass die Person, von der es lebt und die es am meisten liebt, einfach durch die Tatsache, dass es auf der Welt ist, buchstäblich gekreuzigt, vernichtet wurde? Die Antwort darauf kann nur darin bestehen, dass das Kind alles tut, um einen solchen Prozess zu verhindern, und, wenn er denn eintreten würde, ihn wiedergutzumachen.

Eine solche Psychologie finde ich in den Formulierungen der christlichen Dogmatik angelegt. Das Christentum enthält im Grunde, wie Elias Canetti einmal geschrieben hat, die Psychologie einer Klagereligion. Man identifiziert sich mit dem Leidenden. Und das hat den großen Vorteil, dass überall da, wo Menschen ins Leid gezwungen werden, Identifikationsflächen bestehen. Aber gleichzeitig liegt eine starke Ambivalenz darin, dass man ewig schuldig gepredigt wird. Und davon kommt man nur schwer los.

Nikos Kazantzakis hat einmal gesagt, und an diesem Satz scheint mir etwas Richtiges: Jesus musste leiden, oder Gott und die Menschen wären nie zusammengekommen. Das Paradox ist aber doch, dass wir als Theologen dieses Richtige auf eine Weise interpretiert haben, dass der Mensch mit sich selber nicht mehr zurechtkommt, dass er zerrissen wird zwischen Bewusstsein und Unbewusstem, dass am Ende der Widerspruch, der ursprünglich zwischen Gott und Mensch bestand, in die Menschen psychologisch zurückverlagert wird, statt ihn zu versöhnen.

„Gott selber hat es so gewollt"

Diese Zerrissenheit scheint mir genau das Gegenteil von dem zu sein, was Jesus eigentlich wollte. Er wollte die Widersprüche aus dem Gottesbild entfernen und den Menschen dahin bringen, integral leben zu können, mit allen Kräften des Liebens, des Hoffens, des Sichfreuens, des Sichengagierens, des Kämpfens, auch des Leidens, für Ziele, die sich lohnen. Aber schon im Neuen Testament beginnt die Not: Man versucht zu erklären, warum der Messias leiden musste, der als Gottes Sohn geglaubte Christus, der durch die Hände der Juden, der Römer, der Sünder hingerichtet wurde, und man bemüht sich entsprechend der Denkweise, aus alttestamentlichen Zitaten Vorausfiguren zur Begründung des Geschehens zu finden. „Gott selber hat es so gewollt" – das zeige sich in den Leidenspsalmen, in den Prophetentexten des Jesaja, des Sacharja und vor allem in den priesterlich ritualisierten Opfertexten.

Diese Art, Schriften anzuführen, in denen man von Gott her, dessen Willen man kennt, Geschichte glaubt auslegen zu können, hat etwas Großartiges, aber zugleich auch in sich schon etwas sehr Gefährliches. Man interpretiert menschliche Geschichte aus dem Blickwinkel Gottes, man hat eine Lehre, die von der konkreten Erfahrung immer weiter wegrückt. Welche Konflikte im menschlichen Herzen und in der menschlichen Geschichte werden eigentlich gelöst, und was sind die Ziele, für welche Leiden sich lohnt? Diese Fragen werden beiseite getan, indem man – als positivem Faktum – davon ausgeht, dass Gott das Leiden seines Sohnes so gewollt habe. Mir scheint, es wäre heute nötig zu fragen: Wo sind denn die Strukturen von Unheil, Leid, Zerstörung und Destruktion, die wir durchbrechen müssen, und sei es um den Preis, dass wir im Widerstand selbst zugrunde gehen? Wir müssen vom Menschen her auf Gott zugehen. Der umgekehrte Weg kann ganz leicht zum Status der Entfremdung und zur Abspaltung führen. Wir projizieren dann die eigenen Konflikte in Gott hinein, und dann begegnet uns, was wir selbst sind, als etwas Fremdes. Auf diese Weise vermehrt man die Angst, die Außenlenkung, die Entfremdung und das Schuldgefühl. Es entsteht im Namen der Erlösung deren Gegenteil.

Das Neue Testament will ganz sicher keinen sadistischen Gott verkündigen. Dennoch hat es eine Wirkungsgeschichte voller Gewalt, endloser Kriege und ideologischer Rechthabereien hinterlassen – das kann nicht Zufall sein.

Das psychische Problem, das sich diese Art von schriftgelehrter Theologie schon auf dem Boden des Neuen Testaments einhandelt, ist voller Ambivalenzen und sehr dialektisch. In den Paulusbriefen gibt es Stellen, die man sehr falsch verstehen kann; sie handeln von den Feinden des Kreuzes Christi. Daneben gibt es die Aussagen im Markusevangelium von der Kreuzesnachfolge, die für Opferideologie und jede Art geistiger und geistlicher Tyrannei gebraucht werden können. Wie viel Wünschen nach eigenem Glück und sinnerfülltem Leben wurde nicht schon boykottiert mit der Berufung darauf, dass ja auch Christus gelitten hat? Nur in der Leidensnachfolge ist dieser Opferideologie zufolge ein Katholik oder ein Protestant wirklicher Christ.

Ich diskutierte vor etlicher Zeit über die Möglichkeit, ob in der katholischen Kirche Eheleute, die sich unter viel Schmerz endgültig auseinandergelebt haben, nicht in einer neuen Ehe wenigstens probieren dürften, hier auf Erden glücklich zu werden. Zur Antwort wurde mir gegeben, dass eine Ehe doch so zerstört gar nicht sein könne, dass das Leid der Eheleute in die Waagschale falle, denn wenn sie litten, partizipierten sie am Passahmysterium Christi. Erlösendes Leid und neurotisches Leid können in einer solchen Sicht überhaupt nicht mehr getrennt werden. Dem Leid kann aber doch erst Sinn zugesprochen werden, wenn es nötig wird, um für möglichst viele Menschen ein höheres Glück zu erreichen. Leiden selbst kann kein sinnvolles Ziel sein. Ziel kann nur sein, dass Menschen endlich so leben können, dass sie in Würde und Mut zu sich selber finden und glücklich werden. Was für Motive haben aber Menschen, gegen sich selber so anzuleben, dass sie am Ende nicht einmal mehr eine Chance haben, auch nur zu ahnen, wozu sie bestimmt sein könnten?

Natürlich gibt es strukturelle und gesellschaftlich-politische Verblendungszusammenhänge. Doch gerade diese Zusammenhänge unterliegen ihren eigenen systemimmanenten Gesetzen, und es wäre kurzschlüssig und nur eine weitere Quelle neuer Schuldgefühle und Zwänge, etwa die ruinösen Expansionstendenzen des Kapitalismus mit moralischen Kategorien wegpredigen oder mit politischem Aktionismus wegprotestieren zu wollen. Gerade die Strukturen, die zur Verelendung der Dritten Welt, zur Zerstörung der Umwelt und zu einer absurden Sicherheitspolitik endloser Kriege führen, müssen als solche mit den Mitteln der Ökonomie, der Ökologie und den Instrumenten der Friedensforschung durchgearbeitet werden. Und immer bleibt die Frage: Mit was für Menschen und von was für Menschen reden wir eigentlich?

Was wir, im gemeinsamen Bemühen, Leiden auf dieser Welt zu verringern, theologisch beachten sollten, wenn wir „politisch" zu reden versuchen, ist dreierlei:

1. Wir müssen uns hüten vor gutwilligen Ideologien. Betroffenheit und Solidarität sind entscheidende Motive, sich auf den Weg zu machen; doch die Wegbereitung stellt eine eigene Aufgabe dar, wenn wir nicht Überzeugungen wie Planierraupen in Stellung bringen wollen. Als Christen wissen wir, dass Geld nicht dafür da ist, Geldgeschäfte zu machen (Lk 6,34); aber diese humane Evidenz muss übersetzt werden in eine konkrete und korrekte Einsicht in die Widersprüche des herrschenden Wirtschaftssystems. Anderenfalls droht die Gefahr nicht nur eines biblizistischen Fundamentalismus, sondern auch einer projektiven Theologie, die ihre eigenen Träume oder Alpträume auf die durch Unkenntnis blanke Leinwand „der" Gesellschaft aufträgt.

2. Die biblische Redeweise von dem Gott, der „aufsteht" oder „handelt" oder „eingreift" zugunsten „seines" leidenden Volkes, ist eine mythische Ausdrucksform, die nur symbolisch Sinn macht, nicht als eine Aussage „objektiven", „historischen" Wissens. Niemanden gibt Gott ein „Land" auf der Landkarte, nirgendwo setzt er Präsidenten ein, um seine „Gerechtigkeit" zu erweisen; aber wie Menschen es lernen, sich auf dieser Erde „heimisch" zu fühlen, und wie sie frei werden von absolut gesetzten Personen und Institutionen, lässt sich in den Bildern der Bibel beschreiben. Vergegenständlichte Mythologie aber ist eine gefährliche Anmaßung. Um sie zu vermeiden, bedarf es im Sprechen von „Volk" und „Geschichte" als erstes einer psychologischen Aufklärung, um den Rückfall in Kollektivismus und Massenpsychologie zu vermeiden.

3. Wir sollten uns hüten, das Individuelle und Personale als „unpolitisch" und „reaktionär" überspringen zu wollen. Im Gegenteil: Wenn Jesus im Neuen Testament Leiden auflöste, so geschah es wesentlich, indem er Leidende heilte; alles Leiden ist individuell und nur durch persönliche Zuwendung abzutragen oder

mitzutragen. Und auch hier gilt, dass Helfenwollen noch nicht die Kenntnis psychoneurotischer und psychosomatischer Zusammenhänge ersetzt. Magie und Gesundbeterei sollten sich nicht länger auf die Bibel berufen dürfen, ebenso wenig wie Teufelsglaube und Exorzismus. Wohl gibt es Böses, doch alles hat Ursachen.

Gesetz und Gnade

Wie also lässt sich das Leiden Jesu als befreiend verstehen?

Wenn man den Texten des Neuen Testaments, speziell dem des ältesten Evangeliums nach Markus folgt, lässt sich beobachten, dass vom Anbeginn an, schon bei den frühesten Worten und Wundern, die Jesus äußert und wirkt, im Hintergrund ein Kordon von Aufsehern existiert, die schriftgelehrt und hochpriesterlich darüber Buch führen, ob das, was Jesus unternimmt, sich mit dem Gesetz vereinbart oder nicht. Ich glaube, dass etwas sehr Wahres in dieser Darstellung liegt. Sie kreist nämlich um die Frage: Wieweit ist es möglich, auf die Freiheit des Menschen so zu setzen, dass er es wagt, notfalls auch gegen Gesetze, heilige Gesetze, anzugehen? Wir leben in Deutschland in einem Volk, das vor über sechzig Jahren zu schwach war, selbst gegen Gesetze aufzustehen, die erkennbar vom „Teufel" waren. Um wie viel schwerer mag es sein, Gesetze zu brechen, wenn sie an sich inhaltlich gut sind, wenn man sie sogar Gott zutrauen könnte, nur um auf Seiten der Menschen zu stehen. Das ist ein zerreißender Konflikt, den ich psychologisch in jeder Zwangsneurose, in jeder schweren Depression wiederfinde. Wie können Menschen sich lösen von der inneren Diktatur der Anpassung, die sie verinnerlicht haben, und wach werden zu ihrer eigenen Freiheit? Wie können sie sich erlauben, auf die Situation, die sich menschlich darstellt, kreativ zu reagieren? Wieweit sind sie gebunden an vorgefertigte Programme, die im Anwendungsfall nur noch mechanisch auf dem betreffenden Problemgebiet abgefahren werden? Wieweit sind sie, biblisch gesprochen, fähig, Gott zu entdecken trotz Begegnungsformen, die wie ummauert sind, die vorwegerklärt, durch Traditionen festgelegt sind und immer wieder Menschen zu Boden drücken, die mit den Gesetzen nicht zurechtkommen? Mir scheint, es war für Jesus ein außerordentlich entscheidendes Erleben, Menschen zu begegnen, die nach dem Gesetz nicht einmal entfernt die Chance hatten, zu Gott zurückzufinden. Und sein Engagement für das hundertste Schaf, notfalls sogar gegen den Tempel und gegen die Synagoge oder zugunsten einer veränderten Synagoge und eines geöffneten Tempels, muss ein tödlicher Konflikt gewesen sein.

Mir liegt sehr daran zu sagen, dass Jesus nur aus dem Judentum und innerhalb des Judentums zu verstehen ist. Richtig ist leider, dass die Spannungen, die im Neuen Testament sehr heftig und sehr früh schon auftauchen, im Abendland den Grundstein gelegt haben für vielerlei antisemitische Missdeutungen. Entscheidend bleibt indessen, dass Israel der Ort sein konnte, an dem eine Spannung deutlich wird, die die gesamte Menschheitsgeschichte betrifft. Es fällt uns am allerschwersten zu begreifen, dass es Menschen gibt, denen wirklich mit keiner Art von Gesetzlichkeit im moralischen, politischen, juristischen Sinne zu helfen ist; dass es Menschen gibt, die so verzweifelt sind, dass sie *geheilt* werden müssen, um zu sich selber und zur Welt zurückzufinden, ist eine zutiefst verunsichernde Feststellung. Da gibt es Leute die sich so weit verloren haben, dass sie, wenn sie sagen sollen, wer sie sind, wie der Besessene von Gerasa nur sagen können: „Mein Name ist Legion", es gibt kein Ich, mit dem du sprichst; Menschen, die *geheilt* werden müssen, um überhaupt wieder zum Kreis der gesitteten Menschheit zu gehören – wie man diesen Menschen nahe kommt, voraussetzungslos, mit dem Theologenwort: *bedingungslos* in *Gnade* – das beunruhigt, das raubt uns jeden sicheren Standpunkt, das löst die moralische und juristische Grenzziehung zwischen dem Guten und dem Bösen auf. Aber es ist ganz das Programm des Jesus von Nazaret, der sicher wollte, dass endlich gelebt würde, was die israelitischen Propheten sagten, Jesaja an der Spitze: ein Jahr der Befreiung, ein Gnaden-Jahr, und zwar als

Grundprogramm des ganzen Lebens, nicht als Ausnahme, als Intermezzo. Gebt den Gefangenen Freiheit!

Manchmal höre ich gerade engagierte Protestanten warnen vor der „billigen Gnade". Sie fürchten, dass das Sprechen von Gnade am Ende alles unkritisch rechtfertigt. Dieser Eindruck kann wiederum nur dann entstehen, wenn man die psychische Wirklichkeit ausblendet. Auf ihre Weise suchen alle Menschen einen „Ort", an dem sie leben dürfen, an dem sie gemeint und berechtigt sind – einen Raum der absoluten Akzeptation: eine Stätte des Göttlichen, das erscheint nicht als Gesetz mit der Frage: Was muss ich tun?, sondern der Gnade mit der Erlaubnis sich zu fragen: Wer bin ich selbst?. Manche Theologen scheinen zu befürchten, dass eine therapeutische Zentrierung des Evangeliums eine Einladung zum Nichtstun und zum „Egoismus" sei oder überhaupt nur ein bürgerlicher Luxus derer, die sich eine „Therapie" leisten könnten. In Wirklichkeit aber geht es um eine Grundeinstellung menschlicher Begegnung: Solange ich einen anderen von außen sagen oder vorschreiben will, wie er zu sein hat und was er tun muss, übe ich Gewalt aus und vermehre das Leiden; auf diesem Wege lässt sich nicht heilen. Andererseits wird ein Mensch, der sich angenommen und bejaht fühlt, allererst die Kraft gewinnen, gegen all das aufzustehen, was in ihm und an ihm nicht stimmt. Die „Gnade" ist so aktiv wie die Frühlingssonne: sie weckt auf den Fluren das Leben, sie schmilzt das Eisverfestigte ab und sie hilft, selbst die Wunden des Winters zu überreifen.

Und so wollte Jesus sein: Mit Moses, sagt Joh 1,17, kam das Gesetz, – der moralisch-juridische Ordnungsversuch des Zusammenlebens der Menschen; doch die Gnade, die Unverstelltheit Gottes ward durch Jesus Christus. Es geht um die simple Einsicht, dass kein Mensch „gut" sein kann, nur einfach weil er es „will"; gut in moralischem Sinne vermag ein Mensch nur zu sein, wenn er einer Güte begegnet, die ihn unbedingt meint und will. Eine solche Güte braucht jeder, doch niemand kann Güte verordnen. Es gibt keinen Rechtstitel darauf. Gnade ist etwas, das jeder benötigt und doch niemand fordern kann. Sie ist das eigentliche Element der Religion, die wirkliche Revolution inmitten unserer gesetzlich geregelten Welt. Und damit gegeben ist eine absolute Relativierung des Gesetzlichen gegenüber dem „Prinzip" der „Erlösung aus Gnade", wie sie das Christentum zu artikulieren versucht.

Ich glaube nicht, dass Jesus eine neue Religion gegen das Judentum oder außerhalb seiner gründen wollte. Er wollte, dass endlich gelebt würde, was er in den Texten der Bibel fand, mit einer glühenden Leidenschaft und einem Gespür für die Nähe Gottes, die ihm greifbar vor Augen stand. Doch gerade deshalb müssen wir in Achtung all dessen, was im jüdischen Verständnis von der Freude des Gesetzes gesagt wird, mit bedenken, dass es zur Zeit Jesu Gruppen gab, die nicht auch nur entfernt hoffen konnten, jemals mit diesen Gesetzen zurechtzukommen. Mir liegt daran, psychologisch auf die Dialektik jedes Gesetzes, auch des allerbesten, des von Gott erlassenen und gut interpretierbaren jüdischen hinzuweisen. Das Problem wird bei Paulus ausgetragen; es ist die Frage, woraus ich wesentlich lebe. Ich drücke es psychoanalytisch aus: Ich kenne kaum jemanden, der in die Sprechstunde zur Therapie kommt und der nicht erlebt hätte, dass man ihn als Kind gemocht hat, wenn er brav war, wenn er sich anpasste, wenn er sich einordnete, wenn er Gebote befolgte. Je weniger er sich geliebt fühlte, desto verzweifelter wird er sich bemüht haben, gut zu sein. Und das Schlimme ist, dass er damit einen langen Schatten wirft von all den verdrängten Gefühlen des Hasses, der Resignation, der Wut. Es ist die Geschichte von Kain und Abel auf den ersten Seiten der Bibel: dass da ein Mann ist, der sich bemüht, Gottes Segen und Akzeptation wiederzugewinnen, indem er *opfert*. Denken wir nicht alle so: Wenn wir das Beste bringen, was wir haben, wenn wir uns sehr anstrengen, wenn wir es nicht für uns konsumieren, sondern auf irgendeinem Altar für irgendeinen grausamen Gott verbrennen, spätestens dann wird man uns doch lieb haben? Und das Schreckliche ist, dass diese Rechung niemals aufgeht. Dann verkehrt sich das beste Gesetz ins Gegenteil, einfach deshalb, weil die Erfüllung der Gebote zur Bedingung dafür wird, dass man leben darf. Am Ende werden Menschen am Altare Gottes zu Mördern ihres Bruders.

Jesu Gottesbild

Jesus dagegen sagt – und variiert es in vielen Gleichnissen immer wieder neu: Gott will weder Opfer noch Vorleistungen, sondern er ist der Grund von allem; er lässt seine Sonne aufgehen über Gute und Böse; er braucht sich zu den Sündern nicht tiefer herabzubeugen als zu den Heiligen; alle Menschen leben bedingungslos nur vom Erbarmen Gottes. Das Gleichnis von dem Mann, der bei seinem König mehr als 40 Millionen Mark Schulden hat und machen kann, was er will: er wird nie zurechtkommen, und dem der König seine Schuld einfach erlässt – diese wunderbare Botschaft, glaube ich, ist das, was Jesus eigentlich in den Tod treibt, weil wir die Bedingungslosigkeit der Güte nicht ertragen noch verstehen; sie raubt uns jede moralisierende Rechtfertigung, sie hebt die Grenzen auf, die wir so sicher festhalten müssen, weil wir darin unsere Identität gesetzt haben: Wir sind doch gute Menschen!

Man sagt im Christentum gern, am Karfreitag sei Jesus zur Hölle hinabgestiegen. Ich glaube, dieses Bild projiziert man in den Moment des Todes Jesu, es zeigt in Wahrheit aber den Grund, weswegen er sterben musste. Es meint ein Hinabtauchen an jeden Ort der Verzweiflung, so menschlich, dass jede „Verwaltung" darüber zusammenbrechen muss. Jesus stieg nicht in seinem Tod, sondern in seinem Leben in „die Hölle" hinab, und deshalb trieb man ihn in den Tod: Er sah sich um und fand uns alle wie „arme Teufel", jeder bestrebt, sich und dem anderen die „Hölle" so heiß wie möglich zu machen. Nur: wenn man diese gnadenlose Welt aus Konkurrenz und Angst derart in Frage stellt, bleibt kein Stein mehr auf dem anderen. Es ist nichts mehr klar, vorwegentschieden, eindeutig dokumentiert; es hebt sich die Sicherheit des Tradierten auf an den Notwendigkeiten dessen, was jetzt nötig wäre; es gibt keinen aus der Tradition zu beziehenden und von der Kirchenverwaltung zu dekretierenden Gott mehr; es geht buchstäblich so zu wie in der Bibel auf die Frage, wer denn Gott ist: „Ich werde dasein, als der ich dasein werde" (Ex 3,14). Und diese Gegenwart, die immer neu ist, ist das Aufregende, Skandalöse.

Mir scheint das Wunderbare in der Gestalt Jesu gewesen zu sein, dass, wenn er über die Stirn von Menschen streichelte, diese sich selber zurückgegeben wurden in ihrem Denken, und dass aus den Händen eines Bettlers mehr von Gott zu Jesus sprach als im Geraschel der rabbinischen Rollen, in den Erklärungen bis zum Tausendsten. Darin liegt etwas Wunderbares und ewig Revolutionäres.

Die Revolution der im sozialem Sinne Armen gegen die herrschende Macht war nicht das Thema Jesu. Er vermeidet es geradewegs; er überlässt der inneren Freiheit der Menschen, was daraus wird; er löst die Konfrontationen auf; er ist ein Freund der Zöllner, die de facto auf Seiten derer stehen, die als Unterdrücker fungieren; in deren Häuser geht er; er hat keine Scheu, dem römischen Hauptmann zu begegnen; er ist sicher nicht antirömisch. Er geht einfach frei durch alle angstverschlossenen Türen. Macht, wenn sie so frei widerlegt wird, muss mehr das Fürchten lernen als vor einer bewaffneten Revolution, die sich in Barabbas oder Spartakus verkörpert. Ganz sicher war Jesus nicht ein weiterer Putschist auch kein messiastheologischer Sozialrevolutionär, und gewiss scheiterte er nicht an einer Gewalt, die er selber geübt hätte. Er war seine Gewaltlosigkeit, die die Gewaltherrscher bedrohte.

Das unerhört Schöpferische und Provokative an der Person des Jesus von Nazaret, ist, dass er nicht fragt: „Ist jemand Römer oder Jude oder Syrophönizer?", sondern: „Wer ist der Mensch, der am meisten leidet?" Und es kann innerlich, zum Beispiel bei Zachäus, dem Zöllner, genauso der Fall sein wie bei dem reichen Prasser, der mitten in seinem Reichtum im Grunde in der Hölle lebt.

Auch Armut ist ja nicht nur eine soziale Form von Unterdrückung und Ausbeutung. Ohne Frage, Menschen, die nichts zu essen haben, die in hygienisch miserablen Verhältnissen leben, denen wird man schwerlich von Gott sprechen können, solange aus dem Gottesglauben nicht ein Grundlage gerechten Teilens wird. Mir aber liegt auch daran – und das scheint mir sogar der Botschaft Jesu näher zu sein, jedenfalls fernab einem individualistischen Verständnis – zu sehen, dass ärmer noch als diejenigen, die nichts haben, diejenigen sind, die psychisch gar nicht imstande sind, etwas als ihr Eigentum zu betrachten.

Das sehe ich in der Psychotherapie jeden Tag: Menschen, die äußerlich glücklich sein könnten, aber Schuldgefühle über Schuldgefühle dabei haben, irgend etwas für sich selbst zu brauchen, und dann christlich hochideologisieren, dass Jesus Partei für die Armen ergreift. Daraus folgt für sie: Mir steht überhaupt nicht zu, zu Weihnachten, zum Geburtstag irgendein Geschenk zu haben, in Urlaub zu fahren oder dies und das zu tun, was Geld kostet. Wie will ich denn das rechtfertigen bei fünfzig Millionen Verhungernden auf Erden? Und was ist mit der Armseligkeit all der Minderwertigkeitsgefühle, die sich in Besitzgier kompensieren und zum Teilen unfähig machen?

Eine tiefere Perspektive

Mir liegt daran zu sagen, dass Nackte zu bekleiden seelisch gesehen noch schwieriger ist, als sozial; es gilt, Menschen so anzuschauen, dass sie sich mit dem Mantel eines Königs umhüllt fühlen, und dass es noch schwieriger ist, Menschen aus innerer Gefangenschaft zu befreien, als sie – vielleicht – durch eine – vorübergehende – Änderung an der Spitze der Macht aus dem Gefängnis zu holen; oft gilt es die Wände der unsichtbaren Gefängnisse zu durchschreiten. Es fordert viel an Sensibilität, noch mehr an Geduld, und ich glaube, in unseren Breiten ist diese Art der Befreiung aus Gefangenschaft oft sogar näherliegend. Wir erleben, dass wir, wenn wir die soziale Frage gelöst hätten, was heute noch eine politische Utopie ist, morgen schon all die Fragen von Armut, Gefangenschaft und Elend noch einmal wiederbekommen, dann aber seelisch.

Wenn wir vom Leiden des Menschen und von Erlösung sprechen, müssen wir tiefer ansetzen als im Raum des Politischen. Natürlich ist politisches Engagement wichtig und kann ein Indiz für eine befreite Psyche oder für recht verstandenes Christentum sein. Das Durchsetzen des Ziels, des erstrebten Guts, der Spielraum, in dem es durchgesetzt wird, hat politisch zu sein und sollte den Spielregeln der Politik entsprechen: durch Mehrheitsbildung, durch Kundgebung, durch Beeinflussung von Menschen. Wichtig scheint mir aber: Religion fängt da an, wo dieser Raum überschritten ist, in Augenblicken, wo nichts mehr zu machen ist, wo Menschen an der Gerechtigkeit, zum Beispiel des Gesetzes, scheitern. Wo jener Raum beginnt, den wir Gnade nennen, scheint mir Gott unendlich näher als in allem „Machbaren" und „Einzufordernden". Jedenfalls ist der Unterschied deutlich: Entsprechend dem politischen Prinzip hat jemand alles falsch gemacht, wenn er sein gestecktes Handlungsziel nicht erreicht. Im Sinne Jesu kann man durchaus gründlich scheitern, weil man alles richtig macht! Und diese Tatsache ist ein sehr wichtiger Trost: Seit Jahren protestiere ich gegen die Aufrüstung, gegen die ständige Bereitschaft zu immer neuen und schrecklichen Kriegen, gegen die Ausbeutung der Armen durch die Reichen und, nicht zu vergessen: gegen die Zerstörung der tropischen Regenwälder, gegen die Massentierhaltung, gegen die Vermarktung des unendlichen Leids der Tiere in den Schlachtfabriken, in den Pharmalabors, in der Vernichtung von täglich (!) etwa 150 Tier- und Pflanzenarten … In all diesen Fragen sehe ich nicht, dass wir in den letzten 40 Jahren auch nur das Tempo der grassierenden Leidverbreitung hätten stoppen können. Es ist das Beispiel Jesu, das lehrt, weiterzumachen, trotz allem; es ist das „zweckfreie" religiöse Prinzip, das lehrt, Gnade zu leben und an Güte zu glauben. Alles politische Engagement braucht Motive außerhalb des Politischen, um sich selber durchzuhalten und nicht in taktischen Machtspielen zu verkommen. Und so dreht sich letztlich alles um die Frage, wie ein Mensch innerlich frei wird, wer er selber ist, nicht welcher Partei oder Gruppe oder Kirche er zugehört. So wie das Sein des Menschen sein Handeln bestimmt, so ist die therapeutische Dimension von Religion in christlichem Sinne fundamental; alle politische Aktion kann und sollte darauf aufbauen, vermag sie aber nicht zu begründen. Schauen wir also noch einmal genau hin; betrachten wir die Freiheitsgeschichte eines Einzelnen.

Das Leiden der Seele

Es ist sehr schwer, einen Menschen dahin zu bringen, gegen die verinnerlichten Formen von Zwang und Abhängigkeit wirklich selbständig zu werden. In der Psychotherapie sehe ich, dass das Jahre der Begleitung braucht. Es ist nicht zu machen durch äußere Sozialprogramme, durch ein Engagement von oder nach außen. Es ist ein so langer Weg, nach innen zu schauen, bis man an den Punkt kommt, wo die Fragen der Existenz beginnen, quer zu und fast unabhängig von allen möglichen Spielarten der Gesellschaft. Ob in Altersheimen, ob in einem Krankenhaus, ob im alltäglichen Gespräch mit den Menschen – die Fragen, die die Leute umtreiben und an denen sie leiden, sind in aller Regel weit weg vom Politischen, es sind menschliche Fragen, die immer wiederkehren: „Wo gibt es einen Menschen, den ich lieb haben kann? Wo gibt es Eltern, die vertrauenswürdig sind?", fragt ein Kind. „Wie geht das weiter, was ich gewollt habe?", fragt ein alter Mann. Alte haben Träume und die Jungen Visionen, sagt der Prophet Joel einmal. Was ich möchte, ist: dass sich im Herzen der Menschen so viel freisetzt, dass sie wieder an sich glauben lernen.

Wenn Menschen durch ein neues Vertrauen zu Gott tiefer zu sich selber kommen, ist das nicht damit identisch, dass sie privatistisch im Status der Glückseligkeit leben. Ganz im Gegenteil: sie werden befähigt, gegen all das, und zwar kraft der eigenen menschlichen Erfahrung, aufzustehen, was unterdrückt.

Wir können an dem scheußlichsten System im 20. Jahrhundert leicht deutlich machen, was uns kaputt macht. Der Nationalsozialismus war überhaupt nur möglich, weil wir ein Volk von guten Bürgern waren, die gelernt hatten, auf Befehl ihre Pflicht zu tun. Was man vermisst, ist, dass es Persönlichkeiten gab, Menschen, die sagten: Unsere Freiheit und die Evidenz dessen, was human ist, spricht gegen die Befehle dieses Regimes, und wir lassen es mit uns nicht machen. Ich erzähle gern am Karfreitag die Geschichte von Raoul Wallenberg 1944 in Budapest. Hunderttausende sahen, was mit den Juden passierte. Nur wenige hatten die Kraft, dagegen aufzustehen. Raoul Wallenberg hatte sie, und er hat durch seinen Mut Tausende gerettet. Aber woher gewinnt man eine solche Persönlichkeit?

Und noch etwas: Mir ist eine Welt grauenhaft, die im Raum der Politik nur schwarz-weiß eindeutige, absolute, christlich abgedeckte Urteile fällt. Dafür ist die Wirklichkeit zu kompliziert. Wir können die konkrete, auf vielen Ebenen notwendige Durcharbeitung von Schwierigkeiten, von Ungerechtigkeiten, von Problemstellungen im Raum der Historie nicht ersetzen durch irgendeine Meinungs- und Gewissensintensität. Das führt dann, protestantisch gesprochen, doch zu einer Gesetzlichkeit, die schlimm ist. Ich erwarte nicht, dass in der Politik Erlösung geschieht, ich erwarte, dass sie zweckrational, menschlich und vernünftig ist. Dann hat sie ihre Pflicht getan. Von der Religion möchte ich, dass sie den Raum offen hält, in dem so viel Toleranz waltet, den anderen auch dann zu akzeptieren, wenn er in entscheidenden Fragen, aber mit guten Gründen, völlig anderer Meinung ist als ich. Es ist schlimm, dass wir Menschlichkeit ständig fraktionieren, indem wir sagen: Das ist die richtige Partei, und das ist die verkehrte Partei, statt über die Gründe zu diskutieren, die für etwas oder gegen etwas sprechen. Es kann nicht richtig sein, Politik zu ideologisieren mit dem Namen Christi, der niemals politisch gedacht hat. Er wollte niemals „König" sein. „Menschensohn" war ihm „genug".

Jesu Gottesnähe

Nehmen wir ein Beispiel, wie Jesu dachte. Es gibt im Neuen Testament, soweit ich sehe, nur ein einziges „sozialkritisches" Gleichnis, das von einer Ungerechtigkeit von Landarbeitern redet, Markus 12. Man hat immer gedacht, dieser Aufstand der Bauern gegen den Herrn, der seine Söhne und Diener schickt, um den Tribut einzuholen, sei rein allegorisch. Im Thomasevangelium aber spricht vieles dafür, dass die Geschichte von einem realen Aufstand von Pachtbauern gegen ihren Herrn redet. Gesetzt, Jesus hat dieses Gleichnis wirklich erzählt, so zeigt sich der Riesenabstand: Es geht ihm überhaupt nicht um die soziale Frage, es geht ihm um die Stellung des Menschen zu Gott. Allein schon die Poesie seiner Sprache ist unvereinbar mit politischer Propaganda und Agitation wie alle Dichtung. Und so bis zuletzt.

Jesus zitiert noch im Moment seines eigenen Leidens und Sterbens nach dem Markusevangelium den Psalm 22: „Mein Gott, mein Gott, warum hast du mich verlassen?" Und offensichtlich tritt er damit ein in das Schicksal all der Leute in Israel, die auf der Seite Gottes das Gute wollten und darin an ihrer Zeit und vor allem an den Menschen scheiterten. Diese Haltung ist das entscheidende. Die Botschaft Jesu ist ein ständiger Versuch, die Unmenschlichkeit zu überwinden durch einen Vorschuss an Vertrauen, den er durch das Gegenüber Gottes gewinnt. Für mich ist es erschütternd, Jesus zu begegnen in einem Moment, wo alles gesagt ist, was Menschen befreien konnte, wo Wunder passiert sind, in denen Menschen sich aufrichten gegen den Druck der Angst, wo sie sich bis in die Haut hinein, bis in das Rückgrat hinein, bis in die Glieder hinein heil und ganz fühlen konnten – und an seiner Seite stehen Schriftgelehrte, die sagen: „Diese Evidenz von Menschlichkeit gilt überhaupt nicht; im Namen des Satans wirkt er die Wunder." Das Menschliche ist gerade das Böse – so muss man diese Vorgänge interpretieren; mit Beelzebub wirkt er all das (Mk 3). Ich denke, dass Jesus an Gott so sehr geglaubt hat, dass er den Titel, den das Christentum ihm gibt, „Sohn Gottes", ganz und gar verdient, und in der Stunde von Getsemani und Golgota am allermeisten. In dem Moment ist Jesus Gott viel näher als den Hohenpriestern unterm Kreuz und allen anderen, mit Ausnahme der Frauen, die durchhalten bis zur Stunde seines Sterbens und wieder da sind im Moment der Auferstehung.

Scheitern und Hoffnung

Der Evangelist legt Jesus im Moment des Todes das Zitat aus dem Psalm in den Mund: „In deine Hände gebe ich meinen Geist." Hier drückt sich etwas aus, das jener Ansicht fundamental entgegengesetzt ist, nach der im Grunde die Weltgeschichte – in Sieg oder Scheitern – das Gottesgericht sei. Der Tod Jesu sagt mir: Hier tut jemand etwas, einfach weil es richtig ist, im Vertrauen auf Gott, ohne darauf zu achten, was dabei herauskommt. Äußerlich geht er ins Scheitern. Es gibt in diesem Moment keine „Geschichte danach". Bildlich gesprochen bebt die Erde und verfinstert sich die Sonne. Es gibt nur das Vertrauen, dass Gott daraus machen wird, was immer er will. Und es gibt das glaubende Hoffen, dass daraus etwas werden wird – freilich ohne Garantie.

Politische Pragmatik wird immer fragen: Wie setze ich die Mittel richtig ein, um wirklich etwas zu bewirken? Meine Überzeugung dagegen ist: Dass Menschen, unabhängig von einem solchen pragmatischen Kalkül bedingungslos für die Wahrheit eintreten, dass sie etwas tun, nur, weil es stimmt – allein das kann die Welt verändern.

In unserem Karfreitagsgespräch sagte Dorothee Sölle, die stärker die gesellschaftlich-politische Dimension akzentuierte: „Die Antwort Gottes auf den Tod Jesu liegt in Ostern, das heißt darin, dass diese Jesusbewegung begann, lebte, weitergeht, dass dieser Jesus nicht totzukriegen war und ist – trotz aller Bemühung, ihn zu zerstören, innerhalb und außerhalb der Kirche. Er hat eine solche Kraft Gottes ausgestrahlt, mit Worten, aber auch mit Schweigen, Leben, Leiden, dass man ihn nicht wegbringen konnte und dass seine Sache, seine Wirkung weiterging. Und so ist im Kreuz eigentlich schon Auferstehung, insofern die Freunde Jesu mit ihm gehen."

Ich antwortete ihr, dass dies meiner Sicht zuzuordnen sei wie die linke der rechten Hand. Dorothee Sölles Frage ist: Warst du dabei, und was hast du getan in Solidarität? Diese Frage ist wichtig. Meine Fragestellung liegt ihr aber noch voraus: Was ist an dir getan worden, dass du fähig wurdest, solidarisch zu sein? Ich denke an die Frau unterm Kreuz, Maria von Magdala, aus der Jesus sieben Dämonen ausgetrieben hat. Wir werden auch im Blick auf das Leid in dieser Welt der Botschaft Jesu nicht gerecht, wenn wir festschreiben, was die Menschen alles *können müssten,* noch ehe wir die Frage stellen: Wie schaffen wir einen Raum von Gnade, in dem Menschen überhaupt erst einmal leben *dürfen?* Genau das aber muss das Anliegen Jesu gewesen sein. Und dass die „Jesusbewegung" weiterging, konnte selber nicht das Ostern Jesu sein. Es wäre völlig unzureichend, Auferstehung nur für andere und in anderen zu begreifen, statt als erstes und wesentlich für den, der diesen Glauben an das Leben uns geschenkt hat, und darum für jeden Einzelnen. Die Frage bleibt: Wie sehen wir den Engel am Grab, der den Frauen sagt: Geht hinüber nach Galiläa? Denn wenn wir uns aufmachen zum dem „Ort", da alles begann, dann, unterwegs, kommt er uns entgegen. In aller Klarheit: Jesus ist nicht „auferstanden", weil wir an ihn glauben; Jesus selber glaubte an die Auferstehung jedes Menschenlebens – wie die Ägypter, wie die Griechen, wie die Pharisäer, wie in verschiedenen Bildern alle Religionen; und in dieser Zuversicht überwand er die Angst vor dem Tod, beendet er die Todespraxis endloser Überlebenskämpfe. Wir glauben an Jesus, weil er zeigte, wie die Macht des Todes sich im Glauben an die Auferstehung überwinden ließ. Der Christenglaube wurzelt in der Auferstehung Jesu und jedes Menschen. Mit scheint dieser Punkt zentral; denn er markiert die ganze Perspektive auf die menschliche Wirklichkeit: Wenn ein Mensch in Ewigkeit nur lebt „in Gruppen", bleibt er abhängig vom Erfolg in dieser Gruppe; dann wäre die „Kirche" selber Gott und alles Glauben ein reiner Zirkelschluss: die Wahrheit des Glaubens wäre das Glauben …

Zorn und Mut

Damit Gerechtigkeit nicht herzlos wird

von Fulbert Steffensky

> *„Zorn, damit das Nichtige auch nichtig bleibe,*
> *und Mut, damit das, was sein soll,*
> *auch sein wird."*
> (Dorothee Sölle)[1]

Mut – eine Stärke des Herzens

Wer kennt aus der eigenen Kindheit und Jugend nicht die Lust und die Ehre, mutig zu sein. Man hat sich gegenseitig den Mut bewiesen, indem man einen Frosch verschluckte oder um Mitternacht über einen Friedhof ging; indem man den Lehrer herausforderte oder bei einem Gewitter unter einer Eiche blieb. Bei diesem Mut geht es um eine formale Stärke, bei der noch nicht ersichtlich ist, für wen oder gegen wen sie steht. Dieser Mut ist nur ein Mittel, sich selbst darzustellen, und er hat sein Recht bei den Selbstexperimenten von Kindern und Jugendlichen. Wenn Erwachsene sich eines solchen Mutes rühmen, wirken sie lächerlich, oder dieser inhaltslose Mut wird zur Lust an Selbstgefährdung oder gar Selbstzerstörung, wie wir es am Beispiel des Russischen Roulettes sehen. Meistens aber verlieren Erwachsene diesen Mut, sie gehen allen Fröschen und Friedhöfen aus dem Weg.

Der Wortstamm von „Mut" sagt uns, dass es nicht um eine formale Stärke geht, sondern um die Stärke des Herzens von Menschen. Das mittelhochdeutsche „muot" bedeutet Sinn, Geist, das Innere, das Herz des Menschen. Im Lateinischen, Spanischen und Italienischen gibt es kein eigenes Wort für Mut. Im Lateinischen ist Mut nichts anderes als der starke Geist: „animus"; ebenso im Spanischen und Italienischen: „animo". Im Englischen und Französischen ist es ähnlich, „Herz" steckt in dem Wort, das wir mit Mut übersetzen. Die Voraussetzung des Mutes ist also, dass ein Mensch mit etwas identifiziert ist; dass er ein Herz und ein Gemüt für etwas hat; dass sein Geist auf etwas gerichtet ist und dass er etwas liebt. Wer also eine gefährliche Steilwand ohne Absicherung erklimmt, ist in diesem Sinn nicht schon mutig, wohl aber jemand wie Franz Jägerstätter, der in der Nazizeit den Militärdienst verweigerte und dafür die Todesstrafe auf sich nahm. Er liebte den Frieden und das Recht, und er wusste, dass jener Krieg nichts anderes als ein Völkermorden war. Wer mutig ist, hat also eine Idee von einer Sache und er liebt etwas. Als Jesus den Mut aufbrachte und gegen die Konventionen die Wechsler mit einer Geißel aus dem Tempel trieb, da hatte er eine Idee davon, was der rechte Gottesdienst sei, und er liebte diesen Gottesdienst, sonst hätte er einfach geschehen lassen, was geschieht. Liebe und ein gebildeter Geist sind also Kern des mutigen Handelns von Menschen. Mut setzt Sympathie voraus, die Liebe zu einer Sache, einer Idee oder zu einem Menschen. Wenn man mutig ist, setzt man ja etwas aufs Spiel. Mutig ist man in Situationen der Gefahr, und der Mut bringt einen in Gefahr, wie man an den Beispielen Jesu und Franz Jägerstätter sieht. Der Mut verliert also seinen Boden, wo Menschen oder eine Gesellschaft apathisch werden, also die Fähigkeit verlieren, etwas zu lieben oder an etwas zu leiden. Wo man die Sprache der Stummen nicht mehr vermisst, das Brot der Armen und das Recht der Gequälten, da wird man auch nicht den Mut aufbringen, daran zu arbeiten, „damit das, was sein soll, auch sein wird". Dorothee Sölle spricht von narkotischen Gesellschaften, Lagen, in denen Menschen in der Selbstbetäubung verharren und den Hunger der Brotlosen nicht wahrnehmen, jedenfalls ihn nicht als ihre Sache wahrnehmen. Etwas als die eigene Sache wahrzunehmen, heißt lieben. Eine Frau aus der evangelischen Frauenarbeit schrieb zur Zeit der Apartheid in einem Gebet für Südafrika: „Die Regierung und ihre Handlanger verhaften die Kleinsten, foltern sie, zerstören sie körperlich und seelisch. Ich darf sie mir gar nicht vorstellen, sie könnten eines meiner Kinder sein." Das ist die andere Mütterlichkeit: die eigenen Kinder in die Geschlagenen hineinsehen; die Geschlagenen in die eigenen Kinder hineinsehen. Die evangelischen Frauen aus der Antiapartheidbewegung hatten diese Voraussetzung für ihr mutiges Auftreten in ihren Kirchen und auf den Kirchentagen; oder in Geschäften, wenn sie nach der Herkunft der Apfelsinen fragten und sie nicht kauften, wenn sie aus Südafrika kamen. Sie identifizierten sich mit den Geschlagenen, sie liebten sie, sie hatten ein Herz für sie, sie hatten Sympathie, wörtlich übersetzt: sie litten mit ihnen.

Keine affektfreie Neutralität

Warum plädiert Dorothee Sölle für den Zorn, „damit das Nichtige auch nichtig bleibe"? Warum ist nicht affektfreie Neutralität wichtiger, die den Blick nicht trübt und das Urteil nicht fälscht? Die Behauptung ist falsch, dass man in Neutralität ein klareres Urteil habe: „Die größten und perfektesten Mörder in unserem Jahrhundert sind nicht emotional reichbegabte und leidenschaftliche Menschen gewesen, sondern affektarme Bürokraten, die emotionsfrei Befehle ausführten."[2] Die Justitia mit der Binde vor den Augen ist in der Tat blind. Sie sieht nicht, wen sie beurteilt und verurteilt. Sie sieht keine Umstände, sie ist der Empörung nicht fähig. Zorn macht einseitig, und Einseitigkeit öffnet die Augen. Wer ohne Vermutung nach Südamerika fährt, kann wundervolle Strände sehen, betörende Sonnenaufgänge erleben, aber er ist nicht in der Lage, einen Armen zu sehen. Er sieht nicht, wo das Recht verletzt wird. Es gibt eine unerlässliche Voreingenommenheit, die die Augen öffnet. Wenn ich nicht voreingenommen bin von dem Wunsch nach Gerechtigkeit; wenn ich nicht voreingenommen bin für das Leiden der Gequälten, dann nehme ich es nicht einmal wahr. Voreingenommenheit ist die Bildung des Herzens, die uns das Recht der Armen vermissen lässt. Ein Urteil zu haben, ist nicht nur die Sache des klugen Verstandes und der exakten Schlüsse, es ist eine Sache des gebildeten Herzens. Das gebildete Herz aber ist nicht neutral. Es fährt auf, wenn es die Wahrheit verraten sieht. Es schreit auf und schweigt nicht in ausgewogener Neutralität, wenn es sieht, wie Kinder verhungern und wie die Welt verwüstet wird. Der Zorn ist eines der Charismen des Herzens.

Dorothee Sölle nennt diesen Zorn gelegentlich sogar Hass, und der Titel eines ihrer Aufsätze heißt: Gibt es einen schöpferischen Hass? Sie beschreibt den schöpferischen Hass als einen Hass mit Maßstäben. Menschen glauben daran, dass Recht von Unrecht unterscheidbar ist. Es ist die Fähigkeit zur Negation von zerstörerischen Umständen. Dieser Hass ist fähig, sich mit Opfern zu identifizieren, er ist nicht nur einfach irrational.

Davon grenzt sie den zerstörerischen Hass ab. Sie zitiert für einen solchen Hass die Sätze eines Jugendlichen aus einem Film über das Berliner Märkischen Viertel: „Und darum habe ich angefangen zu saufen, weil ich einfach gesagt hab', jetzt ist Schluss mit mir. Und daran hab' ich, daran bin ich kaputt gegangen, da habe ich angefangen zu schlagen. Weißte, warum ich schlage, soll ich auch das mal sagen? Weil ich nämlich dich hasse und dich und dich und alle nämlich. Ich könnte jeden kaputt machen, jeden."[3] Der Hass dieses geschundenen Jugendlichen ohne Arbeit und in einer zerstörerischen Umgebung ist nichts anderes als der Selbstausdruck seiner Ohnmacht. Er ist ohne Hoffnung und ohne Vision, er ist nicht gereinigt durch Zögern und Rationalität, ziellos kann jeder zu seinem Objekt werden. Aber, so sagt Dorothee Sölle, er ist noch Zeichen von Leben. Für schlimmer hält sie die leidensfreie Betäubtheit, in der man sich allen gesellschaftlichen Zuständen anpassen kann.

Der prägnantere Ausdruck für das, was Dorothee Sölle schöpferischen Hass nennt, ist der Begriff Zorn. Ich habe mit ihr gestritten über die positive Verwendung des Begriffs Hass. Man kann nicht so herrisch mit der Sprache umgehen und Begriffe umdeuten, bis sie hergeben, was man ihnen zu sagen aufgetragen hat. Aber zugleich muss ich zugeben, dass sie mit dieser ungewöhnlichen Art des Sprachgebrauchs neue Aufmerksamkeit für allzu gewohnte Sachverhalte erregen konnte.

Propheten – verantwortlich für die Hoffnung der Menschen

Ich frage mich (als „Linker"), ob es bei ihr wie bei vielen Linken nicht auch so etwas wie eine Faszination durch Radikalität gegeben hat, die zu einer solchen semantischen Verschärfung geführt hat. Ich frage mich, ob diese Faszination nicht immer schon der Schatten des prophetischen Charismas war. Ich tue mich schwer mit den von Radikalität berauschten Propheten. Selbst jene Sätze des Neuen Testaments stimmen mich skeptisch, die dazu aufrufen, die Toten unbegraben zu lassen im Interesse des Reiches Gottes; Vater und Mutter zu hassen und sich das eigene Auge auszureißen, wenn es im Interesse jenes Reiches geschieht. Nach-vorne-schauen, sich nicht durch Rücksichten ablenken lassen, ohne Zögern sein – das wollen die Propheten allzu leicht. Gewiss ist es oft nur eine Radikalität der Sprache, eine poetische Radikalität. Aber man darf nicht vergessen, dass Sprache etwas anrichtet und zu etwas verführt. Den Lügenpropheten kann man leicht erkennen. Er sagt Sonnenschein und Sieg an und ist unfähig, zu zweifeln am guten Ausgang der Dinge. Aber auch der ist noch kein guter Prophet, der nichts zu sagen weiß, als dass bald Feuer vom Himmel fallen und alles fressen wird. Besonders sind mir die Unglückspropheten zuwider, die bei guter Besoldung genüsslich vom sicheren Land aus den Untergang der Schiffe voraussagen. Wer kein Lügenprophet ist, den sollen Genauigkeit und Widersprüchlichkeit auszeichnen. Er soll des Widerspruchs fähig sein: er soll leben können, Wein trinken, lieben, Gedichte lesen, beten, singen, als ginge das Leben schon und als sei man schon angekommen im Reiche der Freiheit. Und er soll mit unerbittlichem Auge das Unglück sehen und das Gericht ansagen.

Er sollte genau sein in der Beschreibung des Unglücks und sich selber nicht überwältigen lassen durch Untergangsphantasien. Die Gegenwart ist schon schlimm genug, ihre Beschreibung bedarf keiner grellen Farben. Propheten sind auch für die Hoffnung der Menschen verantwortlich. So müsste man Propheten daran erkennen, dass sie die Wahrheit sagen und zugleich die Hoffnung der Menschen stärken. In einem kleinen Gebet sagt Helder Camara: „Lehre mich ein Nein sagen, das nach Ja schmeckt!" Das Ja im Nein muss erkennbar bleiben, wenn die Botschaft der Propheten mehr bewirken soll als die Verzweiflung des Volkes.

Wo wir schon einmal bei den Propheten sind, versuche ich eine solidarische Kritik an uns Linken. Dies zu tun, war unter uns oft verpönt. Darf man als Linker Linke kritisieren? Ist es nicht schon Untreue, und – das dümmste der Argumente! – ist es nicht Wasser auf die Mühlen der Gegner? Man soll sich zwar treu sein, aber es gibt eine Selbsttreue, die nichts anderes ist als die Erstarrung bis in den Tod des Gewissens, des Denkens und der Wahrnehmung der Welt. Es gibt eine Selbsttreue, die nichts anderes ist als eine mechanische Dummheit. Denken, Wahrnehmen und Verhalten sind zum Schema geworden, dem man nicht mehr entrinnen kann und das mit jeder Wiederholung fester und gefängnishafter wird. Davor ist niemand sicher, auch wir Linken nicht. Es könnte sogar sein, dass es in dieser Hinsicht eine spezifische Gefährdung für die Linken gibt. Warum? Weil wir die richtigen Themen haben. Ein linker Christ zu sein, heißt, Geschichte und Gegenwart aus der Perspektive der Opfer sehen zu können. Unsere Aufmerksamkeit wird nicht in gleicher Weise von allem erregt. Die Arbeitslosen sind uns wichtiger als die, die Arbeit haben. Die Förderung der Arbeiterkinder ist uns wichtiger als die Förderung der Hochbegabten. Die Leiden der Dritten Welt sind uns wichtiger als die Leiden in der Ersten. Wir könnten aber in den Irrtum verfallen, dass mit den richtigen Themen, Perspektiven und Optionen auch alles andere immer schon gerechtfertigt ist: unsere Analyse, unsere Methoden und unsere Strategien. Es könnte uns zu der gefährlichen Überzeugung bringen: Wir können nichts falsch machen und nichts falsch gemacht haben, weil wir auf der richtigen Seite stehen.

Etwas anderes könnte uns blenden. Ich nenne es mit ironischer Vorsicht: unsere Selbstlosigkeit. Linkssein bedeutet Moral – ein heute diskreditierter Begriff. Es bedeutet, menschheitlich zu denken und zu handeln, nicht nur aus eigenen individualistischen Interessen. Und nun nehme ich wieder den ironischeren Begriff: Mit Selbstlosen ist nicht leicht zu streiten. Und die Selbstlosen könnten sich leicht schon dadurch gerechtfertigt sehen, dass sie nicht allein für sich denken und arbeiten. Und so haben wir wie alle anderen die Bekehrung nötig.

Gereinigter Zorn

Bekehrung ist einer der häufigsten und der charmantesten Begriffe der jüdisch-christlichen Tradition. Sie widerspricht einem Lebensentwurf, der heute viel geläufiger ist: einer Identitätsauffassung, die wesentlich durch Kontinuität und Wiederholung bestimmt ist. Eine solche Haltung befiehlt, niemals das Gesicht zu verlieren, ausgesöhnt zu sein mit sich selbst und der eigenen Herkunft. Die biblische Tradition dagegen lehrt uns, dass zur Freiheit des Subjektes die Selbstunterbrechung gehört; die Fähigkeit, mit sich selber zu brechen; die Aufgabe der zwanghaften Wiederholung seiner selbst; die Lust, aus den Häusern zu entfliehen, wenn sie zum Gefängnis geworden sind. „Bekehrt euch!", sagt diese Tradition. Zerreißt eure Herzen. Seid fähig, über euch selber zu weinen. In Psalm 51 heißt es: „Das Opfer, das Gott gefällt, ist ein zerbrochener Geist und ein zerschlagenes Herz." Herz ist das Bild für die Gesamtheit und die Mitte der Person, eben für die Identität des Menschen. Das ist ein Ruf zur Freiheit, nicht ein Appell zum Selbsthass. Es ist die Aufforderung zur eigenen Würde. Der nur mit sich selbst identische Mensch, der sich in dieser Identität wiederholende und fortsetzende, der in seine eigene Identität eingekerkerte ist der Sünder, der Verblendete, der in Selbstgefangenschaft Hockende, der sich um die eigene Lebensschönheit bringt. Freiheit und Bruch, Freiheit und Verabschiedung von sich selber, Freiheit und Diskontinuität werden zusammengedacht.

Dies aber ist leichter gesagt als getan. Es gehört schon viel Erwachsenheit, Lebenssouveränität und Glaube dazu, das dauernde Spielchen der Selbstrechtfertigung aufzugeben und den Perfektionszwängen zu entkommen. Der Sinn des Lebens und unserer Arbeit scheint nur glaubhaft, wenn wir selber fehlerfrei und irrtumslos waren. Vernichtungsängste entstehen, wenn wir uns von einem Teil unseres Lebens und Denkens verabschieden sollen. Ich vermute, dass vor allem moralische Menschen sich damit schwer tun, Irrtümer und falsches Leben einzugestehen. Gerade sie haben noch die altmodische Tugend der Scham, und sie empfinden nicht alles, was gewesen ist, als gleichgültig. Vielleicht lehrt mich der Glaube an Gott gerade dies: Das Leben zählt nicht nur in seiner Irrtumsfreiheit, Reinheit und in seinem Gelingen. Und so brauche ich mir und den anderen nicht dauernd zu beweisen, dass ich Recht hatte. Ich brauche nicht auf meinen Ansichten zu bestehen. Das ist der Anfang der Gewaltlosigkeit und des Spiels. Wer sich auf die Praxis der Wahrheit einlässt, wer sich auf politische Konkretionen einlässt, der kann irren. Ich vermute, dass der, der nicht irrtumsfähig ist, auch nicht wahrheitsfähig ist. Nur bei Enthaltung von der Frage nach der konkreten Wahrheit ist der Irrtum ausgeschlossen.

Ich versuche diese linke Selbstkritik sozusagen unter dem Dach der Kirche. Es gibt in dieser Gesellschaft sonst keine Institution und keine Räume, in denen dies möglich ist und in denen Respekt vor eingestandenen Irrtümern besteht. Es gibt keine Räume, in denen der nicht vernichtet wird, der sich eine Blöße gibt und der sich angreifbar macht. Es gab im Christentum und im Sozialismus Institutionen der öffentlichen Selbstkritik, wenn auch oft pervertiert und missbraucht wie die Beichte im Katholizismus. Aber wir brauchen solche Institutionen. Sie fördern die Wahrheit. Es geht also nicht darum, der eigenen Vergangenheit abzuschwören und nun in seniler Ausgewogenheit zwischen allen Wahrheiten „hindurchzudümpeln". Es geht darum, das kindische und unwürdige Spiel der Selbstrechtfertigung zu lassen. Unser Zorn dient der Wahrheit, wenn wir ihn reinigen und wenn er zu einem geläuterten Feuer wird.

Ich habe eine Szene vor Augen: als die Gruppe des Politischen Nachtgebetes in Köln ihren großen Streit mit den Kirchenleitungen hatte und diese dem Nachtgebet vorwarfen, sie politisierten die Kirche, wie es einst die Deutschen Christen getan haben, da hat Dorothee Sölle öffentlich geweint. Sie hat über den bitteren Vorwurf geweint und darüber, dass wir die evangelischen Kirchenleitungen nicht gewinnen konnten, die alle aus dem Kirchenkampf kamen und Männer der Bekennenden Kirche waren. Vielleicht gehören die Tränen zum Mut und zum Zorn. Vielleicht bewahren sie den Mut davor, zum Übermut zu werden, und den Zorn davor, eisern und herzlos zu werden. Sie nehmen dem Mut und dem Zorn ihre allzu große Jugendlichkeit und Bedenkenlosigkeit. Die moralische Empörung allein ist nicht genug. Wo man selber nicht leidet an den Zuständen und am Leiden der anderen, da kann auch die Gerechtigkeit herzlos werden.

Hoffen
Kraft, die wir einander schenken können

von Heidemarie Langer

> *„Was sind die Namen deiner Hoffnung,*
> *sag ihn mir, meine Freundin,*
> *nenne ihn, mein Lehrer."*
> (Dorothee Sölle)[1]

Eine große Kraft im Werden

Natürlich hoffen wir, wo wir lieben. Wir lieben den anderen, so wie er jetzt ist und nehmen wahr, wie er wird. Wir lieben sein Jetzt-im-Werden und hoffen das Allerbeste für seine Entwicklung. Wir tun das ganz von selbst.

Ist es nicht eigen, wie selbstverständlich unser Hoffen wach ist, wenn wir lieben? Völlig natürlich denke ich zigmal am Tag zum anderen hin, zu ihr, zu ihm, spüre hin, begleite sie innerlich. Unser Verbundensein ist ein feines weites Gewebe, in dem Lieben und Hoffen gemeinsam werden. Wir leben in der Kraft dieses wundersam wirkenden Feldes in unseren Freundschaften, in Familie und Nachbarschaft, in jeder Gemeinschaft, die uns etwas wert ist.

„Denk mal an mich, ich hab' heute ein schwieriges Gespräch."

„Drück mir die Daumen für die Prüfung morgen; hoffentlich schaff' ich die."

Wir wissen, welche Kraft wir einander schenken können. Im liebenden Hoffen glauben wir an den anderen, an seine Möglichkeiten und sein gutes Werden.

Hoffen macht unser Lieben weit.

Hoffen ist wie ein Ferment in der Liebe, das vom Jetzt in das Noch-Nicht der Zukunft pulsiert und einen weiten Raum bildet.

Hoffen birgt diesen Raum und trägt sein offenes Werden.

Hoffen überträgt dem offenen Werden die innere Botschaft der Hoffnung: das Beste, das Allerbeste möge für den anderen in seiner Entwicklung geschehen.

„Wenn ich doch nur wüsste, was ich jetzt machen soll – meinst du, ich finde das raus?"

Ich weiß von der sich übertragenden Kraft im Hoffen, da ich sie in wesentlichen Phasen meines Lebens von Menschen geschenkt bekommen habe.

Kraftvoll war ihr Hoffen, da es echt gewesen ist und der andere mit seinem Hoffen so zu mir und meiner Entwicklung ausgerichtet war, dass er nichts für sich selbst wollte. Das war Weite, die mich zu mir selbst kommen ließ. Manchmal spürte ich sie wie eine Hülle, wie einen Wärmestrom, der mein Inneres anrührte und mich den neuen Impuls ahnen ließ, der in mir aufkam.

Wenn ich es besinne, staune ich, wer wir dem anderen sein können. Liebendes Hoffen, das sich dem anderen schenkt, ist eine große Kraft im Werden. Wie feine Sonnenstrahlen, die die Knospe umhüllen und wärmen, sodass sie zu ihrer Zeit aufgehen kann, so ist die Ausstrahlung unseres Hoffens, wenn wir dem anderen zugewandt sind, an sein Werden glauben und innerlich bitten: das für ihn Beste möge sich in ihm entwickeln.

„Meinst du, ich finde das raus?"

In jeder und jedem von uns lebt ein einzigartiges Selbst mit seinen wesentlichen Möglichkeiten, schöpferischen Impulsen, die sich in uns sehnen, angerührt zu sein, aufwachen zu können, zu werden, sich zu entfalten.

In allem und allen atmet wesentlich schöpferisches Sein und Werden.

Dieses wundersame Geschehen des Werdens bestaunen wir in jedem Frühling, wenn das Grün wieder und neu aufkommt und die Knospen aufbrechen.

Im Advent feiern wir es in der entspringenden Rose, dem Reis aus der Wurzel, dem die Frucht hervorbringenden Zweig. Wir erinnern uns gemeinsam, wie das schöpferische Wesen und Wirken der Liebe Gottes aus dem Keim hervorkommt und beten, dass es auch in uns und unter uns aufbrechen möge.

Wir feiern den Raum liebenden Hoffens „mitten im kalten Winter".

Ich erlebe Menschen, die in ihren Lebenszusammenhängen in diesem Raum des Hoffens wirken: Mütter, Väter, Erziehende, Lehrerinnen und Lehrer, Menschen, die für die Kinder und Jugendlichen da sind. Sie wissen um die Kraft und auch Macht ihrer inneren Einstellung und Hinwendung. Sie achten, welches Werden in den jungen Menschen atmet, welche Begabung in ihnen steckt und sich schöpferisch ausdrücken möchte.

Ich bewundere, wie diese Verantwortlichen erfinderisch und mutig für dieses Sein und Werden Platz schaffen und zwischen festgelegten Lehrplänen und dem offenen Werden der Jungen moderieren. Manche sind erschöpft in diesem Vermitteln. Leistungs-Anspruch verwirklicht sich in der Bewältigung von Stoff, Sachwissen – von innen kommendes Werden aber braucht vor allem Frei-Räume zu seiner Entfaltung.

„Manchmal ist es eine echte Zerreißprobe", sagt mir eine Lehrerin. „Die Sachanforderungen werden immer dichter, die Zensuren immer wichtiger, und die Jugendlichen haben so viele eigene Themen. Sie sind unruhig und unmutig, wenn ihr Eigenes nicht genug Raum bekommt."

Was geschieht in unserer Gesellschaft, wenn Politikerinnen und Politiker vom „demographischen Faktor" sprechen statt von jungen werdenden Menschen? Von international messbaren, vergleichbaren Zensuren, möglichen oder nicht möglichen Ausbildungs- und Arbeitsplätzen, von Beitragszahlern und zukünftigen Rentenversorgern sprechen sie, und nicht vom schöpferischen Potential der Jugendlichen, nicht von ihnen als Hoffnungsträgern für eine gute Entwicklung unserer Zukunft. Welchen Wert spüren die Verantwortlichen in sich selbst, wenn sie so von Menschen sprechen?

Wir alle, die wir die Zukunft verantworten, brauchen gute Räume für unsere wesentlichen Fragen. Damit wir überhaupt merken, dass sie in uns arbeiten; damit sie sich im Dialog in einer Atmosphäre entwickeln, in der wir uns miteinander in neue Antworten vortasten.

Hoffen kommt nicht vom Hirn
Hoffen kommt aus dem Herzen

Es gibt Lebensphasen, in denen im Gewohnten oder bisher Erhofften eine Sperre entsteht. Das geschieht, wenn Wesentliches nicht mehr weitergeht, wenn es von außen begrenzt wird oder an eigene innere Grenzen gekommen ist. Je nach Ausmaß und Intensität kann uns dieses Erleben haltlos machen. Empfindungen, völlig am Ende zu sein, stellen sich ein. Es ist, als würde uns unser Lebenssaft ausfließen, wenn unser Hoffen am Ende ist. Neuen, von innen her kommenden schöpferischen Impulsen ist der Raum wie verschlossen. „Nichts geht mehr."

In diesen Phasen kann es lebensnotwendig sein, dass es einen Menschen gibt, der sein Hoffen schenkt und überträgt, der hält, aushält, hindurchträgt und nicht davon ablässt, an das Werden im anderen zu glauben in der inneren Botschaft der Hoffnung: in allem Zerbrochenen möge durch dieses hindurch das Beste für sein Werden entstehen; er möge in sich Mut finden, sein bisheriges Hoffen zu lösen, im allerbesten Sinne hoffnungslos sein und über die Zeit einen neuen Impuls Werden in sich spüren und selbst wieder neu hoffen.

Menschen, die seelsorgerlich und beratend für andere da sind, wissen um die tragende und ermöglichende Kraft ihrer Hinwendung und ihres Hoffens.

Selbst habe ich Begleitungen immer wieder als Fürbitte erfahren und erlebt, dass ich mit dem anderen gemeinsam im Raum göttlicher Liebe und Hoffnung verbunden bin, dass wir in IHR miteinander weiter werden.

In IHR leben, weben und werden wir, auch durch die Brüche hindurch.

Harrendes Hoffen ist Herzensbildung

Persönlich und gemeinschaftlich brauchen wir in dieser Zeit viel Herzensbildung.

Viel Gewohntes hilft nicht mehr weiter. Wir erleben Grenzen von außen und eigene innere Grenzen. Wir nehmen Zusammenbrechendes wahr und Menschen, die davon unmittelbar getroffen sind. Es trifft uns alle.

Wir haben noch keinen Namen für diese Zeit. Wir spüren ihr Tempo und ein wenig ihr Ausmaß. Rasende Veränderungsprozesse, neue Informationssysteme, weltweite Vernetzungen im wirtschaftlichen Handeln. Dieses und mehr wirkt und bewirkt, dass Vertrautes nicht mehr weiter geht. Beunruhigung lebt. Weltweite Nachrichten nähren unsere Sorgen. Die Fülle der Ereignisse und die Beschleunigung nicht abzusehender Welt-Veränderungen, die uns oft unmittelbar betreffen, wirken wie Schocks. Wer sind wir in diesem Zeitgeschehen? Wir sind nicht mehr die, die wir vor zwanzig Jahren waren, als unser Hoffen wach war in den Veränderungen und wir mit unserem Hoffen öffentlich wurden. Wer sind wir jetzt? Was wird? Befürchtung macht sich breit und prägt das Klima in unserem Land.

Und unser Hoffen?

Wenn wir in den offenen Raum der Zukunft schauen, bilden sich Hoffen und Sorgen. Hoffen sieht den Raum in seinem guten Werden. Sorgen hält inne und prüft die Möglichkeiten. Beide Kräfte sind da und brauchen einander.

Wo schon das Jetzt ungewohnt und unsicher ist, hat das Sorgen die Tendenz, sich vom Hoffen zu trennen und zur Befürchtung zu werden. In uralten Schichten und Rinden unseres Gehirns werden furchtbare Gedanken und Erfahrungen der eigenen und kollektiven Vergangenheit wach und verbinden sich mit heutigem Schrecken. Am offenen Raum des Noch- Nicht der Zukunft sieht Befürchtung die schlimmste aller Möglichkeiten, das Nicht-Mehr und Nie-Mehr.

Es ist unser Herz, das hier innerlich das heilende Stop sagt und die Überdrehung im Hirn in den Herzraum holt, sodass es wieder zur Ruhe kommt und im Jetzt atmet. Es ist unser Herz, das im Jetzt auch unser Hoffen zurück bringt. Ja, die Gegenwart ist neu. Wir brauchen es, uns neu zu sortieren, einzuordnen, wiederzufinden. Und das braucht, ins Jetzt zu kommen, mit dem Herzen ganz im Jetzt zu sein.

Was ist jetzt?

Was ist jetzt *da* in meinem Leben? Was ist mir wichtig und wertvoll? Wo staune ich über das Wunder, jetzt hier zu sein? Worüber erschrecke ich? Wo erlebe ich das Lebenswerte in der Natur und mit anderen Menschen? Wo spüre ich mein Lieben, wo blühe ich auf? Wo empfinde ich Dankbarkeit? Was ist mir unverwechselbar und unverzichtbar im Leben? Wo spüre ich die Verletzbarkeit des Lebenswerten? Welcher Gedanke ist mir kostbar?

Wenn wir zusammenkommen und uns erzählen, was wertvoll ist in unserem Leben, erinnern und vergegenwärtigen wir uns miteinander, was alles an lebendigem Kostbaren *da* ist, das unser Leben wesentlich ausmacht. Im Erzählen und Hören merken wir die Weite des Wertvollen, in der wir leben, unser lebendiges Fundament, und erkennen wieder, wofür wir leben, was uns wichtig ist für unser Werden, wofür wir einstehen wollen. Und da wird Hoffen wieder und neu wach, geweitet, pulsiert im Jetzt und weckt die innere Botschaft der Hoffnung unter uns auf: das Jetzt ist im Werden, Lebenswertes möge sich auch durch unseren Einsatz entwickeln. Zum Besten des Ganzen, ja: des Ganzen.

In der gegenwärtigen weltgeschichtlichen Situation braucht unser Hoffen diese Weite!

„Für das Werden des Ganzen"

Wie kann das gehen? Auf den ersten Blick mag dieser Satz als viel zu weitgehend erscheinen oder als gefährlich überheblich. Wir bekommen doch mit, was geschehen ist und geschieht, wo Menschen und Mächte von diesem Ganzen sprechen und es dabei usurpieren, erreichen und ergreifen wollten und wollen.

Die innere Botschaft der Hoffnung für das Werden des Ganzen aber meint genau die umgekehrte Bewegung: das Werden des Ganzen ist *da*, es ist schon hier. Wir müssen es nicht erreichen, es erreicht uns.

Es war kurz nach dem 11. September 2001, als ich einen Vortrag vor Führungskräften der Wirtschaft zu halten hatte mit dem Thema „Höhere Macht. Erfahrungen mit universalen Werten in Kirche und Wirtschaft". Was sollte ich jetzt nur sagen?

Als ich den Vortrag hielt, bat ich darum, dass hinter mir auf einer großen Leinwand das Bild der aus dem Weltraum aufgenommenen Erde projiziert werden möge.

Ich weiß, dass es dieses Bild war, das wirkte und uns zusammenhielt – dieses Bild vom Ganzen, das da ist, sich ohne Unterlass im Werden befindet und in dem wir mittendrin leben. So umhüllt ist unser aller Werden, so eingewoben in das Werden des Ganzen der Schöpfung.

Berührt uns dieses lebendige Weltbild? Welche Achtung vor der Erde wird es hervorbringen, welche Achtung vor dem Leben, wenn dieses Wertvolle uns im Innern erreicht!

Ich glaube, dass wir, die wir für die Zukunft verantwortlich sind, heilende Erfahrungen im Werden des Ganzen brauchen.

Das lebendige Ganze ist da und erreicht uns

Wenn ich eine der alten Kirchen betrete, kommt mir eine besondere Atmosphäre entgegen. Sie kommt nicht nur vom letzten Gottesdienst. In diesem Raum haben jahrhundertelang Menschen gebetet und gesungen. Der Raum hat alle diese Gedanken, Gefühle, Lieder und Gebete in sich aufgenommen und mit immer neu hinzukommenden gesammelt, in ein Gemeinsames verwandelt, das jetzt lebt. Ich gehe in diesen Raum hinein und werde ganz von selbst still in dieser Atmosphäre. In ihr bin ich mit einem Mal allen verbunden, die hier je gefeiert haben, gehofft, geklagt, geliebt, gedankt, gebetet. Ich atme in einem großen weiten Raum im verbundenen Sein mit allen, die waren, die jetzt sind und im Werden sind. Alle Zeiten wirken im Jetzt. Das Jetzt ist mit allen Informationen erfüllt, die waren, die sind und werden: mit allen Verheißungen, aller Wahrheit und Weisheit, aller Liebe, aller Hoffnung. Ich ahne den weiten, uns alle umhüllenden erfüllten Raum und bin ergriffen, dass ich darin bin. Ich kleiner Mensch bin ein Teil darin – ein Teil in einem großen, miteinander verbundenen Gewebe: Leben, Geist, Sein, Werden.

Wo solche Weite uns ergreift, wissen wir um das Wunder des Seins und Werdens. Eine solche Weite erreicht uns in dem, wofür wir offen und begabt sind. Sie kommt uns zu in dem, was uns wertvoll und kostbar ist, wo wir an diesem Wert staunen und uns das Herz aufgeht.

In dem Einen, das uns erreicht, sind wir in wundersamer Weise dem Ganzen verbunden. Wo mich die Liebe zur Freiheit ergreift, bin ich dem weiten Raum verbunden, in dem *die* Liebe und *die* Freiheit lebt. Und damit bin ich unsichtbar allen verbunden, die jetzt ebenso von der Liebe zur Freiheit bewegt sind. In dem einen Teil lebt die Information des Ganzen. Aus dem Ganzen strömt mir Wissen zu in meinen Einfällen und meinem Engagement; denn wo mich dieser lebendige Wert ergreift, kann und will ich gar nicht anders, als mich in ihm zu verantworten und für sein konkretes Werden zu sorgen.

Was ergreift uns, wo sind wir offen?

Seit Jahrmillionen lebt der urschöpferische göttliche Impuls „es werde" im Universum, in unserer Welt: entwickelte alles Lebendige, wirkte und bewirkte immer komplexere Systeme, wundersam zusammenkommendes Werden. In urschöpferischer Absicht ist allem immer weiter sich entfaltenden Werden die innere Botschaft der Hoffnung beigegeben: zum Besten des Werdens des Ganzen.

Von der anderen Seite der Erdkugel höre ich es so:

„Und das Wort wird weiter Zukünfte säen
in die Furchen der Hoffnung.

Und am Horizont
lädt das lichtgewordene Wort
ein, tausend Morgendämmerungen neu zu durchleben,
dem Reich, das komme, entgegen.

Das Wort wird uns zusammenrufen an seinen Tisch.
Und sie werden kommen von Osten und Westen,
von Norden und Süden,
und bekleidet mit Gerechtigkeit
werden wir endlich-fröhlich-sein."
(Julia Esquivel, Guatemala)[2]

Gerechtigkeit
Morgenröte eines neuen Tages

von Marlene Crüsemann

> *„Pass uns an deine Gerechtigkeit an,*
> *nicht an die Mehrheit,*
> *bewahre uns vor der Harmoniesucht*
> *und den Verbeugungen vor den großen Zahlen."*
> (Gebet, Dorothee Sölle)[1]

Berge, Wege und alles was wir tun …

Dorothee Sölle erzählt von einer Begegnung auf einer Party mit einem höheren Manager, der sie fragte, ob sie nicht auch meinte, dass andere Religionen im Vergleich zum Christentum viel toleranter seien. Auf Nachfrage erklärte er das auch: toleranter in Wirtschaftsfragen zum Beispiel. Es sei ihm im Christentum zuviel von Gerechtigkeit die Rede, von Arbeitslosen und Straßenkindern. Er fand die Einmischung der biblischen Religionen in Wirtschaftsdinge höchst überflüssig.[2] Falls das Partygespräch sich hätte vertiefen können … Man möchte sich ausmalen, was für eine Predigt dieser Manager von Dorothee Sölle zu hören bekommen hätte, von ihr, die wie wenige dafür eintrat, dass Gerechtigkeit einer der Namen Gottes ist.

Doch es ist bemerkenswert, dass der Manager, wenn auch auf negative und ablehnende Weise, Bescheid wusste über Aussagen der Bibel, die den Spaß an der ungebremsten Herrschaft des Geldes und der Geldvermehrung, am rücksichtslosen Wirtschaften etwas verderben können. Zum Beispiel dieses Wort Jesu: „Ihr könnt nicht Gott dienen und dem Geld" (Mt 6,24) – euch nicht gleichzeitig Gott und dem Mammon hingeben, welcher in unseren Tagen die unbegrenzte Akkumulation der Finanzströme als Selbstzweck ist. Oder der Satz der Anklage im Sinne der Tora im Prophetenbuch: „… was ihr den Armen geraubt habt, liegt in euren Häusern" (Jes 3,14) – Worte von zeitübergreifender Treffsicherheit. Sie reichen offenbar aus, um ein latent schlechtes Gewissen nicht ganz verstummen zu lassen bei den Verächtern der biblischen Gebote.

Aber dieses öde schlechte Gewissen! Es drückt und zwickt manchmal und bewirkt doch nichts. Es stört ein bisschen und macht niemanden froh. Es fühlt sich unfrei und schiebt das auf die Botschaft selbst, von der nicht hinreichend klar wird, dass Gerechtigkeit in der Bibel Befreiung bedeutet, die Form der Freiheit, mit der *alle* glücklich werden können. Vielleicht liegt diese „gewisse" Erfolglosigkeit aber auch an einigen Verkündigenden der biblischen Texte selbst, die wir zu wenig das Aufatmen betonen und die Freude, wenn der Blick weit wird: Dass die Nächste, deren Leben zu retten mich die Liebe bittet, nicht allein meine Familienangehörige oder beste Freundin ist, sondern auch das Mädchen in Burundi, weil ich ihr Elend gesehen habe. Es reicht für einen Anfang, sie genau anzusehen, damit ich diese Bitte vernehmen kann, die das Zutrauen in die eigenen Kräfte weckt. Und wenn es nur erst dazu führt, ihrer nicht zu vergessen und mit Wärme an sie zu denken, wenn es um die knallharten Wirtschaftsfragen geht … Das ist schon sehr viel.

Und es gibt noch eine andere Ursache für die mangelnde Freude über Gottes Weisung. Sie konnte sich in unseren Kirchen so wenig ausbreiten, weil man bis gegen Ende des 20. Jahrhunderts mit der Diffamierung des Judentums beschäftigt war und so mit der Diffamierung des möglichen Tuns der Gerechtigkeit. „Mit unserer Macht ist nichts getan …" (EG 362,2), so sang mit Vorliebe eine lutherisch geprägte Kirchengemeinschaft, die meinte, das Gesetz Gottes, die Tora, sei die größte Bedrohung ihrer religiösen Identität. Es gibt unter uns bisher wenige Gesänge, die die freudige Bewegung der Tora-Psalmen (1; 19; 119) aufnehmen und die Lust am Meditieren und Studieren der Tora weitergeben wollen, den Menschen Glück zurufen, die nachts und tags über ihre Erzählungen und Gebote sinnen, sich mit ihrer Existenz in ihnen ausbreiten und sich so in die Wahrheit und die Wirklichkeit des orientierenden Tora-Wortes Gottes hineinleben. Ein Wort, das von seinem Ursprung her Lebenshilfe bedeutet, wie sie uns Mutter und Vater geben, und nicht gnadenlose Verdammung der Einzelnen.

Nachts und tags kann und muss man über vieles nachsinnen, was das eigene Leben und Weiterleben betrifft, das Zusammenleben und Wege, die nun zu gehen sind. Es soll aber auch schon Schlafzimmer geben, in denen Fernseher laufen, die ununterbrochen die weltweiten Börsenkurse abspulen. Und wenn man so die eigenen Aufgaben und Geschäfte auch nachts bedenken und mit sich herumwälzen muss, ist es stets die Frage, auf welche Wege das führt. Niemand kann sicher sein, dass es die richtigen, die gerechten sein werden. Aber dass sie am Ende zu gerechten, richtigen, zu lebensförderlichen Wegen werden können, dazu hilft der Platz, der nachts und tags den Worten der Bibel gelassen wird, Worte, die uns „einfallen", mit uns leben wollen. „Ich erzähle dir meine Wege, und du erhörst mich; lehre mich deine Gebote" (Ps 119,26).

In solchem Meditieren und Überprüfen des eigenen Tuns und der eigenen Ziele kann es geschehen, dass die vorher fraglose Position sich verändert, eine heilsame Unsicherheit eintritt, es nicht mehr klar ist, dass ich zu den „einen" und nicht vielmehr zu den „anderen" gehöre, meine Absichten gut sind und die der anderen womöglich schlecht. Mit den Worten der Bibel: dass ich zu den Gerechten, den Richtigen gehöre, die den Durchblick haben, und Personen, die ich ablehne, zu den Ungerechten. Es bewahrt vor der sich selbst zugesprochenen Gerechtigkeit, der Selbstgerechtigkeit. Die Dynamik, die viele Psalmgebete aufbewahren, spiegelt diese wohltuenden Erschütterungen wider.

„Spruch der bösen Tat über die Frevler – mitten in meinem eigenen Herzen", so kann man den Anfang (V. 2) des 36. Psalms übersetzen[3], und in der Fortsetzung erscheint eine Charakterstudie dieser sogenannten Frevler. Da sie aber im eigenen Herzen, das im hebräischen Verständnis Denken und Wollen einer Person ausmacht, zur Sprache kommt, ist auf einmal nicht mehr klar, wen die Worte betreffen und meinen. Das Ich blickt auf Menschen, die an nichts Gutes mehr glauben, die dem Bösen, das in Verbrechen münden kann, freien Lauf lassen, die es aufgegeben haben, auf gute, sinnvolle Verläufe in der Welt zu hoffen und hinzuarbeiten, und sich dabei auch noch schuldlos wähnen, weil es keine Instanz zu geben scheint, die alles zurechtrückt: Gott, falls es ihn geben sollte, scheint das Böse nicht zu hindern, sondern zuzulassen. Warum sollte ich anderes tun? Der Psalm fährt fort mit der Schilderung der Lebenshaltung dieser Menschen:

„Es gibt keinen Schrecken von Gott
als Gegenüber für ihre Augen.
Denn sie machen sich alles zu glatt in ihren Augen,
als dass sie ihre Schuld finden, sie hassen könnten.
Die Worte ihres Mundes sind Unheil und Trug.
Sie haben aufgehört, klug zu handeln, Gutes zu tun.
Unheil sinnen sie auf ihren Betten,
betreten einen Weg, der nicht gut ist.
Bosheit verwerfen sie nicht" (Ps 36,2–5).

Mitten im eigenen Herzen derer, die den Psalm beten, erscheint diese Haltung. Sie ist ihnen keine fremde mehr. Vielleicht sinnen sie nicht wirklich auf Schaden für andere. Aber dass sie das Aufgeben kennen, es sich in ihren gesicherten vier Wänden, ihrem engen Lebenskreis mit einem regelmäßigen Einkommen gemütlich machen, stimmt schon. Jeder muss selbst über die Runden kommen. Was kann ich denn am Elend in der Welt ändern, bin ich denn daran schuld? An terroristischen Gräueltaten, an den zynischen Beschlüssen der Regierungen reicher Länder, an der Politik der Welthandelsorganisationen, an den korrupten Regimen in Entwicklungsstaaten, an den Verbrechen im Namen des deutschen Volkes in der Nazizeit? Das ist der „Spruch der bösen Tat", Gedanken, die aufkeimen, wenn wieder etwas Entsetzliches in der Welt passiert. Und es passiert so oft und so wirkungsmächtig, dass es zunehmend schwerer fällt und sehr anstrengend ist, die

Schrecken in ihren jeweiligen Dimensionen überhaupt angemessen aufzunehmen.

Was kommt dagegen an? Der Psalm setzt eine große Gewissheit unmittelbar dagegen. Ohne Übergang und majestätisch erhebt sich das Gegengewicht:

„Adonaj, mein Gott, am Himmel ist deine Freundlichkeit,
deine Verlässlichkeit – bis zu den Wolken reicht sie.
Deine Gerechtigkeit ist wie die Berge Gottes,
Dein Recht der große Ozean.
Mensch und Tier errettest du – Adonaj, mein Gott"
(Ps 36,6–7).

Himmel, Wolkenbildung, Berge, die Ozeane, ihre mächtige Realität, die uns alle überdauern wird, dienen als Zeugnis der Güte und rettenden Gegenwart Gottes. Ja, angefüllt ist die Welt von den höchsten Höhen bis zu den tiefsten Tiefen mit Freundlichkeit und Verlässlichkeit von Gottes Seite her. Und die Gerechtigkeit, die jedem und jeder ihr Lebensrecht gibt in dieser Welt, dass sie ihr eigenstes Wesen hervorbringen und entfalten sollen, ohne dabei anderen das Leben zu nehmen, diese Gerechtigkeit ragt unerschütterlich auf wie ein gewaltiges Bergmassiv. Luther hat den hebräischen Originaltext ergänzend und interpretierend übersetzt: „Deine Gerechtigkeit *steht* wie die Berge Gottes." Menschen können sie nicht umstürzen, unser Unrechttun sie nicht zermalmen. Sie steht fest und lässt sich nicht erschüttern durch Zweifel und menschliche Schwäche. Und über den Berggipfel der Gerechtigkeit hinaus bis in alle Sphären des Himmels reicht die freundliche Zuwendung Gottes zu allen Geschöpfen in beständiger Treue. Sie füllt die tiefsten Ozeane mit einem so definierten Recht, dem sich niemand mehr entziehen möchte. Wer den Psalm betet, spricht aus, dass dies so ist, war und bleiben wird. Alle menschliche Kraft zehrt von dieser Realität, sie tankt auf an vielerfahrener Rettung: „Mensch und Tier errettest du." Gerechtigkeit ist Tätigkeitswort, ein besonders schönes.

Fragen, die Morgenröte und der Kreislauf der Gerechtigkeit

Es war auf dem Leipziger Kirchentag, der unter der Losung stand: „Auf dem Weg der Gerechtigkeit ist Leben" (Spr 12,28). Nach stundenlangen Vorträgen und weitausgreifenden Diskussionen zum Thema fragte eine ältere Frau am Ende: „Ja, und was *ist* nun Gerechtigkeit?" Ich merkte, dass sie etwas Praktisches meinte, etwas Handfestes zum Mitnehmen. „Wenn gelegentlich zusammen mit anderen etwas glückt, was richtig ist. Ein Zustand von Richtigkeit, an dem viele mitwirken und gemeinsam aufleben können, insbesondere die Schwächsten und Kleinsten", so etwas kam uns in den Sinn. Oder, weil sie doch wohl Kinder und Enkel hatte, die Erfahrung, dass sie ihnen, wenigstens zeitweilig, im Wesentlichen gerecht werden konnte: mit den ganz verschiedenen Kindern gelebt, sie ernährt, gekleidet, erzogen, für sie gesorgt hatte, dass jedes wachsen und gedeihen konnte auf seine besondere Art. Und wiederum die Kinder lernten, sich gegenseitig zu achten und zu helfen. Wie eben eine richtige Familie, falls es sie gibt, eine gerechte Familie genannt werden könnte. Denn Geschwister haben eine sehr genaue und treffende Vorstellung von innerfamiliärer Gerechtigkeit. Es käme dann nur noch darauf an, die Menschen in aller Welt als eine Familie wahrzunehmen, und diese ganze Welt als einen einzigen Haushalt Gottes. Nur noch … Doch wie schwer ist es, auch nur einem einzigen Menschen wirklich gerecht zu werden!

Genau dieses Beziehungsgeschehen des Ausgleichs, der wechselseitigen Rücksicht und Fürsorge bestimmt das biblische Reden von Gerechtigkeit. Und paradox ist: Es dürfen dabei keine Binnenräume der Abkapselung entstehen. Je mehr eine Gruppe sich abschottet, um unter sich zu bleiben im Austausch der Zuwendung und der Güter – um wenigstens hier bei uns im Kleinen ein schönes Gleichgewicht des Gebens und Nehmens zu erhalten –, desto schneller fällt ihre Gerechtigkeit dahin: „Wenn ihr nur zu euren Geschwistern freundlich seid, was tut ihr Besonderes?" (Mt 5,47) Das Prinzip der Amigowirtschaft erscheint innen immer ganz sozial, während es nach außen zu gemeinschaftlichen Raubzügen aufbricht. Was du für dich behalten willst, verlierst du. Gerechtigkeit, die nicht aufbricht, sich nicht aufbrechen lässt auf die außenstehenden anderen hin, welche das Lebensnotwendige brauchen, wird zum Unrecht. Weil das unterdrückt wird, was mit jeder liebevollen Tat, auch der unscheinbarsten, gegeben ist: der Drang, sich auszubreiten in größere Zusammenhänge. Gerechtigkeit möchte weitergereicht werden.

Gleichwie Gott immer wieder selbst aufbricht zur Rettung seines Volkes aus dem Elend der Sklaverei und des Exils, soll niemand in Israel sich zurückhalten gegenüber den Armen und Ausgeschlossenen.

Auf diese Weise geschieht ein Wunder: ein solcher Kreislauf der Zuwendung kann genauso von menschlicher Seite in Gang gesetzt werden, und sie bricht auf, um bis zu Gott vorzudringen. Wenn Menschen Gott zu sich rufen wollen, gibt er Antwort und kommt tatsächlich. Aber erst dann, wenn die Rufenden selbst andere Schreie erhört haben, wenn sie sich um die durch Unrecht Gefesselten in ihrer Mitte kümmern, um Armutsflüchtlinge, Hungernde und Obdachlose. Gott selbst tritt hinter die Notleidenden zurück, lässt ihnen den Vortritt. Das wird in Jesaja 58 beschrieben. Man möchte sich die Nähe Gottes durch Selbstbezogenheit, durch Selbstkasteiung erarbeiten, wie es viele heute in frommer und durchaus schonungsloser Selbsterforschung, in exklusiver Zwiesprache der Seele mit Gott versuchen. Doch Gott nimmt dies nicht an, sondern:

„Ist das nicht die Fastenklage, die ich erwähle, Unrechtsfesseln öffnen, Jochstricke zerreißen und Misshandelte so als Freie entlassen – und jedes Joch zerbrecht ihr? Geht es nicht darum: Für Hungrige brichst du dein Brot, umherziehende Arme führst du ins Haus, wenn du Nackte siehst, kleidest du sie, und vor deinen Mitmenschen verschließt du dich nicht?" (Jes 58,6–7)[4]

Die Taten werden so beschrieben, als könnten die Angesprochenen nicht anders, als wirklich zu helfen. Und das aufstrahlende Morgenlicht kommt dann mit ihnen. Ihre eigene Versehrt-heit kann heilen. Die Vision eines Triumphzuges blitzt auf, der in die Freiheit führt, der allen die wechselseitige und unmissver-ständliche Kommunikation schenkt:

„Dann bricht wie die Morgenröte dein Licht hervor, und deine Wunde wächst eilends zu. Vor dir her geht deine Gerechtig-keit, und die Würde Adonajs, unseres Gottes, ist's, die dich auf-sammeln wird. Dann rufst du, und Adonaj antwortet. Du schreist um Hilfe, und Gott sagt: ‚Hier bin ich'." (Jes 58,8–9). Das eigene gerechte Handeln geht voran, und dann sorgt Gott auch zusätz-lich für die Schwachen unter den Aktiven, die nur wenige Kräfte haben. Gott sammelt sie auf und führt sie mit. Und wenn schließ-lich wieder der Schrei um Hilfe für sich selbst laut wird, ist Gott sofort zur Stelle zu antworten, laut und vernehmlich. Wer hat nun die Initiative? Da zuvor Gottes Wort durch die prophetische Stimme als erstes erklang, können wir nicht sagen, wer den An-fang machte. Auf jeden Fall aber ist in diesem Kreislauf der Hilfe jede menschliche Tat von größtem Gewicht.

Alle Sozialgesetze der Tora beschreiben einen solchen Kreis-lauf der Gerechtigkeit. Gott schenkt Segen den Vermögenden und verbindet damit die Aufforderung, diesen weiterzugeben an die Ärmeren. Die in Dtn 14–24 dargelegten Rechte zum Schutz der wirtschaftlich Schwächeren[5] ergehen an die Grundbesitzen-den, die Gott mit der Gabe des Landes in die Pflicht nimmt für ihre armen Landsleute und die Fremden: durch Armensteuer, ein Sklavenschutzrecht, eine Grundversorgung und Partizipation am Gewinn, durch Rechte zur Verhinderung des sozialen Abstiegs mit Zinsverbot, regelmäßigem Schuldenerlass und mit einem Pfandrecht, das die notwendigste Habe der Schuldner und Schuldnerinnen schützt. Der Quellort von Reichtum und Wohl-stand wird so zum Quellort für Gerechtigkeit. In diesem deutero-nomischen Modell des gerechten Ausgleichs geht es gar nicht da-rum, den Reichen ihren Besitz unter allen Umständen zu entreißen, sondern sie durch die Gesetzgebung dazu zu bewegen, ihn zu teilen, damit er allen zugute kommt. Da Gott alles gibt, das

Land und seine Früchte, ist es notwendig, allen Notleidenden davon abzugeben. So bleibt der Segen erhalten, für alle.

Wird es möglich sein, diese im alten Israel in Kraft gesetzten Gesetze des Besitzausgleichs und Schutzes zur Rettung der sozial Schwachen in unser globalisiertes Wirtschaften zu übertragen, wo gerade der entgegengesetzte Prozess in großer Geschwindigkeit abläuft, nämlich sämtliche Schutzrechte für die Armen und die armen Länder abzuräumen, zu deregulieren? Das klingt nach Freiheit und ist doch deren schreckliches Gegenteil.

Martin Buber hat einmal gesagt: „Es geht nicht an, das als utopisch zu bezeichnen, woran wir unsere Kraft noch nicht erprobt haben. Wie viel Raum Gott uns einräumt, können wir nur erfahren, wenn wir drauf los gehen"[6].

Gerechtigkeit für Gott – in Gottes Hand

Ob Gott keine anderen Hände als unsere hat für ihr Werk, können wir letztlich nicht wissen. Aber dass abgesehen von den Engeln niemand außer den Menschen da ist, um richtig und gerecht über Gott zu sprechen, als Antwort auf das Wort, dürfen wir schon annehmen. Alle Erfahrungen des Volkes Israel münden ein in Lob und Dank, Antwort und Frage für und an Gott. Jesus hat die Tür zur Völkerwelt, zu uns geöffnet, sodass wir an diesem Gespräch teilnehmen dürfen. Das gerechte Reden über Gott setzt ein mit dem Staunen, dass ich überhaupt leben darf. Ist Gott irgendwie verpflichtet gewesen, ausgerechnet mich ins Leben zu rufen? So viele andere – und nun auch mich! Die Klage über die kurze Spanne der Lebenszeit wird abgelöst von der Dankbarkeit für dieses große Geschenk, das zu verstehen und recht zu würdigen alle meine Tage nicht ausreichen. All dieser Aufwand an unverdienter Zuwendung. Gottes unendliche Geduld mit mir kann ich weitergeben als immer neue Bejahung der anderen Menschen.

So spricht ein Ich, das sich trotz aller Gefährdungen und erlebter Notsituationen letztlich als gehalten versteht von einer Macht, der es Hände zutrauen möchte, die es nicht fallen lassen, es tragen über die Abgründe hinweg. Und dieses Ich will eine Sprache finden, die dem Geheimnis dieser Erfahrungen gerecht wird, und Gott, dem Grund des Lebens und Auflebens.

Auf dem Rückflug von Brasilien habe ich Patricia kennen gelernt. Sie war eine höchst gewichtige jüdische Frau, Atheistin, wie sie sagte, und Feministin aus Rio de Janeiro. Sie reiste nach Jerusalem zu einem Bibel-Kongress. Über den Wolken las sie in einem marxistisch-philosophischen Werk in englischer Sprache. Auf englisch, das wir beide nicht gut konnten, unterhielten wir uns über das Buch Ruth und andere biblische Themen. Natürlich erkundete sie meine Meinung über den Holocaust, vorsichtig und rücksichtsvoll, um sich rechtzeitig zurückziehen zu können, falls ich sie verletzte. Das tat sie dann nicht. Später wurde mir schlecht, denn es war sehr heiß und gab zu wenig zu trinken. Es war mir peinlich, ihr koscheres Frühstück – genehmigt durch das Oberrabbinat Zürich – durch mein dauerndes Erbrechen stören zu müssen. Aber nicht nur, dass sie sich keineswegs vor mir ekelte, nein, sie holte ihren Kosmetikkoffer hervor, behandelte mich mit ihren Cremes und rieb mir Stirn und Hände. Das Übel ging zwar erst später, aber ihre menschliche Wohltat wirkte sofort, und bis heute. Kurz vor der Landung in Frankfurt schenkte sie mir auch noch ihren eigenen Schlüsselanhänger, eine kleine bunte Hand, die die Hand Gottes symbolisieren soll durch das aufgemalte Tetragramm. Und dann zeigte sie mir die kleine Fischsilhouette auf dieser Hand, das sei doch das Zeichen für Jesus ... Seither habe ich diese Hand bei mir und dadurch auch Patricia, obwohl wir keine Adressen tauschten. Auf dem Flughafen erfuhr ich gleich, dass ich gebraucht wurde in einer länger dauernden Notsituation. So gab es Hände, die mir dabei halfen. Oder denen ich helfen konnte, wer weiß es?

Für andere Menschen da sein zu können in Krankheit und Leiden gibt etwas weiter von der Güte, die wir aus Gottes Hand empfangen.

Gott gerecht zu werden heißt dann zu sagen: Ja, ich will, weil du es bist.

Unterscheiden
Was ist Geist der Welt? Was Gottes Geist?

von Anselm Grün

> *„Vergesst das Beste nicht! Ich meine damit,*
> *dass Ihr Gott manchmal lobt,*
> *nicht immer …, aber doch manchmal …*
> *Eins von Euch … hat mal beim Besuch*
> *einer scheußlichen Kirche, in die wir Euch*
> *immer bei Reisen schleppten, trocken gesagt:*
> *„Ist kein Gott drin."*
> *Genau das soll in Eurem Leben nicht so sein,*
> *es soll „Gott drin sein", am Meer und in den Wolken,*
> *in der Kerze, in der Musik, und, natürlich,*
> *in der Liebe."*
> (Dorothee Sölle)[1]

Gott in allen Dingen

Gott soll überall drin sein. So hat es Dorothee Sölle in ihrem Brief an ihre Kinder geschrieben. Ihr ging es um eine Mystik des Alltags, um eine Erfahrung Gottes mitten im Leben. „Gott in allen Dingen finden" hat dieses Programm Ignatius von Loyola genannt. Benedikt hat es anders formuliert. Er ermahnte seine Mönche, so zu wirtschaften, „dass in allem Gott verherrlicht werde". Auch in der Art und Weise, wie ich mit den Dingen des Alltags umgehe, ja sogar wie ich mit Geldgeschäften umgehe, soll Gottes Herrlichkeit aufleuchten.

Wenn Dorothee Sölle ihren Kindern die Augen öffnen möchte, dass sie Gott auch am Meer und in den Wolken entdecken, so mag mancher gleich mit dem Vorwurf des Pantheismus kommen.

Doch es geht nicht um Pantheismus. Es geht nicht darum, einfach zu sagen, das Meer und die Wolken und die Musik seien Gott. Die mystische Tradition des Christentums hat vielmehr in den Dingen Gott gesehen. Sie hat den Dingen auf den Grund gesehen. Wenn man schon einen Fachausdruck dafür verwenden möchte, so wäre es „Panentheismus". Gott ist in allem. Gott hat alles erschaffen und durchdringt alles mit seinem Geist. Und Mystik heißt, Gott in allem zu schauen. Evagrius Ponticus[2], der wichtigste Schriftsteller im frühen Mönchtum, spricht von der Kontemplation der Welt der Geschöpfe und meint damit das „Wissen um das Wesen der existierenden Dinge" (Praktikos 2). Der griechische Ausdruck „Gnosis ton onton aletes" meint, den Dingen auf den Grund zu schauen, sie so zu sehen, wie sie von Gott her gedacht sind. John Eudes Bamberger, Abt der Trappistenabtei Genessee (USA), der sich intensiv mit Evagrius Ponticus auseinander gesetzt hat, meint, diese Kontemplation der Geschöpfe habe große Ähnlichkeit mit der Betrachtungsweise der Hindus von der Tattva (Wesenheit) der Dinge.

Doch die Frage ist, wie ich in allem Gott erkennen kann. Wie kann ich Gottes Geist von anderen Geistern unterscheiden, die sich ja auch in die Dinge des Alltags einmischen, in ein unmenschliches Wirtschaften, in eine Vergötzung des Geldes, in eine Gleichsetzung von religiösem Gefühl mit Gott. Im Mönchtum war das die Frage nach der Unterscheidung der Geister. Dorothee Sölle hat sehr klar unterschieden, was für sie dem Geist Gottes entspricht und was dem Geist der Welt. Ich möchte die Grundlage ihres Unterscheidens in der Tradition des frühen Mönchtums aufspüren.

Unterscheidung der Geister

Für die frühen Mönche in der ägyptischen Wüste[3] war die Gabe der Unterscheidung ein Hauptmerkmal des geistlichen Vaters und der geistlichen Mutter. Wer andere begleiten wollte, musste die Gabe der *„diakrisis"* besitzen. Für die Mönche ist diese Gabe eine Gabe des Heiligen Geistes. Sie ist ein Geschenk Gottes. Doch sie verlangt auch im Menschen psychische Voraussetzungen. Der Mönch kann etwas dazu beitragen, diese Gabe zu erreichen. Seine Aufgabe ist es, seine eigenen Gedanken und Gefühle, seine Leidenschaften und Bedürfnisse genau zu untersuchen und sie zu befragen, wie weit sie ihn am Leben hindern oder zum Leben antreiben. Evagrius Ponticus hat den Umgang des Mönches mit seinen Leidenschaften, mit den 9 logismoi, 9 gefühlsbetonten Gedanken, 9 Lebensmustern, genau beschrieben. Bevor der Mönch sich Gott zuwendet, muss er sich erst einmal mit sich selbst beschäftigen. Denn sonst verwechselt er seine Lebensmuster mit religiösen Tugenden. Ohne ehrliche Selbsterkenntnis wird der Mönch nie Gott erkennen, sondern nur bei seinen eigenen Projektionen stehen bleiben, die er auf Gott richtet.

Die Unterscheidung der Geister wurde zu Beginn der Neuzeit von Ignatius von Loyola neu entdeckt und entfaltet. Auf seinem Krankenlager hatte er viel Zeit, sich selbst zu beobachten. Er entdeckte, dass er nach dem Lesen von Ritterromanen eine andere innere Stimmung hatte als nach dem Lesen der Bibel. Das führte ihn dazu, seine Gedanken und Gefühle genau zu untersuchen. Doch ich möchte mich bei diesem Thema auf die Erfahrungen der frühen Mönche beschränken, die die ägyptische Wüste vom 4. bis 6. Jahrhundert bevölkert haben. In den Westen hat diese Erfahrungen Kassian gebracht, der in seinen „24 Unterredungen" ihre wichtigsten Lehren aufgegriffen hat. Der hl. Benedikt von Nursia bezieht sich in seiner Regel immer wieder auf Kassian.

Unterscheiden der Gedanken

Gott ist für die Mönche nicht nur der ferne Gott, sondern der Gott, der in uns selbst spricht. Er spricht in unseren Gedanken und Gefühlen, in unseren Träumen und in unserem Leib zu uns und möchte uns auf unsere eigene Wahrheit hinweisen. Aber nicht jeder Gedanke kommt von Gott. Die Mönche kennen auch Gedanken, die von den Dämonen eingegeben werden. Wir würden heute eher sagen: Gedanken, die vom eigenen Über-Ich kommen, oder die von unbewussten Lebensmustern eingegeben werden, die aus den neurotischen Strukturen fließen, die unsere Psyche prägen. Es sind drei Quellen, aus denen unsere Gedanken und Gefühle fließen: Gott, die Dämonen und wir selbst. Woher meine Gedanken kommen, das erkenne ich an der Auswirkung auf meine Seele.

Gedanken, die von Gott kommen, bewirken immer Frieden, inneren Einklang, Lebendigkeit, Freiheit und Liebe. Der Friede ist dabei kein billiger Friede, sondern eine innere Stimmigkeit. Wenn ich es wage, mich im Schweigen Gott hinzuhalten und ungeschützt vor Gott zu sein, dann taucht vieles in mir auf. Alles, was in mir auftaucht, soll ich anschauen und beurteilen, ob es von Gott kommt oder von den Dämonen. Gedanken, die von Gott kommen, entsprechen meinem Wesen. Sie tun mir gut. Gedanken, die von den Dämonen kommen, schaden mir. Sie führen mich in die Enge und Angst. Sie reißen mich aus meiner inneren Mitte heraus und wollen mich bestimmen. Gedanken, die aus mir selber kommen, haben die Tendenz, zu zerfließen. Sie erzeugen in mir Oberflächlichkeit. Ich denke an tausend verschiedene Dinge, ohne bei etwas zu verweilen. Gregor der Große nennt es: spazieren gehen in den Räumen seiner Phantasie. Sich von den Gedanken irgendwo hintreiben lassen. Die Gedanken, die aus mir kommen, führen mich also in die Unverbindlichkeit. Sie zerstreuen mich.

Die Mönche haben eine eigene Übung entwickelt, um die Gedanken zu unterscheiden. Es ist die Übung, einfach im Kellion zu bleiben. Kellion war die Behausung der Mönche. Gerade junge Mönche spürten oft die Versuchung, etwas zu tun, was sie auch nach außen hin vorweisen könnten: sie wollten Kranken helfen oder Gefangene befreien oder andern bei der Ernte helfen. Das sind alles gute Werke. Doch erfahrene Mönche spüren, ob der Impuls zu solchem Tun von Gott kommt oder ob er nur Flucht vor sich selbst und seiner Wahrheit ist. Die Mönche raten daher, sich selbst erst einmal auszuhalten. Ich soll meinen Leib nicht aus dem Kellion herauswerfen. Ich brauche gar nichts Frommes zu tun. Weder Fasten, noch Beten, noch Meditieren, noch Schriftlesung ist nötig: nur einfach bleiben, standhalten. Für dieses Standhalten haben die Mönche zwei Bilder angeboten: Das eine Bild ist das des Fischers, der in seinem Boot auf dem See dahinfährt. Er muss erst warten, bis das Wasser ganz ruhig wird. Dann sieht er, wie im Wasser Fische an die Oberfläche kommen. Er greift nach den Fischen. Die Fische, die ihm essbar erscheinen, nimmt er an sich, die andern wirft er zurück ins Wasser. Das ist ein Bild für die Gedanken, die von Gott kommen. Die Gedanken, die Gott mir schickt, kann ich essen. Sie sind nahrhaft. Sie helfen mir auf meinem Weg. Die anderen Gedanken würden meine Verdauung stören. Sie würden mich mit Gift erfüllen und mir schaden. Daher muss ich sie abweisen.

Das andere Bild ist das des Türhüters. Es greift das Wort Jesu vom Türhüter auf. Jesus mahnt uns, wachsam zu sein. Und er erzählt ein Gleichnis: „Es ist wie mit einem Mann, der sein Haus verließ, um auf Reisen zu gehen: Er übertrug alle Verantwortung seinen Dienern, jedem eine bestimmte Aufgabe; dem Türhüter befahl er, wachsam zu sein" (Mk 13,34). Evagrius Ponticus greift dieses Gleichnis auf und schreibt in einem Brief an einen Mönch: „Sei ein Türhüter deines Herzens und lass keinen Gedanken ohne Befragung herein. Befrage einen jeden Gedanken (einzeln) und sprich zu ihm: Bist du einer der unseren oder einer unserer Gegner? Und wenn er zum Hause gehört, wird er dich mit Frieden erfüllen. Wenn er aber des Feindes ist, wird er dich durch Zorn verwirren oder durch eine Begierde erregen" (Evagrius Ponticus, Brief 11). Wenn ich einfach nur vor Gott dasitze, ohne zu lesen, ohne systematisch zu meditieren, ohne über etwas nachzudenken, sondern einfach nur wahrnehme, was kommt, dann werden Gedanken und Gefühle an meine Türe klopfen. Ich soll jeden Gedanken befragen, ob er zum Haus gehört oder ob er ein Hausbesetzer ist, der mich aus meinem eigenen Haus herauswerfen möchte. Gedanken, die in mein Haus passen, werden dieses innere Lebenshaus mit Frieden erfüllen. Die anderen Gedanken werden mir dagegen in meinem eigenen Haus den Platz streitig machen. Sie werden mich in die Rolle des Untermieters drängen. Ich bin dann nicht mehr Herr in meinem Haus, sondern werde von Emotionen beherrscht. Manchmal kann Ärger so ein Hausbesetzer werden. Er erfüllt alle Räume unseres Hauses. Und wir finden keinen stillen Platz im Haus, an dem wir ganz wir selbst sind. Wir sind aus unserer Mitte herausgerissen.

Reinheit des Herzens

Das Ziel des Umgangs mit den 9 logismoi ist für Evagrius Ponticus die *apatheia*. *Apatheia* ist für ihn die innere Freiheit von den Leidenschaften. Ich bin nicht mehr an meine Leidenschaften gebunden, sondern kann so mit ihnen umgehen, dass sie mir dienen. *Apatheia* ist nicht Gefühllosigkeit oder Leidenschaftslosigkeit. Denn die Leidenschaft ist ja eine Kraft, die ich zum Leben brauche. Wenn ich die Leidenschaft abschneide, wird auch mein geistliches Leben langweilig und kraftlos. Evagrius Ponticus übernimmt den Begriff der *apatheia* von der stoischen Philosophie und von Klemens von Alexandrien, der ihn als erster in seine spirituelle Theologie integriert hat. Doch bei Evagrius bekommt *apatheia* einen menschlicheren Zug. Sie ist für ihn „ein relativ andauernder Zustand tiefen Friedens, der unter dem Einfluß der Liebe aus der vollen und harmonischen Integration des emotionalen Lebens besteht"[4]. Evagrius kann die *apatheia* auch mit Liebe gleichsetzen. Es ist eine Liebe, die klar ist und unvermischt mit Besitzansprüchen. Doch selbst Evagrius weiß, dass wir nicht alle Menschen in gleicher Weise zu lieben vermögen. „*Apatheia* bedeutet nicht eine Art Ausnivellierung der menschlichen Gefühle auf einen gleichen Grad der Indifferenz allen Menschen gegenüber, sondern sie ist ein Zustand, der es uns erlaubt, alle Menschen wenigstens in dem Maße zu lieben, dass man friedlich mit den Menschen lebt und keinen Groll gegen sie hegt."[5]

Kassian, der die Lehre des Evagrius für den Westen übersetzt und weiter geführt hat, spricht nicht von *apatheia*, sondern von *puritas cordis*, von der Reinheit des Herzens. Sie ist für ihn eine wichtige Voraussetzung für die Kontemplation, aber auch für die Begleitung von Menschen. Denn die Reinheit des Herzens befähigt den geistlichen Vater oder die geistliche Mutter, ohne Vorurteile und ohne Projektion auf den Schüler und die Schülerin einzugehen. Ohne Reinheit des Herzens sind wir in Gefahr, unsere eigenen Interessen in die geistliche Begleitung hinein zu mischen. Heute kennen wir diese Gefahr zur Genüge. Ich höre in Gesprächen immer mehr vom geistlichen Missbrauch, den manche Männer und Frauen in ihrer geistlichen Begleitung erfahren haben. Geistlicher Missbrauch heißt, dass der geistliche Begleiter den, den er begleitet, für eigene Interessen benutzt. Er benutzt ihn, um sein eigenes Idealbild des unfehlbaren Gurus aufrecht zu erhalten, um ergebene Anhänger um sich zu scharen oder um sein Bedürfnis nach Nähe und Bewunderung auszuagieren. Jeder, der andere begleitet, muss erst den Weg der ehrlichen Selbstbegegnung gehen. Sonst vermischt er seine Begleitung mit seinen eigenen Bedürfnissen, mit seiner verdrängten Aggression und Sexualität.

Die Gefahr, dass selbsternannte Gurus andere geistlich verführen, kannte schon der erste Mönch, Altvater Antonios. Seine Worte sind heute aktueller denn je: „Die Altväter der Vorzeit begaben sich in die Wüste und machten nicht nur sich selber gesund, sondern wurden auch noch Ärzte für andere. Wenn aber von uns einer in die Wüste geht, dann will er andere früher heilen als sich selbst. Und unsere Schwäche kehrt zu uns zurück und unsere letzten Dinge werden ärger als die ersten, und daher heißt es für uns: Arzt, heile dich vorher selber" (Apophthegma 1007).

Herzenskenntnis – Durchschauen auf den Grund

Zur Diakrisis gehört auch die *Kardiognosie*, die Herzenskenntnis. Auch die Herzenskenntnis ist eine Gabe des Heiligen Geistes. Dennoch kann auch der Mönch etwas dazu tun, diese Gabe zu erlangen. Er muss sein eigenes Herz in ehrlicher Selbstbegegnung erforschen. Er muss die einzelnen Regungen, die Gefühle und Stimmungen, die Gedanken und Pläne unterscheiden, um so in den Grund seines Herzens schauen zu können. Wer nur an der Oberfläche stehen bleibt, wird nie sein Herz kennen lernen. *Kardiognosie* ist mehr als ein rationales Erkennen: Es meint ein Durchschauen auf den Grund hin.

Wer diese Gabe besitzt, der erkennt das Wesen eines Menschen auf den ersten Blick. Es ist ein intuitives Schauen. Doch auch dieses intuitive Schauen braucht die Beobachtungsgabe. Die Mönchsväter erkennen die inneren Regungen eines anderen an seinen Körperbewegungen, an seiner Stimme und an der Art und Weise, wie er seine Probleme beschreibt und seine Fragen stellt. Die Mönche wussten noch um den engen Zusammenhang von Leib und Seele. An den Äußerungen des Leibes konnten sie den Zustand der Seele erkennen. In den Gesichtszügen sahen sie, ob ein Mensch innerlich aufgeregt oder ruhig war, ob er sich nur nach außen hin in der Gewalt hatte, aber unter der Oberfläche seiner Selbstbeherrschung ein Vulkan von unaufgearbeiteten Emotionen kochte. Sie hörten an seiner Stimme, ob da einer in sich stimmig war oder aber innerlich zerrissen. An der Stimme konnten sie erkennen, ob da jemand seine Aggressionen und seine Sexualität verdrängte. Es gibt Menschen, die übertrieben sanft sprechen. Da spürt man, dass sie so sanft reden müssen, um von ihren übergroßen Aggressionen nicht überschwemmt zu werden.

Vom Altvater Paulos heißt es: „Der selige Paulos betrachtete jeden der in die Kirche Eintretenden, mit welcher Seelenverfassung er zur Versammlung komme. Es war ihm nämlich vom Herrn die Gabe gewährt, dass er jeden sehen konnte, wie er in der Seele war, so, wie wir einander ins Gesicht schauen" (Apophthegma 797). Paulos vermag jedem einzelnen ins Herz zu sehen. An der Ausstrahlung eines Menschen erkennt er, ob einer von Engeln oder von Dämonen umgeben ist. *Kardiognosie* ist eine intuitive Erkenntnis. Intuitiv nimmt der Altvater wahr, was im andern vor sich geht. Auch heute gibt es Menschen, die die Aura eines anderen wahrnehmen können. Es sind manchmal sensitive

Menschen, die eine besondere Begabung haben. Aber man kann sich auch Menschenkenntnis erwerben, indem man sich selbst ehrlich und genau beobachtet. Die Mönche halten es aber für unabdingbar, dass der geistliche Vater und die geistliche Mutter die Gabe der Herzenskenntnis mit Milde und Barmherzigkeit, mit Demut und Sanftmut verbinden. Wer seine Herzenskenntnis missbraucht, um andere zu verletzen oder sie in seine Macht zu bekommen, der führt andere nicht zum Leben, sondern verletzt sie. Er missbraucht sie, um sein eigenes Wissen zur Schau zu stellen.

Begegnung mit dem eigenen Schatten

Eine wesentliche Voraussetzung für die Gabe der Unterscheidung ist die Begegnung mit dem eigenen Schatten. Die Mönche nennen das Demut. Das lateinische Wort dafür ist: *humilitas*. Es meint den Mut, seine eigene Erdhaftigkeit anzunehmen, den Mut, hinabzusteigen in den eigenen Dreck, in den eigenen Schatten. Die Schattenbegegnung ist einmal die Voraussetzung für die geistliche Begleitung, damit ich meine Seelsorge nicht mit den eigenen verdrängten Bedürfnissen vermische. Gefährlich wird es immer, wenn man seine nicht erkannten traumatischen Lebensmuster religiös überhöht. Da vermischt jemand seine Seelsorge mit dem verdrängten Machtbedürfnis. Ein anderer mit seinen verdrängten Schuldgefühlen. Er arbeitet die Schuld ab, indem er sich für andere verausgabt. Aber dann spürt man, dass seine Seelsorge keinen Segen bringt. Sie wird ihn zur Erschöpfung treiben und den Menschen, die er begleitet, nicht wirklich weiter helfen. Er wird sie an sich binden, anstatt sie in die Freiheit zu entlassen.

Die Begegnung mit dem eigenen Schatten ist auch für unsere Begegnung mit Gott wichtig. Wer seinen Schatten nicht integriert hat, der wird auch Gott nicht so sehen, wie er wirklich ist. Er wird in Gott nur die lichten Seiten hinein projizieren. Und er wird Gott dazu benützen, seinen eigenen dunklen Seiten aus dem Weg zu gehen. Zur Gotteserkenntnis gehört auch die Begegnung mit dem dunklen Gott, mit dem Gott, der ganz anders ist, als wir es uns vorstellen, der unsere Bilder von Gott durchbricht. Die Begegnung mit dem dunklen Gott verwandelt den Menschen und lässt ihn erwachsen werden. Dorothee Sölle spricht von Theologen, die diese Wandlung verweigern. Doch dann werden sie „theologische Playboys sein, die durch das, was sie für Glauben halten, daran gehindert werden, erwachsen zu werden"[6].

Die Begegnung mit dem Schatten ist die entscheidende Voraussetzung für den christlichen Umgang mit den Menschen. Ohne Schattenintegration projizieren wir unsere verdrängten Seiten in andere Menschen hinein und bekämpfen sie in ihnen. Dorothee Sölle lag die soziale Dimension des Christentums am Herzen. Sie bekämpfte die Vorurteile von Christen, die sich weigerten, demütig in das dunkle Reich des eigenen Schattens hinabzusteigen und das Dunkle lieber andern Menschen aufluden. Soziale Ungerechtigkeit hat immer etwas mit der Verdrängung des Schattens zu tun. Man möchte das Unrecht nicht sehen und rechtfertigt es mit einer Ideologie, die einem das Gefühl gibt, im Recht zu sein. Heute bräuchten wir nötiger denn je die Gabe der Unterscheidung, damit wir gerade unsere ideologisch begründeten Kämpfe gegen die „Achse des Bösen" durchschauen als das, was sie in Wirklichkeit sind: eine kollektive Projektion des Dunklen auf andere Menschen. Nicht nur der einzelne muss sich in aller Demut mit seinem Schatten konfrontieren, eine solche Notwendigkeit geht auch größere Gemeinschaften an. Wir erleben es in unserer Klostergemeinschaft, dass wir auch unseren Schatten lieber auf andere projizieren. Doch der verdrängte Schatten blockiert und lähmt. Der kollektive Schatten eines Volkes ist noch schwerer zu erkennen als der persönliche und der einer kleineren Gemeinschaft. Aber damit wir zu einer Welt zusammenwachsen, ist es heutiger nötiger denn je, zu unterscheiden, was edle Absicht und was Projektion der eigenen Schattenseiten auf andere ist.

Das rechte Maß

Der hl. Benedikt legt vor allem dem Abt die Gabe der Unterscheidung ans Herz. Als Römer nennt er die Diakrisis „discretio". Sie ist nicht nur die Unterscheidung, sondern zugleich auch das rechte Maß. Dem Abt rät Benedikt: „Bei Anordnungen sei er weitsichtig und besonnen. Ob sein Arbeitsauftrag, den er erteilt, Göttliches oder Weltliches betrifft, wisse er zu unterscheiden und Maß zu halten. Er denke an die Unterscheidungsgabe des heiligen Jakob, der sprach: ‚Wenn ich meine Herden unterwegs überanstrenge, gehen alle an einem einzigen Tag zugrunde' (Gen 33,13). Dieses und andere Zeugnisse für die Unterscheidungsgabe – die Mutter der Tugenden! – nehme er sich vor; so ordne er alles mit Maß, damit die Starken finden, was sie suchen, und die Schwachen nicht weglaufen" (RB 64,17–19).

Die Unterscheidung der Geister ist für Benedikt die Mutter der Tugenden. Diesen Ausdruck übernimmt er von Kassian, seinem großen Lehrmeister. Ohne discretio gelingt das Leben nicht. Für Abbas Ammonas, ein Altvater der ägyptischen Wüste, kommt das Wesen der Unterscheidungsgabe im Bild der Axt am besten zum Ausdruck. Er sagt: „Da verbringt einer seine ganze Zeit damit, die Axt herumzutragen, und kann keinen Baum fällen. Ein anderer versteht sich auf das Fällen und legt mit wenigen Streichen den Baum um. Und er erklärte, dass die Axt die Unterscheidungsgabe bedeute" (Apophthegma 626). Die discretio zeigt mir, wo ich anpacken soll. Wer diese Gabe hat, der blickt in Diskussionen schnell durch. Er erkennt sofort, worum es eigentlich geht. Er lässt sich nicht in endlose Diskussionen verwickeln. Auch in Seelsorgegesprächen kommt er sofort auf den Punkt.

Für Benedikt ist die discretio vor allem eine Tugend des Führens. Jeder, der Verantwortung für andere übernimmt, bedarf dieser Tugend. Discretio heißt einmal, dass er nicht alle über den gleichen Kamm schert, sondern dass er sich auf jeden einzelnen einlässt. Und discretio verlangt, dass er niemanden überfordert. Die Weisheit jedes Verantwortlichen zeigt sich darin, dass er alles so ordnet, dass „die Starken finden, was sie suchen, und die Schwachen nicht weglaufen". Der Abt soll beides in sich verbinden: die Aufgabe des Arztes, der sich um die Wunden der Schwachen und Kranken kümmert, aber auch der Anführer zum Leben, der die Starken herausfordert, damit sie ihre Stärken zum Wohl der Gemeinschaft entfalten. Wenn ein Abt sich nur um die Schwachen kümmert, wird die Gemeinschaft keinen Elan entwickeln können. Wenn er sich aber nur den Starken zuwendet, werden die Schwachen unterdrückt und entmutigt. Und das widerspricht den Forderungen Jesu. Wie eine Gemeinschaft mit ihren kranken und schwachen Mitgliedern umgeht, darin zeigt sich ihre Reife und Weisheit. Aber wenn die Gemeinschaft sich auf ein bloßes Mittelmaß beschränkt, wird sie nie starke Menschen anziehen.

Ich sehe heute eine große Gefahr für beide Kirchen darin, dass sie als Pfarrer und Pfarrerinnen eher die depressiven als die aggressiven Menschen anzieht. Das ist natürlich kein Urteil über den Wert der Menschen. Aber wenn die aggressiven Typen in der Kirche fehlen, dann wird sie ihre heilsame Wirkung für die Gesellschaft verlieren und sich nur noch um sich selbst drehen. Dorothee Sölle war in diesem Sinn sicher eher ein aggressiver Typ: Sie hat mit ihren Worten und ihren Taten eingegriffen in das Geschehen der Welt. Wir brauchen heute solche Menschen, damit die Kirche attraktiv wird für Schwache *und* Starke, dass die Starken in ihr finden, was sie fasziniert und ihre Stärke zum Wohl der Menschen einsetzen lässt, und dass die Schwachen aufgerichtet und ihre Wunden geheilt werden.

Achtsamkeit
Einfaches Dasein, das das Ganze verändert

von Pierre Stutz

> *„‚Achtsamkeit' ist eine Einwurzelung*
> *im Hier und Jetzt, es ist eine*
> *durch bewusstes Atmen und Meditation*
> *geübte Fähigkeit, dazusein."*
> (Dorothee Sölle)[1]

Besondere Gedenktage

Im Sommer 2003 waren für mich zwei Gedenktage besonders wertvoll:

Am 25. August 1943, also vor 60 Jahren, ist die Mystikerin Simone Weil in Asford gestorben. Ihre engagierte Mystik verdichtet sich im Wort „attente", das am besten mit „Aufmerksamkeit" übersetzt werden kann. Mit Simone Weil kann ich lernen, aufmerksam und achtsam im Leben zu stehen. Es ist für mich eine Haltung der Sammlung und des Widerstandes, um nicht gelebt zu werden und als Kopie zu sterben, sondern ein Leben lang ein Original zu bleiben und zu werden.

Am 28. August 1963, also vor 40 Jahren, versammelten sich 260.000 Menschen in Washington, um dem Traum von Martin Luther King zuzuhören: „Ich habe einen Traum, dass meine vier Kinder eines Tages in einer Nation leben werden, in der man sie nicht nach ihrer Hautfarbe, sondern nach ihrem Charakter beurteilen wird. Ich habe einen Traum, dass eines Tages in Alabama, mit seinen bösartigen Rassisten, mit einem Gouverneur, von dessen Lippen Worte wie ‚Intervention' und ‚Annullierung der Rassenintegration' triefen, dass eines Tages genau dort in Alabama kleine schwarze Jungen und Mädchen die Hände schütteln mit kleinen weißen Jungen und Mädchen als Brüder und Schwestern. Jetzt ist es Zeit, Gerechtigkeit für alle Kinder Gottes Wirklichkeit werden zu lassen."[2]

Mit Martin Luther King kann ich lernen, dass die Achtsamkeit unsere Visionen nährt und uns auf die Macht der Ohnmächtigen vertrauen lässt.

An diesen beiden Gedenktagen spürte ich auch eine besondere Verbundenheit mit Dorothee Sölle und ihrem Vermächtnis, eine Spiritualität der Achtsamkeit nicht nur auf den persönlichen Bereich zu reduzieren, sondern sie in allen Lebensvollzügen zu verwirklichen. Meine eigene mystisch-politische Lebensgestaltung verdanke ich auch Dorothee, wie ich es in den „Weggedanken" zu meinem Buch „Alltagsrituale" beschrieben habe: „Beim Schreiben dieses Buches ist mir dankbar bewusst geworden, wie mich die Theologin Dorothee Sölle kraftvoll geprägt und unterstützt hat. Ihre Bücher haben mich inspiriert, aufgewühlt, bestärkt, verunsichert und begleitet. Lustvoll habe ich sie alle erneut durchgesehen, die angestrichenen Stellen besonders beachtet und Zitate für die zwölf Kapitel ausgewählt. Als bescheidenes Zeichen der Anerkennung für eine Frau, die authentische Spiritualität lebt und zugleich die Gabe hat, sie kreativ zu reflektieren."[3]

Das Feiern von Gedenktagen lässt mich eine Einwurzelung im Hier und Jetzt erfahren, und zugleich erahne ich eine tiefere Verbundenheit mit aller Kreatur, mit Schöpfung und Kosmos.

Denn im jüdischen Talmud heißt es:

„Das Geheimnis der Erlösung heißt Erinnerung"

Ich kann mich lösen von mir selber in der Erinnerung an dieses Aufgehobensein. Gott ereignet sich in meiner Erinnerung an den achtsamen Aufstand für eine zärtliche Gerechtigkeit, der sich immer schon und immer wieder neu auf allen Kontinenten entfaltet, aller Ungerechtigkeit und Unterdrückung zum Trotz! Sich erinnern heißt auf englisch „to remember", was eben auch heißt, „member", Mitglied einer großen Schöpfungsfamilie zu sein. Achtsame Menschen engagieren sich für eine Kultur der Erinnerung, damit wir aufmerksamer gegenwärtig sind in unserem Alltag und uns zugleich ein- und aussetzen für eine Welt, die anders werden muss: zärtlicher und gerechter.

Achtsam mit mir sein

Eine glaubwürdige Spiritualität der Achtsamkeit beginnt bei mir selber. Ich bin zerbrochen an einer Überaktivität, die nicht nur aus Idealismus und Hunger und Durst nach Gerechtigkeit geprägt war, sondern auch aus der Angst vor meinen Grenzen, aus Angst vor Ablehnung und Liebesentzug. Darum befreien mich die Worte von Meister Eckhart (1260–1328) bis heute:

„Richte dein Augenmerk auf dich selbst,
und wo du dich findest,
da lass ab von dir;
das ist das Allerbeste.“[4]

Aufmerksame Menschen nehmen sich selber wahr in ihrer Lebenskraft und in ihrer Verletzlichkeit. In dieser Lebensschule der Achtsamkeit lerne ich einen wohlwollenden Umgang mit mir selber, in dem all meine Gefühle und Gedanken sein dürfen, damit ich sie gestalten und integrieren kann. Dies geschieht, wenn ich vermehrt im Augenblick lebe und der Kraft meines Daseins traue. So frage ich mich nicht, was ich noch alles tun müsste und wer ich noch alles sein möchte, sondern wer ich jetzt bin. Dieses Innehalten, dieser Zugang zu meinen Ressourcen ist die Grundbedingung um freier und gelöster in meinen Beziehungen, in meiner beruflichen Aufgabe und in meinem sozialen Engagement zu sein. Dazu braucht es nebst dem Augenmerk auf mich selbst immer auch die Gabe des Loslassens. Achtsame Frauen und Männer entdecken ihr inneres Feuer. Sie lassen sich nicht leben durch die Sachzwänge und Ansprüche anderer, sondern sie entdecken, wann sie in ihrem Element sind. So ereignet sich eine Mystik im Alltag in all den Momenten, in denen wir voll da sind und ganz weg, in denen Raum und Zeit wie aufgehoben erscheinen.

Mich selber werden, heißt auszudrücken lernen, was ich kann und was mich überfordert. Es ist ein Weg der Selbstannahme, auf dem ich mich weder unter- noch überfordere. Selbstannahme, die sich nur ereignen kann, wenn ich nicht um mich selber kreise und in meinem Ich-Gefängnis stecken bleibe, sondern in meinem Selbst die tiefere Verbundenheit mit allem spüre. Diese Verbundenheit lässt mich ein Angewiesensein erfahren. In meiner Selbstwerdung bin ich angewiesen auf dialogische Sozialbeziehungen, auf mein Eingebundensein in die Schöpfung und auf meinen göttlichen Urgrund, der mich aufrichtet und zum Innehalten und Aufbrechen bewegt. Das bewusste Ein- und Ausatmen verweist mich auf diese Wirklichkeit. Mein Atem ist zutiefst persönlich und zugleich verbindet er mich mit allem, dem Lebensatem Gottes in allem. Wenn ich mir den Tag hindurch stündlich eine Atempause gönne, um auf meine Körperhaltung zu achten und um mit geschlossenen Augen tief durchzuatmen, dann gestalte ich mit an einer friedvolleren Welt. Meine Toleranz und mein Mitgefühl wachsen, wenn ich aufmerksam spüre, was meine Hoffnung und mein Vertrauen nährt. Auch im schweigenden Da- und Mitsein kann ich die Friedenskraft verstärken auf dieser Welt.

Achtsam mit den anderen sein

Glücklich werde ich, wenn ich mich mit-teile, wenn ich meine Gaben, meine Macht, meine Kompetenz, meinen Besitz, meine Lebensfreude und meine Traurigkeit mit anderen teile.

Unser ganzes Sein ist auf ein Du angelegt, auf Beziehungen. In meiner Beziehungsfähigkeit ereignet sich das Göttliche als jene lebensfördernde Kraft, die sich nicht mit Ungerechtigkeiten, mit faulem Frieden, mit Isolierung abfindet. In unserer entsolidarisierten Welt brauchen wir eine Kultur der Achtsamkeit, ein aufmerksames Unterwegssein mit anderen. Simone Weil ermutigt dazu:

„Die Aufmerksamkeit ist nicht nur der wesentliche Gehalt der Gottesliebe.

Die Unglücklichen bedürfen keines anderen Dinges in dieser Welt als solcher Menschen,

die fähig sind, ihnen ihre Aufmerksamkeit zuzuwenden.

Die Fähigkeit, einem Unglücklichen seine Aufmerksamkeit zuzuwenden,

ist etwas sehr Seltenes und sehr Schwieriges geworden;

sie ist beinahe ein Wunder;

sie ist ein Wunder." [5]

Achtsame Menschen warten nicht ein Leben lang auf ein großes Wunder oder auf die große Erleuchtung. Sie erkennen den wundervollen Geschenkcharakter des Lebens in der Fähigkeit, dazusein, im Mit-fühlen, Mit-hoffen, Mit-leiden, Mit-suchen, Mit-lachen, Mit-weinen, Mit-finden, Mit-schreien, Mit-staunen. In dieser mit-liebenden und mit-leidenden Lebensgestaltung ereignet sich Gott als sinnstiftende Kraft in Beziehung. Darin erkenne ich die Aufforderung von Dorothee Sölle, „atheistisch an Gott zu glauben" [6], die höchst aktuell geblieben ist und unser Gottesbild verwandeln will, weil schon Jesus von einem Gott erzählte, der nicht von uns getrennt ist und uns gegenübersteht, sondern sich in unserem achtsamen Prozess der Selbstannahme und der Solidarität gebiert. Die Zukunft des Christentums hängt von dieser mystischen Lebensgestaltung ab, in der wir ein Leben lang mitschöpferisch sind. Denn das erste Wort in der hebräischen Bibel „bereschit" übersetzt sich nicht mit „am Anfang", sondern „im Anfang". Ein kleiner Unterschied, der jedoch eine große Wirkung hat auf unser Mitsein. Der Ausdruck „Am Anfang" verweist auf ein statisches Gottesbild, auf einen einmaligen Akt, der auch unsere Allmachtsphantasien der Machbarkeit nähren kann. „Im Anfang" deutet auf einen schöpferischen Gott, der uns Menschen braucht und angewiesen ist auf unser schöpferisches Mitgestalten. Hier liegt der tiefsinnigste Grund einer Kultur der Achtsamkeit, die sich in Beziehung mit allem, mit aller Kreatur ereignet. Solch

eine Kultur fördert eine selbst-bewusste und selbst-lose Spiritualität, in der ich mich einbringe und zurücknehme. Eine Spiritualität, in der ich nicht dauernd außer mir bin und einem fernen Gott
gehorchen muss, sondern in der ich auf meine Herzensstimme
horche, weil ich dabei nicht nur auf mich höre, sondern auf jene
lebensfördernde, göttliche Stimme, die mich in ein gutes Lot
bringt: in die Erfahrung, dass ich nie nur für mich sein kann,
weil ich Teil eines Ganzen bin. Dies bringt Dorothee Sölle in ihrem letzten Buch nochmals unmissverständlich auf den Punkt:

„Einseitige Beziehungen, in der die eine Person immer die ge-
bende, die andere immer die nur nehmende ist, sind moralisch
unerträglich und führen zu neurotischen Verzerrungen. Darum
ist das Bild parentaler Liebe für Gottes Beziehung zu uns nicht
ausreichend. Wir müssen Freundinnen und Freunde Gottes
werden – das ist ein Quäkerausdruck, den ich sehr liebe –, und
die Infantilität, die das Patriarchat ja gerade in der Beziehung der
Frauen zu Gott fördert, kann überwunden werden. In der ge-
glückten Ablösung unserer Beziehung zu den Eltern entsteht
Freundschaft, auf gegenseitigem Brauchen beruhend. Indem die
Theologie sich von den patriarchalen Denkmustern löst, verwirft
sie auch den eigenen Infantilismus."[7]

So kann ich meinen Weg der Achtsamkeit alltäglich in der
Spannung von Nähe und Distanz durchschreiten und ihn erneu-
ern im Fördern einer wohlwollenden Anerkennungs- und Kon-
fliktkultur. Echte Achtsamkeit entmündigt auch Menschen in
größter Not nicht, sondern lässt sie gerade im Scheitern und in
der Gebrochenheit ihre einmalige Würde erfahren.

Glaubwürdige Achtsamkeit ist eine höchst politische Grundhaltung. Sie mutet mir zu, Ungerechtigkeit zu benennen und jedem Menschen Verwandlung zuzugestehen; ganz im Sinne von
Rosa Luxemburg: „Laut sagen, was ist – das ist die revolutio-
närste Tat!"

Achtsam in der Schöpfung sein

Eine befreiende mystische Lebensgestaltung der Achtsamkeit verabschiedet sich von einem dualistischen Denken, weil alles beseelt ist. Der Lebensatem Gottes belebt die Schöpfung und den Kosmos. Eine ökologische Achtsamkeit ist dringend not-wendig, damit wir und auch unsere Enkelkinder gesund ein- und ausatmen können. Ein einfacherer Lebensstil ist erforderlich, weil das Wesentliche im Leben sich in vielen alltäglichen Wundern entdecken lässt. Die Mystikerin Hildegard von Bingen (1098–1179) spricht in diesem Zusammenhang von Rücksichtsnahme:

„Gott hat alle Dinge der Welt so eingerichtet,
dass eins auf das andere Rücksicht nehme."[8]

Religiöse Menschen leben aus dieser tiefen Rückverbindung, die zu einer sinnstiftenden Rücksichtsnahme führt, weil wir vernetzt sind. Wir brauchen eine Globalisierung der Solidarität.

Eine ökologische Achtsamkeit leistet Widerstand für mehr Lebensqualität für alle Menschen und für die Tiere, die Bäume und die ganze Schöpfung. Sie befreit zu einer Versöhnung von Spiritualität und Sexualität, weil wir keinen Leib haben, sondern Leib-Geist-Seele sind. Es bedeutet konkret, nicht das Kapital, sondern den Menschen und die Bewahrung der Schöpfung ins Zentrum von unserem Sein und Arbeiten zu stellen. Eine ökologische Achtsamkeit lässt sich inspirieren von der tiefen Schöpfungsverbundenheit Jesu, wie sie in seinen Gleichnissen sichtbar wird. Eine solche Achtsamkeit bedeutet konkret, die dogmatische Anthropozentrik zu verlassen und eine Spiritualität zu entfalten, die nicht von der Ursünde, sondern vom Ursegen ausgeht. Vor all unserem Tun sind wir gesegnet, und dieser Segen kommt uns Tag für Tag durch die faszinierende Schöpfung entgegen. Unsere Energiepolitik, die weiterhin einseitig auf Erdöl, Kohle, Atomenergie und Erdgas ausgerichtet ist, braucht dringend eine Kehrtwendung; ein Fördern der Solar-, Wind- und Wasserenergie und der Biomasse. Achtsame Menschen überlassen die Zukunft nicht den wirtschaftsabhängigen Politikerinnen und Politikern, sondern suchen Verbündete, um Widerstand zu leisten, wie dies zum Beispiel die 1998 verstorbene Schriftstellerin Inge Aicher-Scholl tat. Sie ist die Schwester der Geschwister Sophie und Hans Scholl, die am 22. Februar 1943 hingerichtet wurden, weil sie auf ihren „Weiße-Rose"-Flugblättern zur solidarischen Achtsamkeit gegen die Nationalsozialisten aufgerufen hatten:

„Zerreißt den Mantel der Gleichgültigkeit!"

Gegen die zunehmende Gleichgültigkeit gegenüber der Ausbeutung der Schöpfung hat sich Inge Aicher-Scholl als 80jährige Frau in einem offenen Brief an die Politiker gewehrt und gefordert, dass umweltgerechte Technik für erneuerbare Energien eingesetzt wird: „Die Sonne schickt uns keine Rechnung; der Bach rauscht kostenlos das Tal hinunter, und der Wind weht ohne Auftragsbestätigung. Dies sind die Energien der Zukunft. Wer sie aber behindert, sollte sich fragen, ob diese Behinderung nicht einer Kriegserklärung an unsere Kinder und Enkel gleichkommt."[9]

Wer aufmerksam den Weg zur inneren Quelle geht, der investiert auch durch seine ökologische Achtsamkeit in umweltfreundliche Energien. Dies hat im Anfang seinen Preis, der sich jedoch dem Leben und der Schöpfung zuliebe lohnt.

Achtsamkeit als mystisch-politische Grundhaltung

Die Schweizer Bethlehem Mission in Immensee hat im Januar 2002 und im Januar 2003 während des Weltwirtschaftsforums WEF in Davos zu einer Kundgebung auf dem Bundeshausplatz in Bern aufgerufen. Ende Januar 2002 stellte sie 24000 brennende Kerzen vor das Parlamentsgebäude, um an die täglichen Opfer von Armut zu erinnern: beredetes Licht, das 24000 sprachlosen Menschen, die täglich an Hunger sterben, ein Denk-mal setzt. Ein Jahr später standen 6000 Paar Schuhe vor dem Bundeshaus, um darauf aufmerksam zu machen, dass ebenso viele Menschen in Kolumbien während der Zeit des Wirtschaftsforums vertrieben werden. Infolge lukrativer Großprojekte einiger weniger werden ihnen ihre Lebensgrundlagen entzogen.

Beide Male stand ich mit hunderten von Menschen eine Viertelstunde schweigend im Kreis vor diesen Mahnmalen. Zuvor war eine Resolution für das Parlament verabschiedet worden, die eine glaubwürdigere, humanitäre Politik fordert. Dieses achtsame Schweigen inmitten der Hektik des Abendverkaufes stärkt meine Hoffnung und verpflichtet mich zu einer mystisch-politischen Spiritualität:

In meinem schweigenden Dastehen im Kreis verwurzele ich mich in unseren schöpferischen Gott des Lebens, der auch durch uns Partei ergreift für die Geschundenen, Missbrauchten, Entrechtenden und Verletzten.

In meinem achtsamen Dastehen zwischen Erde und Himmel erinnere ich mich an die unaufhaltsame Auferstehungskraft, die sich in diesem Moment auf allen Kontinenten durch Frauen und Männer verwirklicht, die ein- und aufstehen für eine mitfühlende Achtsamkeit mit aller Kreatur.

In meinem aufmerksamen Dastehen, im tiefen Ein- und Ausatmen werde ich bestärkt in all meinen Gefühlen – in meiner Wut und Trauer, in meiner Dankbarkeit und Hoffnung, in meiner Ohnmacht und Solidarität –, den Atem von Freundin Geist zu erahnen, der uns im Hier und Jetzt und in alle Ewigkeit verbindet.

Ich brauche das gesammelte, schweigende Mitsein von vielen Menschen in aller Öffentlichkeit. Darin verdichtet sich, dass es auf jede und jeden von uns ankommt und wir in Solidarität über uns hinauswachsen können. Ich brauche diese betenden Demonstrationen eines gewaltfreien Widerstandes. Sie atmen auch den Geist Mahatma Gandhis:

„Nicht-Gewalt bedeutet in ihrer Auswirkung bewusstes Leiden. Sie bedeutet nicht Unterwerfung unter den Willen des Ungerechten, sondern bedeutet Einsetzen der ganzen Seelenkraft gegen den Willen des Tyrannen. Sofern er sich in seinem Wirken durch dieses Gesetz bestimmen lässt, ist es auch einem einzelnen möglich, die ganze Macht eines tyrannischen Reiches herauszufordern, seine Ehre, seine Religion, seine Seele zu verteidigen, und dadurch Anstoß zu werden für dieses Reiches Zusammenbruch oder Neuerstehen."[10]

Eine Spiritualität der Achtsamkeit bestärkt zu diesem einfachen Dasein, weil es das Ganze verändert.

Beten

Geborgenheit und Protest

von Susanne Breit-Keßler

> *„Man kann sagen, dass in jedem Gebet*
> *ein Engel auf uns wartet,*
> *weil jedes Gebet den Betenden verändert,*
> *ihn stärkt, indem es ihn sammelt*
> *und zur äußersten Aufmerksamkeit bringt,*
> *die im Leiden uns abgezwungen wird*
> *und die wir im Lieben selber geben. "*
> (Dorothee Sölle)

Mitten im Leben

In einer Frauenzeitschrift stehen Tipps, wie man mit den ganz alltäglichen Anstrengungen und Belastungen fertig wird. Sie sind nicht besonders neu, aber vernünftig und einsehbar: Viel frische Luft, ausschlafen, Gemüse und Obst essen, Yoga betreiben, ein warmes Bad nehmen. Wie gesagt, alles wohlbekannt. Beim Weiterlesen stutze ich. Der letzte Vorschlag für ein gesundes und seelisch ausgeglichenes Leben lautet nämlich – beten. Ganz selbstverständlich steht da: „Beten, so wie es in allen großen Religionen praktiziert wird, hilft einem, zur Ruhe zu kommen. Beten trägt dazu bei, dass Mann und Frau den Dingen, die sie umtreiben, den richtigen Stellenwert geben." Vor Jahren waren solche Äußerungen nicht denkbar – da galten Betende als antiquiert. Beten zwischen Modeseiten und Kochrezepten, zwischen Reiseberichten, Prominentenportraits und Nachrichten aus der Kulturszene. Beten vor Anleitungen zum Möbelbauen und medizinischen Ratschlägen, Beten nach den Karikaturen und der Sorgenecke.

Beten – mitten im Leben. Da, wo es hingehört. Der Evangelist Matthäus gibt in der Bergpredigt, im Umfeld des Vaterunsers, mit den Worten Jesu wertvolle, viel weiterführende Empfehlungen zum Beten als jede Frauenzeitschrift. Auf unsere Frömmigkeit Acht haben sollen wir und sie im stillen Kämmerlein üben statt herumzuposaunen, wie christlich wir sind. Das klingt im ersten Moment wenig zeitgemäß. Oder besser, es klingt so, als sei das doch nun längst verwirklicht. Jedermann und jede Frau kann selbst entscheiden, ob, was und wie er oder sie glaubt, wie sie ihren Glauben ausüben möchten, oder eben auch nicht. Wer weiß in der Stadt schon vom Nachbarn oder der Nachbarin, welcher Konfession sie angehören; wer stellt einem jungen Mann oder einer jungen Frau heute noch beim Kennenlernen die Gretchenfrage „wie hast du's mit der Religion"? Inzwischen kann wirklich jeder und jede nach eigener Facon „selig" werden.

Religion und Glaube spielen in der Öffentlichkeit ausdrücklich nur dann, aber immerhin dann, eine Rolle, wenn zum Beispiel Kirchentag ist, wenn ein kirchlicher Feiertag wie der Buß- und Bettag abgeschafft wird oder Gerichte sich mit Klagen gegen das Gebet im Kindergarten auseinander setzen müssen. Zunehmend kommen Glaube und Religion wieder in die Diskussion, wenn es um existentielle Fragen geht, um die Substanz unseres Daseins: Krieg oder Frieden? Sterbehilfe oder Sterbebegleitung? Zellhaufen oder Menschenwürde von der ersten Sekunde an? Man begreift offenbar: Glaube ist tatsächlich Privatsache, und er hat immer zugleich Auswirkungen auf einen selbst und auf andere. Glaube ist Privatsache – „wenn du betest, so geh in dein Kämmerlein und schließ die Tür zu und bete zu deinem Vater, der im Verborgenen ist …", sagt Jesus bei Matthäus.

Wie ein Liebesgedicht

Ein Gebet ist so etwas wie ein Liebesgedicht – ein höchst persönlicher Ausdruck für die eigenen Empfindungen, ob sie nun himmelhochjauchzend, zu Tode betrübt oder irgendetwas dazwischen sind.

Wie in einem Liebesgedicht wird ein Du angesprochen, ein lebendiges Gegenüber, dem man das eigene Innerste anvertraut. Das duldet keine Zuschauer, keine Voyeure – so, wie eine intime Begegnung zwischen Liebenden ein Geheimnis der beiden bleiben sollte. Nur das Du, das Gegenüber ist wichtig, ist maßgebend, nicht die anderen Menschen und das, was sie sagen. Geh in dein Kämmerlein …, zieh dich in dich selbst zurück, konzentriere dich auf deine Gefühle und Gedanken. Sorge dafür, dass du ungestört bist von Meinungen, Bestimmungen, Vorschriften. Wie ein Liebesgedicht beginnt ein Gebet mit der Gewissheit, mindestens aber der Hoffnung, dass dieses eine Du auch Interesse an dir hat – dass dieses Du, dass Gott einen hört und versteht. Dem, der einen liebt, braucht man nichts vorzumachen. Man darf ihm alles sagen: Allen Jubel und alle Begeisterung, jede umstürzende Leidenschaft und das klitzekleinste Glück. Dankgebete sind wie Liebesgedichte, bei denen der Verfasser vor Wonne oder vor Erleichterung schier platzen möchte.

Es gibt aber auch andere Gebete – solche, die voller Sehnsucht sind, voll unerfüllter Träume und Hoffnungen, voll Angst und Verzweiflung. Die eigenen Grenzen werden einem bewusst; Nöte, die nach einem Ende oder wenigstens nach ihrer Bearbeitung schreien. Wie manche Liebesgedichte sind manche Gebete ein Akt der Befreiung – endlich, endlich kann man dem Du, kann man Gott sagen, wie es um einen steht, kommt man weg von der stummen und hilflosen Apathie. Freude kann enthalten sein, das Lob des oder der Geliebten; Sehnsucht und die Bitte, das Gegenüber möge doch etwas für einen tun; und Dank kann sich ausdrücken für schöne Erfahrungen, die man miteinander gemacht hat, und auch für solche, die schwer waren, einen aber zu innerer Reife verholfen haben. Ein Dank, der verarbeitet und einordnet, was in der gemeinsamen oder auch in der getrennt verbrachten Zeit geschehen ist.

„Liebe macht blind", sagen manche und: „Beten ist ein abergläubischer Wahn". Aber Liebe öffnet einem die Augen und das Herz; Beten stärkt den Verstand und das Gefühl. Das alles ist Privatsache, eine Nähe und Intimität, die zart und verletzlich ist und deshalb vor neugierigen Zugriffen von außen bewahrt bleiben muss. Daran ändert nichts, dass es gemeinsame Gebete am Tisch, in der Familie und im Gottesdienst gibt. Sie haben ihren Platz und einen guten Sinn, aber einen ganz anderen Charakter als das individuelle Gebet. Die Worte Jesu warnen davor, sich in dem persönlichen Verhältnis zu Gott fremden Regeln oder Vorschriften zu unterwerfen, sich zu großen Palavern aufzuschwingen oder anderen zu präsentieren, wie herrlich weit man es mit der eigenen Frömmigkeit gebracht hat. Solche Vorführungen sind schon der Tod von zwischenmenschlichen Beziehungen, weil sie das Leben in ihnen ersticken und den Applaus anderer einkalkulieren, wo spontane Zuneigung gefragt ist. Wenn Gott einen jeden und eine jede liebt, dann braucht man ihn weder mit Worten zuzuschütten, noch ihn vorzuführen oder nach theologisch-kirchlicher Anleitung wiederzulieben.

Beten, mit welchen Worten auch immer, stockend, stammelnd, klug, beherzt oder wohl formuliert ist eine sehr wirksame private Angelegenheit. Wer betet, denkt über sein Leben nach, besinnt sich auf sich selbst und auf seine Mitmenschen. Wer betet, dankt für alles Gute und vertraut auf das Bessere. Wer betet, erkennt seine Grenzen und schwingt sich zugleich auf, sie in Gottes Namen zu überwinden. Beten ist Leben mit allen Sinnen und dem Verstand. Beten, die Seele in die Sonne halten – da spüre ich Wärme, sehe helles, klares Licht vor meinen Augen. Ich denke daran, wie es ist, wenn ich mich rundherum wohl und geborgen fühle, wenn ich glücklich bin und ein einziger Moment zur Ewigkeit wird. Beten, das ist ein fröhliches „Komm Herr Jesus, sei unser Gast", wenn Freunde sich um einen reichlich gedeckten Tisch versammeln und ihre Freude über gemeinsames Essen und Trinken ausdrücken wollen. Beten – das ist das Lächeln eines Vaters, der auf seine kleine Tochter schaut und sagt: „Es ist ein Segen, dass es sie gibt." Beten – das sind die Tränen in den Augen einer Frau, die zärtlich geliebt wird und Gott und Mensch auf diese Weise ihre Antwort gibt. Beten ist Dankbarkeit für das, was einem geschenkt wird, worüber man nicht einfach verfügen kann. Im Gebet erkenne ich die Grenzen meines Daseins und überschreite sie zugleich. Ich drücke damit die Überzeugung aus, dass mein Leben und das der anderen, dass alles um mich herum in einen Zusammenhang eingebettet ist, der mehr ist als meine Erfahrung und mein Bewusstsein.

Alles ist gestattet

Alles ist dem gestattet, der betet. Jedes Wort, jede Haltung des Körpers, jede Tonlage der Stimme. Es braucht keine niedergeschlagenen Augen und keine bleischwere Zunge, keine Standardformulierungen und keine besonders heiligen Stunden, um zu beten. Martin Luther hat vor solcher Exklusivität sogar ausdrücklich gewarnt. Er schrieb: „Davor muss sich jeder Christ hüten, dass er mit dem Gebet so lange warte, bis er meint, er sei ganz rein und wohl vorbereitet. Wie denn der Teufel mich sehr oft mit solchen Gedanken geplaget und gehindert hat, dass ich gedacht habe: Du bist jetzt nicht vorbereitet, willst zuvor (noch) dies oder das ausrichten, so kannst du danach desto ruhiger beten. Wer solchen Gedanken folget und sich am Gebet hindern und aufhalten lässt, dem gehet es gewiss wie jener Bäuerin, die vorher etwas tun wollte, ehe sie wünschte, und kam nimmer zum Wünschen."

Beten ist nicht gebunden an bestimmte Formen und Situationen. Es gehört in den Alltag hinein genauso wie in den Sonntag. So, dass es gar nicht mehr ungewöhnlich ist. Beten kann selbstverständlich dazugehören. Zu dem, wie ein Kind, eine Frau oder ein Mann ihre Arbeit, ihre Freizeit, ihr Spiel gestalten. Wie sie reden, lachen, weinen, essen, trinken und schlafen. Wie sie ärgerlich sind, sich ängstigen und sich lieben. Wer ohne Unterlass betet, wie es im Neuen Testament heißt (1 Thess 5,17), der spürt und merkt mit allen Sinnen und dem Verstand, was ihn hält und trägt. Wohin er sich wenden kann, um Orientierung zu bekommen und sich wieder zurechtzufinden im eigenen Leben. Beten, das geschieht im Eisenbahnwaggon ebenso wie in der Schule, in der

Stille wie im lautesten Getümmel, nachts im Bett genauso wie am helllichten Vormittag. Beten, das sind nicht allein Worte, sondern auch Farben und Klänge. „Gebet ist alles, was die Seele in Gottes Wort schafft: zu reden, zu dichten, zu betrachten und so fort", hat Luther geschrieben.

Auflehnung gegen das Leiden

Beten heißt, die Seele in die Sonne zu halten, Wärme und Geborgenheit zu spüren. Aber es gibt Zeiten im Leben, die überschattet sind von Krankheit und Leid, die jedes Vertrauen auf Geborgenheit in Frage stellen. Ein Mensch, der eine schwere seelische Krise durchmacht, der an einer bedrohlichen Krankheit leidet, ist oft einsam. Er fühlt sich wertlos und verzweifelt an dem, was er sein möchte und nicht mehr sein kann: Gesund, vital und attraktiv. Zu all dem, was an Problemen und akuter Gefährdung seines Lebens schon da ist, kommt noch das Empfinden, „draußen" zu sein, nicht mehr zu denen zu gehören, die ihr Leben scheinbar so mühelos meistern. Bestens versorgt, aber allein gelassen. Ganz auf sich selbst zurückgeworfen, völlig isoliert, und doch mit der vagen Hoffnung, es könnte vielleicht noch eine Chance geben. Eine Aussicht darauf, die ganz eng gesteckten Grenzen noch einmal zu überschreiten.

Wem es so geht, der „bete". Das ist der Protest, die Auflehnung dagegen, Leiden gleich welcher Art als schicksalhaft unabwendbare Macht anzusehen, in die ein Mann oder eine Frau sich stumm zu fügen hätte. Es ist ein Aufruf zum Widerstand und zur Aktivität. Der leidende Mensch darf und soll selbst handeln, selbst die Initiative ergreifen. Er soll den Mund auftun, sagen, wie es ihm geht, woran es ihm fehlt, was er will und braucht, damit er nicht länger nur wehrloses Objekt der Krankheit oder seines Kummers bleibt. Beten ist eine Möglichkeit, mündig zu werden, zu sich selbst zu finden im Leiden. Das Gebet, die Klage, der gequälte Aufschrei oder die stumme Bitte, sie helfen, das Elend beim Namen zu nennen, es zu beschränken und einzugrenzen. Wo etwas nicht unausgesprochen bleibt, sondern zur Sprache kommt, da verliert es einen Teil seiner Macht.

Aus eigener Erfahrung weiß ich, dass es Zeiten gibt, in denen das nicht gelingt: Sagen, was mir fehlt, beten um Kraft und Durchhaltevermögen. Da brauche ich andere, die unaufdringlich für mich da sind. Ich erinnere mich an Besucher an meinem Krankenbett, die in einer Stunde nur einen einzigen Satz gesagt haben: „Ich hab' dich lieb." Oder die mich zum Lächeln gebracht haben, ohne von allem Schweren abzulenken. In den Briefen und Karten aus dieser Zeit, die ich mir aufgehoben habe, steht immer wieder geschrieben „ich denke viel an dich" oder „ich bete für dich". Solche Worte tragen und stützen, wenn man matt und erschöpft ist. Mehr als jedes Wort zeigen Gesten, worauf es im Umgang mit leidenden Menschen ankommt: Sie anzunehmen, auf sie zuzugehen – auch dann, wenn sie eine Furcht erregende Krankheit haben, von Narben entstellt sind, verfolgt von traumatischen Erfahrungen, die sie Tag und Nacht heimsuchen. Wenn sie verhärmt und elend aussehen, erschöpft von den Leiden, die dieses Leben und andere Menschen einem zufügen.

Wer betet, der wird wieder aufgerichtet, dem gehen alle Dinge gut aus, der wird sogar gesund. Solche Worte sind für manche Menschen Anlass zu glauben, dass sich ein Erfolg, eine Heilung beinahe wie selbstverständlich einstellen müssen, wenn nur recht geglaubt wird. Ich will niemandem die Erfahrung absprechen, durch eigenen Glauben und den anderer geheilt, in Fragen des eigenen Lebens weitergekommen zu sein. Jeder kann nur von seinen persönlichen Erlebnissen sprechen und sie für sich deuten. Aber ich möchte behutsam mit einer solchen Botschaft umgehen, denn ich habe oft erlebt, auch in meiner eigenen Familie, dass das inständigste und aufrichtigste Gebet eigenes Scheitern oder den Tod eines geliebten Menschen nicht verhindert hat. Das ist schmerzlich und muss in langen Jahren mühsam aufgearbeitet werden.

Allerdings nicht so, wie es in einem Buch zur Krankenheilung steht, das mir jemand mit gnadenloser Frömmigkeit geschenkt hat, als mein Vater im Sterben lag. In diesem Buch wird ausführlich über Vorgehensweise und praktizierte Heilungen berichtet. Dann folgen Kapitel mit der Überschrift „Misserfolge" und „Rückschläge". Punkt für Punkt werden da die angeblichen Gründe abgehandelt, weswegen eine Heilung nicht stattgefunden hat. Mich macht das traurig und zornig zugleich. Denn es würde bedeuten, für jedes Sterben, für jeden Tod eine Erklärung zu haben. Schlimmer noch: Eine Erklärung, die Schuld zuweist. Wer nicht gesund wird, wer seine Niederlagen nicht zügig überwindet, der hat dann nach einem solchen Verständnis nicht genug geglaubt, ist unaufrichtig oder will gar nicht geheilt werden. Ich bin überzeugt, dass einem Leben wieder neu geschenkt werden kann, schon deswegen, weil ich es am eigenen Leib erfahren habe. Aber es gibt Leiden, das unbeantwortet bleibt. Dennoch: In jedem Gebet wartet ein Engel auf uns, weil jedes Gebet uns verändert, uns stärkt, sammelt und zur äußersten Aufmerksamkeit bringt, die uns im Leiden abgezwungen wird. Manches Leiden kann nur getragen werden in dem Vertrauen darauf, dass die Liebe Gottes auch in solchen Zeiten kein Ende hat.

Wer betet, passt auf

Glauben und Beten ist Privatsache. Immer aber hat es Folgen für einen selbst und für die Öffentlichkeit, für das Miteinander in der Gesellschaft, wenn Menschen ihren Glauben leben und dafür geradestehen. Wer betet, kann mit seelischem Druck und körperlicher Anspannung besser fertig werden. Manche Spitzensportler sagen ganz offen, dass sie vor ihren Wettkämpfen beten; manche prominenten Musiker ziehen sich vor ihrem Bühnenauftritt noch zu einer Meditation zurück. Das ist natürlich keine Garantie dafür, dass einer gewinnt oder ein großartiges Konzert gibt, dass jemand über Nacht alle seine Sorgen los wird. Aber – wer betet, der hat, wie es bei Matthäus heißt, Acht auf seine Frömmigkeit. „Fromm" heißt ursprünglich nützlich, brauchbar und tüchtig, rechtschaffen. Wer betet, der achtet auf das, was er denkt, redet und tut. Wer betet, passt auf – auf sich und andere.

Wer lobt, dankt, bittet, der ist geistig und seelisch in Bewegung, bei dem oder der verändert sich etwas. Innere Veränderungen haben immer auch äußere Konsequenzen, Folgen für das Zusammenleben. Wer sich geliebt und wichtig fühlt, muss nicht boxen, um vorwärts zu kommen. Wer selbst ruhiger und ausgeglichener wird, wird mit anderen gelassener umgehen. Wer sich freut, strahlt auf seine Mitmenschen etwas davon aus. Wer zufrieden und dankbar ist, meckert nicht unentwegt an seinen Nächsten herum. Wer weiß, wie viel er tagtäglich zum Leben braucht und auch bekommt, wird für die Nöte anderer hellhöriger werden. Beten und Almosen geben stehen in der Bergpredigt bei Matthäus nah beieinander. Almosen sind im biblischen Sinn nicht die dürftige, einem Bettler herablassend gewährte Gabe, die wir darunter verstehen. Almosengeben gehört nach jüdischem Verständnis neben Gebet und Fasten zu den drei religiösen Hauptwerken. Wie bei den Muslimen, die noch die Wallfahrt und das Bekenntnis zu Allah dazuzählen.

Ein Almosen geben bedeutet, Gutes zu tun. Voll echter Sympathie, voll Mitleiden, voller Güte und Menschlichkeit. Ganz selbstverständlich und spontan, gleichsam von innen heraus ohne lange Überlegung, wie das nun bei anderen ankommen könnte. Manche Menschen können das gut. Ich denke an solche, bei denen ich mich für etwas von ganzem Herzen bedankt habe und die bloß ganz überrascht gesagt haben: „Wieso? Ich hab doch gar nichts gemacht …?" Wer Gutes tut und auf die Reaktion anderer schielt, der bringt sich selber um das völlig unberechenbare Gefühl, mit einem Menschen verbunden zu sein und etwas vorher gar nicht so Einschätzbares für ihn oder sie getan zu haben. Es gibt die Formulierung von dem Glücksgefühl, das einen durchströmt – manchem mag das zu pathetisch sein, aber genau das passiert, wenn man uneigennützig etwas Vernünftiges und Gutes getan hat, wenn man, wie Dorothee Sölle sagt, gesammelt äußerste Aufmerksamkeit im Lieben schenkt.

Vater unser

Glauben, Beten ist eine Privatsache, die sich auswirkt. Paradebeispiel dafür ist das Vaterunser. Ein Gebet, das persönlich ist und zugleich das Wohl der Mitmenschen vor Augen hat. „Unser Vater", das sind Worte, die ein lebendiges Gegenüber ansprechen, das einem wie ein liebevoller Vater, eine warmherzige Mutter zugewandt ist. Wer mit seinen Eltern diese Erfahrung nicht hat machen können, der möge an das denken, was ihm jemals eine Ahnung von grenzen- und bedingungsloser Liebe vermittelt hat. Vater, das ist wie Mutter ein Sinnbild für das, was einem Leben gibt, sich darum sorgt und es erhält. Auf Erden sind die Erzeuger natürlich Vater und Mutter. Die, die sich kümmern, sind manchmal ganz andere. „Unser Vater im Himmel, dein Name werde geheiligt." Das ist die Ehrfurcht vor dem Ursprung des Lebens, der Respekt vor der Würde des Lebens und die Begeisterung über die Schönheit und Vielfalt von Pflanzen, Tieren und Menschen. „Dein Reich komme. Dein Wille geschehe wie im Himmel so auf Erden." Darin drückt sich die Sehnsucht nach einem Zusammensein von allen Lebewesen, von Kindern, Männern und Frauen aus, das harmonisch, zärtlich und gerecht ist. Es ist zugleich eine Zurückweisung der Herrschaftsansprüche irdischer Machthaber, die andere unterwerfen. Es ist Kritik an allen, die ihre Ziele mit Druck, Gewalt und Terror durchsetzen wollen.

Die ersten drei Bitten drücken das Vertrauen auf einen Gott aus, der mehr ist als unsere eigenen Fähigkeiten. Sie bringen zur Sprache, dass wir darauf vertrauen, dass unsere Grenzen nicht das Ende aller Möglichkeiten bedeuten. „Unser tägliches Brot gib uns heute." Mit dieser Bitte sind alle konkreten Bedürfnisse gemeint, die wir und andere haben. Essen und Trinken, Wohnung und Arbeit, Freunde und Freizeit, Sonne, Regen, Wind, Licht und Dunkelheit, Ruhe und neue Aufgaben, Sommerwärme, Herbstsonne, Winterkälte und neues Leben im Frühjahr. Freundliche Worte, gemeinsames Nachdenken, fraglose Solidarität, ach, einfach alles, was Kind, Mann und Frau leiblich, seelisch und geistig zum Leben brauchen.

„Und vergib uns unsere Schuld. Wie auch wir vergeben unseren Schuldigern." Wir alle sind ohne Ausnahme auf Vergebung und einen täglichen Neuanfang angewiesen. Es ist ganz wichtig, dass jeder und jede von uns immer wieder einen eigenen Dialog mit Gott beginnen. Wir müssen selber herausfinden, wo es bei uns hakt, was uns das Zusammenleben mit anderen schwer macht. Das ist mühsam, aber lebensnotwendig. Wir haben die Verantwortung für unser eigenes Leben und das anderer. Zum Glück müssen wir das nicht ganz allein bewältigen. Es gibt Menschen, die einem zur Seite stehen, wenn man schwach, ängstlich, feige, rachsüchtig oder einfach nur gemein ist. Wenn ihr den Menschen ihre Verfehlungen vergebt, so wird euch euer himmlischer Vater auch vergeben. Es ist ganz wichtig zu wissen, dass jeder und jede von uns gebeten sind, zu vergeben, und dass wir es selbst genauso nötig haben wie andere. Das macht realistisch und hindert einen daran, überheblich zu werden.

„Und führe uns nicht in Versuchung, sondern erlöse uns von dem Bösen." Das ist meine Lieblingsbitte. Sie ist es deswegen, weil ich den Eindruck habe, dass man täglich damit kämpfen muss, nicht bequem zu werden, Irrtümern zu verfallen oder klaren Entscheidungen auszuweichen, an der eigenen Situation zu verzweifeln, müde und gleichgültig zu werden oder sich ängstlich zurückzuziehen. Es ist alles andere als ein Spaß, zu resignieren, das Leben als Qual zu empfinden und nicht mehr man oder frau selbst zu sein. Führe mich nicht in Versuchung, dass ist der Wunsch, von Gott, in welcher Gestalt auch immer, von allem weggerissen zu werden, was kaputtmacht. „Denn dein ist das Reich und die Kraft und die Herrlichkeit in Ewigkeit" – die abschließenden Worte des Vaterunsers drücken Vertrauen darauf aus, dass jeder Dank, jedes Lob und alle Bitten gehört werden. Sie drücken auch die Sehnsucht nach einem Leben aus, das nicht ständig zwiespältig und gefährdet ist. Es ist die Sehnsucht, immer wieder, wenigstens in Bruchstücken, erleben zu können, was es heißt, mit sich, mit Gott und der Welt im Reinen zu sein.

Loben
Mit Verstand und Ehrfurcht Gutes sprechen

von Bernardin Schellenberger

„„Die Welt wird erst sichtbar, wo sie besungen wird.'
Die Wahrnehmung, die Aisthesis, gelingt erst,
wenn Menschen die Schönheit erfahren und besingen.
In diesem Sinn sind wir alle Hüterinnen der Freude
und dafür verantwortlich,
dass die Schönheit des Lebens sichtbar und hörbar wird. "
(Dorothee Sölle)[1]

Eine Fähigkeit verkümmert

Bis heute ist in vielen alten Kirchen als ursprüngliche Ausstattung
im Altarraum noch ein Chorgestühl aus massivem Holz erhalten,
solid als Gebrauchsmöbel zum Stehen und Sitzen eingebaut. Dieses heute nur noch gelegentlich genutzte Mobiliar erinnert an eine
Tätigkeit, für die unsere Vorfahren viel Zeit vorsahen: Sie lobten
regelmäßig stundenlang Gott. Zwar trägt das katholische Gesangbuch den Titel „Gotteslob" und sind namentlich in einigen evangelischen Kreisen ausdrückliche „Lobpreis-Gottesdienste" be-
liebt, aber den meisten heutigen Menschen ist die Vorstellung,
Gott gebühre regelmäßig ausgiebiges Lob, fremd geworden.
Wenn ein Gott überhaupt noch anzusprechen wäre, dann – angesichts einer schlecht, ja schrecklich eingerichteten Welt – eher in
Form von Protesten und Anklagen. Diese Verkümmerung der
Fähigkeit, einen Schöpfer der Welt dankbar loben zu können,
nimmt Züge eines unfruchtbaren Kreisens um sich selbst an, bei
dem die Menschen immer ärmer, ja kränker zu werden drohen.
Daher sehen sich viele, wohl aus einer Art Überlebensinstinkt,

angetrieben, in anderen Zeiten und Kulturen nach heilsamen Perspektiven und vor allem Praktiken zu suchen.

Man sucht sie heute mit Vorliebe außerhalb der christlichen Tradition. Jedoch ließe sich auch in dieser manche vernachlässigte Dimension neu entdecken. Sie wird sich in ihrer früheren Ausdrucksform nicht einfach restaurieren lassen, aber wem ihr Sinn und Wert aufgeht, der könnte auch kreativ neue Wege finden, sie in sein Leben einzubeziehen. Und so soll hier vom *Loben* die Rede sein, einem spezifischen Zug der jüdisch-christlichen Tradition, der etwa in den fernöstlichen Traditionen, die sich heute besonderer Anziehungskraft erfreuen, in dieser Form unbekannt ist: Sie kennen kein transzendentes Gegenüber, das der Adressat ausführlichen Lobes sein könnte.

Zeit für Gott

In der abendländischen Kirche galt es mindestens tausend Jahre lang als selbstverständlich, dass jeder offiziell in der Kirche Engagierte als oberste Pflicht die Aufgabe übernahm, täglich mehrmals eine viertel oder halbe Stunde lang die Kirche aufzusuchen und das Lob Gottes zu singen; alle anderen Christen waren eingeladen, nach Möglichkeit daran teilzunehmen. Diese sogenannten „Tagzeiten" summierten sich in den Pfarreien leicht auf täglich ein bis zwei Stunden, bei den „Profis" in den Klöstern auf fünf bis sieben.

Man stelle sich vor, noch heute würden alle in der Kirche Tätigen als selbstverständlichen Bestandteil ihres Amtes ein bis zwei Stunden tägliches Lob Gottes vorsehen und gemeinsam in der Kirche praktizieren, angefangen vom Bischof (oder der Bischöfin) bis zur Pförtnerin im Hauptgebäude der Kirchenverwaltung (da hätte früher tatsächlich ein „Ostiarier" gesessen, ein Kleriker mit Chorgebetsverpflichtung). Bliebe das ohne Einfluss auf den übrigen Kirchen-Betrieb? Oder wäre es eine regelmäßige Erinnerung daran, worum – oder besser: um wen – das gesamte Unternehmen sich drehen sollte?

Dieses fest eingerichtete Gotteslob mag nicht immer mit Andacht und voller Aufmerksamkeit vollzogen worden sein, aber: „Zeige mir, wie du dich organisiert hast, und ich sage dir, was dir wichtig ist." Das Gotteslob war fest und fraglos eingerichtet und es offenbart: Diese Menschen setzten andere Prioritäten als wir heute, weil sie eine andere Vorstellung davon hatten, worauf unser Leben angelegt und was darin besonders wichtig sei. In welchem Gegensatz steht diese institutionalisierte Zeitverschwendung zum Gefühl des modernen Freizeit-Menschen, nie genug Zeit zu haben und darum immer mit ihr geizen zu müssen! Es scheint sich hier – als Phänomen unserer modernen Kultur, aus dem der Einzelne kaum ausscheren kann – besonders anschaulich das paradoxe Jesus-Wort zu erfüllen: „Wer (in diesem Fall: Zeit für Gott) hat, dem wird gegeben, und er wird im Überfluss haben; wer aber nicht hat, dem wird auch noch weggenommen, was er hat" (Mt 13,12).

Wach und authentisch

Die Gewohnheit, Gott regelmäßig in der Form des Stundengebets zu loben, übernahmen die Christen aus dem jüdischen Brauch, im Tempel zu Jerusalem dreimal täglich Gottesdienst zu halten. Ihre maßgebliche Gestalt gab ihr schließlich Benedikt von Nursia in seiner Klosterregel. Er nahm den Psalmvers 118,164 wörtlich: „Siebenmal am Tag singe ich dein Lob", und dazu noch den Vers 118,62: „Um Mitternacht stehe ich auf, um dich zu loben", und schuf eine Tagesordnung, die vorsah, rund um die Uhr im Dreistundentakt in die Kirche zu eilen, um aus seinen Alltagsverrichtungen zum ausdrücklichen Loben Gottes zurückzukehren. Exakt war das kaum praktikabel, aber im frühen Mittelalter gab es tatsächlich eine Zeit lang große Klöster, die im Schichtbetrieb eine *laus perennis* einrichteten, ein „immerwährendes Gotteslob". Bis vor wenigen Jahrzehnten wurden sämtliche acht Tagzeiten, zeitlich etwas humaner zusammengeschoben, in vielen Klöstern noch gefeiert.

Sucht man in der Regel Benedikts Aufschluss darüber, welchen

Sinn der Verfasser diesem geradezu exzessiven Gotteslob gab, so wird man enttäuscht. Benedikt erweist sich als Pragmatiker, der zwar in elf Kapiteln bis ins Detail praktische Anordnungen trifft und das Gotteslob (*divinum officium*, wörtlich: die „Gottes-Dienstpflicht") wie eine Art nüchternes Handwerk organisiert, über dessen Notwendigkeit aber kein Wort verliert. Er unterstellt einfach, Gott zu loben sei die selbstverständlichste und wichtigste Sache der Welt.

Nur vier kurze Hinweise hält der Mönchsvater für notwendig:

— „*psallite sapienter* – singt eure Psalmen mit Verstand",

— „*mens nostra concordet voci nostrae* – unser Herz sollte im Einklang mit unserer Stimme sein",

— „dient Gott mit Furcht" und

— „stellt euch vor, ihr singt eure Psalmen in Gegenwart der Engel".

Das ist also kurz und knapp das Wesentliche:

— Die Mahnung, beim Lob Gottes wach und authentisch zu sein;

— das Gespür, Gott gebühre „Furcht" im Sinn von „Ehrfurcht", *timor*, ein Begriff, der nicht „Angst" meint, sondern die transzendente und unbegreifliche, ja atemberaubende Seite Gottes (ein wichtiges Korrektiv zum guten-Kumpel-Gott mancher heutiger Christenkreise);

— sowie das Bewusstsein, eine ganz andere, geheimnisvolle, viel größere Welt und Wirklichkeit sei mit uns im Raum, sozusagen nur durch ein Tuch unseren Blicken verhängt: die Gemeinschaft der „Engel".

Schätze aus einem versunkenen Schiff

Weil Benedikt keine wirklichen Begründungen für sein ausführliches Loben Gottes liefert, muss man, um solche zu finden, in sein Loben selbst hineinhören.

Es bestand im Wesentlichen aus den Psalmen der lateinischen

Bibel, deren Wortlaut, anderthalbtausend Jahrhunderte unzählige Male gesungen, einen ganzen Kosmos von Bildern und Sinn beschwor, der zum größten Teil zusammen mit dem Latein versunken ist, weil ja jede Sprache der Wirklichkeitserfahrung und dem Bewusstsein eine spezifische Färbung verleiht. Im Islam ist man dafür heute noch besonders sensibel, hält darum an der Ur-Sprache des Koran fest und pflegt sie in einem intakten Tagzeitengebet.

Im Christentum jedoch glaubt man an einen Gott, der jenseits aller Sprachen ist, weshalb man grundsätzlich in jeder von ihnen über ihn stammeln und mit jeder ihn loben kann. Doch aus dem versunkenen Schiff des lateinischen Gotteslobs lassen sich einige Schätze bergen, die in dieser Form in unserer Sprache nicht mehr vorhanden sind, es jedoch wert wären, nicht ganz vergessen zu werden.

Da wurde zum Beispiel Benedikts fraglose Überzeugung in Psalm 33,1 mit den Worten bestätigt und ständig wiederholt: *rectos decet collaudatio.*

Der Wortlaut der deutschen Einheitsübersetzung besagt nicht gerade begeisternd: „Für die Frommen ziemt es sich, Gott zu loben", und Martin Luther übersetzte sogar noch blasser: „Die Frommen sollen ihn preisen", während die Worte im Lateinischen eine prägnante Formel darstellen, eine grundsätzliche Aussage, sinngemäß zu übersetzen mit: „Zu aufrechten/aufgerichteten Menschen gehört es von Natur aus, (Gott) gemeinsam zu loben." Der Begriff *rectus* (in der 1. Person Singular) erinnerte spontan an die in der frühen Christenheit geläufige Gegenüberstellung von *rectus* und *curvatus* („aufgerichtet" und „gekrümmt"). Die Kirchenväter, aus einem stark symbolischen Denken lebend, wiesen nämlich gern darauf hin, dass einzig der Mensch als ganz aufrecht stehendes Lebewesen erschaffen sei: mit den Füßen auf der Erde verwurzelt, mit dem Blick in den Himmel reichend. Er habe jedoch die Neigung, diesen Blick in die Weite zu verkürzen, sich zu „verkrümmen" und in einer verhängnisvollen Nabelschau um sich selbst zu kreisen – und folglich unter seine Würde als auf den Ganz Anderen Ausgerichteter zu fallen. Der aufrechte

Mensch sei die beste Verherrlichung Gottes, und umgekehrt richte die Verherrlichung Gottes den Menschen zu seiner wahren Größe auf. Darum also „gehört es von Natur aus zum aufgerichteten Menschen, Gott gemeinsam zu loben": Der Gott lobende Mensch stellt sich in die Beziehung zu seinem Schöpfer, blickt dabei weit über sich selbst zu einem unendlich Größeren hinaus und findet erst dadurch sein wahres Format als ein Wesen, das von Natur aus auf Beziehung angelegt ist, sowohl mit seinesgleichen (daher die *col-laudatio*) als auch mit Gott. Wo dieser unendlich weit ausholende Gestus verkümmert, wird der Horizont des Menschen eng und sein Verhalten zur Welt und zu seinesgleichen kleinkariert, wie Emily Dickinson treffend formuliert hat: „The abdication of Belief / Makes the Behavior small": Der Verzicht auf den Glauben / macht das Verhalten klein.

Dann verkommt die große Religion zu jener Religiosität, die auf dem Markt der Esoterik, der Magie und des Aberglaubens üppig wuchert: in dieser bunten Vielfalt hilfloser Versuche, sich selbst abzusichern und seine Welt günstig zu manipulieren, weil man aus der wesentlichen Beziehung herausgefallen ist und sich auch in seinen Beziehungen zu anderen Menschen immer schwerer tut.

Der Impuls, Gott – oder auch andere Menschen – zu loben, ist verdrängt von der Frage: „Was bringt mir etwas?", und als wahr gilt, was möglichst unverzüglich gut tut. Ein riesiges Spiritualitäts-Angebot bedient inzwischen dieses narzisstische Bedürfnis und verwurstet zu seiner Befriedigung auch noch die Transzendenz oder das, was man dafür hält.

Glauben – Lieben – Loben

Am englischen Wort „belief" für „Glauben" wird besonders deutlich sichtbar, dass die Begriffe „glauben", „lieben" und „loben" sprachlich und sachlich einer gemeinsamen Wurzel entstammen und einander gegenseitig bekräftigen, ja eine untrennbare Dreiheit bilden. In der Tradition des Mönchsvaters Benedikt war dieser gesamte Bereich nicht vorwiegend emotional aufgeladen; es ging nicht in erster Linie um „Erfahrungen", sondern – unabhängig von Augenblicksstimmungen und seelischen Zuständen – um ein sich Stellen in die Wahrheit, in die (Hin-) Ordnung dessen, was der Mensch grundsätzlich ist. Das setzt natürlich das Überzeugtsein von einer objektiven Ordnung voraus, wie sie dem modernen Menschen nicht mehr nachvollziehbar ist. Er hat gelernt, ja, sieht sich in einer Welt der tausend Möglichkeiten und Verführungen gezwungen, alles von seiner Subjektivität her zu beurteilen; allerdings übernimmt er inkonsequenterweise unhinterfragt sehr vieles von dem, was „man" gerade glaubt, als quasi-objektive Wahrheit.

Für das „Loben", das nach Benedikts Glauben den Menschen in sein wahres Format stelle, gab es im Lateinischen ein ganzes Spektrum von Begriffen. Die beiden markantesten standen als Titel und Anfangsworte zweier täglich wiederholter biblischer Gesänge wie Leuchttürme im Abend- und im Morgengebet: „Magnificat" (Lk 1,46–55) und „Benedictus" (Lk 1,68–79).

Einen anderen groß machen und ihm Gutes zusprechen

Das Verb *magnificare* bedeutet wörtlich: „groß machen". In der deutschen Einheitsübersetzung der Bibel wird die erste Zeile des Gesangs, *Magnificat anima mea Dominum*, wiedergegeben mit: „Meine Seele preist die Größe des Herrn", was die Dynamik nicht ganz trifft: Es ist ein Unterschied, ob man die Größe eines anderen „preist" oder ob man ihn aktiv „groß macht", ihm Raum einräumt, ihn im eigenen Leben gebührend groß und wichtig werden lässt (bekanntlich kann man jemanden auch „wegloben" …).

Wenn man kleine Kinder angesichts einer neuen Fertigkeit, die sie sich gerade erwerben, lobt, indem man ihnen bewundernd sagt, wie „groß" sie schon seien, beflügelt das ihre Begeisterung, sich selbst weiter zu entfalten, und sie wachsen buchstäblich über sich hinaus: Da ist am ehesten noch die Dynamik des Lobens als „groß Machen" zu erleben.

Auch Erwachsenen tut das gut, aber gegenseitig machen sie andere eher selten „groß", sondern vorzugsweise sich selbst, und die anderen „nieder". In ihrer gnadenlos auf Wettbewerb angelegten Welt muss sich jede/r selbst möglichst groß aufplustern, um sich gut verkaufen zu können. Wenn das „sich selbst groß Machen" zum manischen Verhalten zu werden droht, treiben sich nicht nur Firmen gegenseitig in den Bankrott, sondern auch zunehmend die Menschen in ihren privaten Beziehungen. „Eigenlob stinkt", wusste das Sprichwort, aber das ist heute die unverzichtbare Strategie für jedes Bewerbungsschreiben.

„Loben" im Sinn von *magnificare* wäre das gerade Gegenteil dessen: Man gewinnt an Größe, indem man den anderen groß macht.

Wer von Kleinmut befallen wird, kann sich neuerdings aus dem Internet aufbauen, also „groß machen" lassen: Unter „www.lobgenerator.de" liefert ein Zufallsgenerator dem armen Single mittels alberner Sprüche sein tägliches Morgen- oder Abendlob, je nach Bedarf, ob er es bezüglich seines Jobs oder Aussehens oder ganz allgemein braucht. Das zeigt anschaulich die Endstation, wenn das „einander groß Machen" zwischen Menschen verkümmert.

Die cleverste Branche, die Wirtschaft, hat allerdings – wie zu erwarten – das Loben längst entdeckt: In keinem seriösen Leitfaden für Manager fehlt der Hinweis, wie sehr es zur Motivation der Mitarbeiter und folglich zur Profitmaximierung beitrage, wenn man diese gezielt lobe.

Das alles hat sich weit entfernt von der zweckfreien, verschwenderischen Tätigkeit, den ganz Anderen „groß zu machen" und, indem man dies tut, sein eigenes Leben für eine unendliche Größe offen zu halten, statt nur um sich und seinesgleichen zu kreisen.

Das Verb *benedicere* bedeutet wörtlich: „Gutes sagen", „Gutes zusprechen, wünschen". In der deutschen Einheitsübersetzung wird die erste Zeile dieses Gesangs, *Benedictus Dominus Deus Israel*, wiedergegeben mit: „Gepriesen sei der Herr, der Gott Israels". Es ist also wieder das Verbum „preisen" verwendet, das zweifellos eine Wertschätzung ausdrückt, aber ebenfalls nicht ganz jene

Dynamik der Wegbewegung von sich selbst erfasst, wie sie schon im „groß Machen" thematisiert war.

Es ist eine Grundeinsicht aller großen spirituellen Traditionen, dass man die wesentlichen Werte des Lebens paradoxerweise nur „nicht-wollend" erlangen kann; dass man loslassen muss, will man etwas Neues erfassen: „Gebt, dann wird auch euch gegeben werden" (Lk 6,38). Das funktioniert nicht nach dem sicheren Mechanismus des Tauschhandels, sondern erfordert ein Wagnis, einen Sprung von sich selbst weg. Dorothee Sölle paraphrasierte das Zitat aus dem Midrasch zum 104. Psalm: „Die Welt wird erst schön, wo sie besungen wird" mit den Worten: „Die Wahrnehmung ... gelingt erst, wenn Menschen die Schönheit erfahren und besingen."[2]

Mit dieser Schönheit und ihrer Erfahrung ist offensichtlich etwas anderes gemeint als unsere immer „schöner" gestylte Umgebung und das, was von unzähligen Bildern als „schönes" Leben vorgegaukelt wird, denn zum Besingen, zur Dankbarkeit und zum Loben scheint das kaum zu inspirieren. Merkwürdigerweise waren die unzähligen Generationen vor uns, deren Leben ungemein mühsam und gefährdet und zudem kurz war, offensichtlich viel stärker zum Loben in diesem Sinn geneigt als wir Heutigen, die objektiv komfortabler und sicherer und länger leben als sie, jedoch eher ins Jammern und Klagen verfallen. Heute noch findet man bei den Menschen in extrem armen Ländern am häufigsten die Fähigkeit, anderen Gutes zu wünschen, Gott dankbar zu loben und spontan das Leben zu feiern.

Zeugnis ablegen

Ein dritter Begriff für „loben" prägte die Jahrhunderte lange Lob-Kultur der Christenheit: *confiteri*, wörtlich übersetzt: „gemeinsam, öffentlich bekennen". Unter diesem Begriff sind die *Confessiones*, die „Bekenntnisse" des Augustinus in die Weltliteratur eingegangen.

Auch hier verweist das deutsche Wort nicht mehr auf das tatsächlich Gemeinte: Bei „Bekenntnissen" denkt man an peinliche

Enthüllungen und Eingeständnisse. Wer das Buch von Augustinus liest, wird rasch merken, dass dieser darunter etwas anderes verstand: Er wollte die Geschichte seiner Bekehrung, seiner Einsichten und seines Lebens schildern, um seinen Lesern vor Augen zu führen, wie großartig das Wirken Gottes sei, das er erlebt habe, und wie viel Grund bestehe, Gott dafür zu loben. Seine „Bekenntnisse" sind also ein öffentliches Zeugnis für Gottes Handeln in seinem Leben, ein Lobgesang auf den, der ihn geführt hatte.

Augustinus wird kulturgeschichtlich als eine Art „Frühreifer" betrachtet, der mit seinen Selbst-Reflexionen den Abendländern um Jahrhunderte darin voraus war, ihr individuelles Ich zu entdecken und zu thematisieren. Bezeichnenderweise wählte er nicht die Form der eitlen Selbst-Inszenierung, sondern der *Confessio*, des sich Einbringens in den gemeinsamen Lobpreis, bei dem die Aufmerksamkeit *Gott* und seinem Wirken gilt, nicht dem Menschen.

Ek-stase

Es gibt in der lateinischen Bibel, und vor allem natürlich im Psalter, noch etliche weitere Begriffe für „loben". Das Wesentliche dürfte jedoch mit den drei genauer vorgestellten erschlossen sein: das Loben wird als die Bewegung des Weggehens von sich selbst, als die Geste des „Ek-statischen", also wörtlich des „Aus-sich-Heraustretens" verstanden, und der Mensch als einer, der nur auf diesem Weg sich selbst und seine eigentliche Größe zu finden und zu verwirklichen vermag.

Das gilt für den Menschen als Individuum und auch für die Menschheit insgesamt: wo die Theo-logie, das Reden zu Gott hin und das Lob in seine Richtung, verstummt, zieht die Patho-logie ein: das Reden über die eigenen Leiden. Das ist nicht nur ein akademisches Wortspiel, sondern lässt sich tagtäglich beobachten.

Singen
Den Engeln und den Fröschen helfen

von Eugen Eckert

> *„Es kommt eine Zeit,*
> *da werden wir viel zu lachen haben*
> *und Gott wenig zum Weinen –*
> *die Engel spielen Klarinette*
> *und die Frösche quaken die halbe Nacht.*
> *Und weil wir nicht wissen, wann sie beginnt,*
> *helfen wir jetzt schon allen Engeln und Fröschen*
> *beim Lobe Gottes. “*
> (Dorothee Sölle)[1]

Psalmen – Nachtherbergen für Wegwunde

Am 22. Oktober 1999 fuhren wir zu Fünft durch den Indian Summer von Nova Scotia. Auf Einladung der Atlantic School of Theology in Halifax waren Dorothee Sölle, Luise Schottroff und ich schon einige Tage zuvor nach Canada gereist. Im Rahmen der biennalen „Pollock Lectures" hatten wir zunächst an drei Abenden unser Modell für Bibelarbeiten vorgestellt, wie wir es von 1985 bis 2001 bei allen Deutschen Evangelischen Kirchentagen miteinander praktiziert haben – eine Komposition aus Exegese, Poesie und Musik. Nun zeigten uns unsere Gastgeber, Barbara und Martin Rumscheidt, beide Dozenten der Theologischen Hochschule, die Farben des Herbstes an Canadas Ostküste. Inspiriert vom leuchtend bunten Kleid der Ahornwälder, dem Glitzern des Wassers an unzähligen Atlantikbuchten und einem strahlend blauen Himmel über uns, stimmte Dorothee vom Beifahrersitz an „Du meine Seele, singe, wohlauf und singe schön". Wir andern ließen uns mitreißen, hatten aber Textlücken bei etlichen der acht Strophen. Ganz anders Dorothee – sie sang und sang, bis wir jeweils wieder Anschluss fanden. Zu diesem Zeitpunkt ahnten wir noch nicht, was folgen sollte: dass Dorothee mit Paul Gerhardts Lied zum 146. Psalm die Herausforderung zu einem mehrstündigen Sängerwettstreit verknüpfte, den wir auf den Collector Highways 324,329 und 333 austrugen, und der vom Choral über Volkslieder bis zu Abendgesängen reichte. Am Ende stand Dorothee Sölle als klare Gewinnerin fest. Sie war uns anderen nicht nur im Blick auf Strophenzahl und Texttreue überlegen, sondern auch, was die Menge an Liedern betraf. An diesem Abend habe ich begriffen, welchen Liederschatz sie in sich trug, und zu ahnen begonnen, was Singen, diese „Lieblingsbeschäftigung" neben dem Schwimmen[2], ihr bedeutete.

Es muss von gleicher Substanz gewesen sein wie das, was Nelly Sachs angesichts der Psalmen über David schrieb: „Er baute in seinen Liedern Nachtherbergen für die Wegwunden; oder: er maß in seinen Psalmen in Verzweiflung die Entfernung zu Gott aus"[3]. Nachtherbergen für die Wegwunden mag Dorothee in Chorälen, die sie als 15-jährige mit vielen anderen gemeinsam im Luftschutzbunker sang, bereits gefunden haben. Und in Psalmen die Entfernung zu Gott auszumessen, das hat sie als eine ihrer Lebensaufgaben empfunden, mit der sie auch ihre Hörer- und Leserschaft beauftragte: „Die Psalmen sind für mich eins der wichtigsten Lebensmittel. Ich esse sie, ich trinke sie, ich kaue auf ihnen herum, manchmal spucke ich sie aus, und manchmal wiederhole ich mir einen mitten in der Nacht. Sie sind für mich Brot. Ohne sie tritt die spirituelle Magersucht ein, die sehr verbreitet unter uns ist und oft zu einer tödlichen Verarmung des Geistes und des Herzens führt … Und so möchte ich als erstes sagen: Esst die Psalmen. Jeden Tag einen. Vor dem Frühstück oder vor dem Schlafengehen, egal. Haltet euch nicht lang bei dem auf, was ihr komisch oder unverständlich oder bösartig findet, wiederholt euch die Verse, aus denen Kraft kommt, die die Freiheit, Ja zu sagen oder Nein, vergrößern"[4].

Warum singen wir?

Für Deutschland ab der Mitte des 20. Jahrhunderts muss die Frage zunächst anders herum gestellt werden. Nämlich: Warum singen wir nicht? Oder – warum singen nur noch so wenige von uns?

Eine aufschlussreiche Erfahrung dazu machte ich im Frühjahr 1998. Mit 12 Studierenden der Frankfurter J. W. Goethe-Universität war ich im Rahmen einer Paddeltour auf der Moldau unterwegs. Abends, auf einem Campingplatz nahe der historischen Stadt Krumlov, trafen wir mit einer Gruppe tschechischer Studenten zusammen. Sie luden uns ein, mit ihnen am Lagerfeuer zu sitzen. Würstchen wurden gegrillt und geteilt. Nachdem der Hunger gestillt war, holten unsere neuen Freunde Gitarren hervor. Niemand von ihnen suchte nach Noten oder Textvorlagen. Dennoch hatten sie keine Mühe, uns eine Stunde lang und sogar mehrstimmig mit tschechischer Folklore zu unterhalten. Irgendwann wurden wir gebeten, auch etwas aus unserem Liedgut beizutragen. Ich nahm die angebotene Gitarre und fragte unsere Gruppe, was wir gemeinsam singen könnten. „Let it be" lautete ein Vorschlag, „Yesterday" ein anderer. Ein gemeinsames deutsches Lied kannte die Gruppe nicht; selbst „Die Gedanken sind frei" war nur einem knappen Viertel geläufig. Und als ich dann „Let it be" anstimmte, sangen ab Strophe 2 ausschließlich die Tschechen mit. Die deutschen Studierenden kannten ab hier nur noch den Text des Refrains. Nach dieser Ernüchterung von unserer Seite setzte die tschechische Gruppe ihr Programm zwei weitere Stunden fort, ohne auch nur ein Lied zu wiederholen.

„Nirgends steht geschrieben, dass Singen not sei"[5], untermauert Adorno die Haltung des Verstummens unter uns. Sie hat ihre Wurzeln zweifellos im Missbrauch des Liedgutes der Wandervogelbewegung durch den Nationalsozialismus. Und sie hinterlässt bereits seit Jahrzehnten folgenreiche Spuren in den Kirchen genauso wie in unserer Gesellschaft. In den achtziger Jahren beschrieb ein Düsseldorfer Pfarrer der evangelischen Kirche pointiert und stellvertretend für viele KollegInnen „das verunsichernde Erlebnis, plötzlich alleine zu singen, sozusagen als Solist dazustehen mit irgendeiner schönen oder weniger schönen Choralmelodie"[6] aus dem Gesangbuch. „Auf Beerdigungen", so fuhr er fort, „wird deshalb immer weniger gesungen – zumindest in Großstadtgemeinden. Im Konfirmandenunterricht, Schulgottesdienst und auch schon in manchen Sonntagsgottesdiensten reagieren die Pfarrer mit Angst. Oft unterstützt vom Organisten singen sie doppelt laut, nicht um gehört zu werden, sondern um das Schweigen der anderen nicht hören zu müssen"[7]. Zahlreiche Untersuchungen bis in unsere Gegenwart zeigen, dass dem gemeinsamen Singen in unserem Land vom Elternhaus über Kindergarten und Schule bis hin zu kirchlichen oder freizeitorientierten Veranstaltungen nur ein geringer Stellenwert beigemessen wird. Möglicherweise mit fatalen Folgen.

Denn „Singen ist ein Zeichen des Menschseins"[8] – so lautet eine Grundthese des Hamburger Kirchenmusikers und Hochschulprofessors Otto Brodde. Unterstützt wird seine These von Wolfgang Suppans Untersuchungen zu einer „Anthropologie der Musik"[9]. Im Vorwort schreibt Suppan bereits: „Wenn in dieser Schrift der Frage nach dem Menschsein in bezug auf Musik nachgegangen wird, dann unter der Voraussetzung, dass Musik als Bestandteil menschlicher Selbstverwirklichung zu funktionieren vermag, dass sie ... als Katalysator sozialer Vorgänge, als Medium der Sensibilisierung und Sozialisierung in einer gesellschaftlichen Aufgabe zu wirken vermag"[10]. Nachdem Suppan dargestellt hat, dass unter allen Naturvolk- und Hochkulturen Musik und Singen von wesentlicher Bedeutung sind für Kult, Politik, Arbeit, Recht und Medizin, kommt er zu folgenden vier Folgerungen:

a. Musik und Singen gelten im Kult als „Geschenk Gottes", mit dessen Hilfe der Mensch sich dem Bereich des Geistigen und Göttlichen zu nähern vermag.

b. Musik und Singen gehören als „Vehikel kommunikativer Beziehungen" in allen menschlichen Gesellschaften zum unverzichtbaren Bestandteil zwischenmenschlicher Begegnung.

c. Musik und Singen sind im Epenvortrag aller Völker und Zeiten „Vehikel, auf denen Nachrichten gemerkt und transportiert werden. Dabei ist die Wirkung des Sängers, sowie seiner Nachricht … ohne musikalische Überzeugungskraft nicht denkbar".

d. Musik und Singen als Teil der Symbolwelt des Menschen bringt auch die Gefühle und Empfindungen des Menschen zum Ausdruck.

Für den christlichen Gottesdienst knüpft Manfred Josuttis an den anthropologischen Ansatz an und führt ihn darüber hinaus. „Singen ist mehr als Freizeitbeschäftigung oder Kunstgenuss. Singen ist archaische Praxis des Lebens. Auf präverbale Weise gestalten Körper, Seele und Geist in der Ordnung der Töne die Einsicht, dass die Welt letztlich in Ordnung ist. Im Akt des Singens findet Vereinigung statt, Integration innerhalb des singenden Menschen, Kommunikation mit anderen bei Arbeit und Spiel, Initiation in das symbolische Universum der jeweiligen Gesellschaft. Diese Vereinigung geschieht im Medium der Leiblichkeit, aber anders als in der sexuellen Begegnung bleibt die Distanz zwischen den beteiligten Menschen erhalten. Im gemeinsamen Singen erweitern sich die Ich- und die Gruppengrenzen, ohne dass, wie in den obsessiven Erlebnissen der Ekstase, das Bewusstsein ausgelöscht wird. Singen ist ein Verhalten mit transzendenter Tendenz"[11].

Vom Singen der ersten Christengemeinden

Dass die christliche Gemeinde von Anfang an gesungen hat, dass Lieder also unbedingt und unabdingbar zur Gestaltung der gottesdienstlichen Feier gehörten, lässt sich zumindest auf zwei Ebenen begründen. Nach innen, weil bereits die Bibel ein Buch voller Lieder ist. Nach außen, weil auch außerchristliche Quellen das Singen der jungen Gemeinden bezeugen. Fundort für den letztgenannten Zusammenhang ist etwa ein Briefwechsel zwischen dem Legaten Plinius d.J. und dem römischen Kaiser Trajan. Plinius war von 109 bis 113 nach Bithynien und Pontus entsandt worden, um in den Provinzen für Ordnung zu sorgen. Aufgrund von Denunziation aus der Bevölkerung kam er als Richter auch mit der gesetzlich befohlenen Christenverfolgung in Berührung. In einem Schreiben an Cäsar beschrieb Plinius das Ergebnis eines Verhörs von Christen und bat um Rat für eine angemessene Bestrafung: „Sie beteuerten jedoch, ihre ganze Schuld oder auch ihre Verirrung habe darin bestanden, dass sie gewöhnlich an einem festgesetzten Tag vor Sonnenaufgang sich versammelt, Christus als ihrem Gott im Wechsel Lob gesungen und sich mit einem Eid verpflichtet hätten …zur Unterlassung von Diebstahl, Raub, Ehebruch, Treulosigkeit und Unterschlagung von anvertrautem Gut. Danach sei es bei ihnen Brauch gewesen, auseinanderzugehen und wieder zusammenzukommen, um ein Mahl einzunehmen"[12].

Von Anfang an also trafen sich die ersten Christengemeinden an festgesetztem Tag zur Feier des Gottesdienstes vor Sonnenaufgang. Und die Praxis des Wechselgesanges zum Lobe Gottes gehörte konstitutiv zur feierlichen Gestaltung ihrer Treffen.

Wie dort gesungen wurde, lässt sich aufgrund des biblischen Befundes nur mutmaßen. Die Begriffe „Psalmen, Hymnen und geistliche Lieder", die im Epheser- (5,19) und Kolosserbrief (3,16) genannt werden, könnten verschiedene musikalische Gattungen bezeichnen[13]. Und die Aufforderung im Epheserbrief „Singt und spielt dem Herrn in euren Herzen"(5,19) verweist auf eine vokal-instrumentale Musizierpraxis, allerdings weit entfernt von heutigen kirchenmusikalischen Vorstellungen; „denn die Musik des ersten Jahrtausends kannte lediglich die Einstimmigkeit, allenfalls eine Heterophonie – eine Melodie mit einer gleichzeitigen, meist wohl instrumentalen Umspielung"[14].

Der Befund an Liedtexten der ersten Gemeinden ist dagegen üppig. Wo in der Bibel sich Sprache verdichtet, wo Poesie in Erzählungen oder Briefe eingefügt ist, handelt es sich immer wieder mit hoher Wahrscheinlichkeit um Liedzitate. Dazu gehören, neutestamentlich, aus dem Anfang des Lukasevangeliums das Magnificat (1,46 ff), das Benedictus (1,68 ff.) und das Nunc dimittis (2,29) genauso wie etwa der Chistushymnus oder das Lied der Christenfreude im Philipperbrief (2,6–11 und 4,4–7).

Über diese neu entstehenden Lieder hinaus haben die jungen Gemeinden selbstverständlich an ihren musikalischen Wurzeln aus der jüdischen Tempeltradition festgehalten. So gehörten die Psalmen von Anfang an auch zum musikalischen Grundbestand christlicher Gottesdienste. Insgesamt sehe ich drei wesentliche Funktionen des Singens von Christinnen und Christen, eine kerygmatische, eine soziologische und eine psychologische:

Singen, woran wir glauben

In ihren Liedern haben die jüdische ebenso wie die entstehende christliche Gemeinde in erster Linie ihren Glauben an den einen, lebendigen Gott bezeugt, dessen Handeln in wunderbarer Weise befreit – auch aus scheinbar aussichtsloser Situation. Nach innen wollen die Lieder Gemeindemitglieder für Gebet und Arbeit stärken und ermutigen. Nach außen sollen sie in verdichteter, auf den Punkt kommender Sprache auch und gerade gegenüber einer nicht selten feindlich gesonnenen Umwelt sagen: das ist es, woran wir glauben; das ist es, was für uns im Leben und im Sterben zählt.

Inhaltlich trägt die Verkündigung der Gemeinde, auch die gesungene Verkündigung, von je her prophetische Züge. Sie führt *Klage gegen Heilloses* und setzt dagegen *Hoffnung auf Heilsames*. Diese Beobachtung halte ich für den roten Faden, der die geistlichen Lieder aller Generationen miteinander verbindet.

So lautet eine Heilsvision von Dorothee Sölle, entstanden als Refrain zu sehr bekannter Melodie: „Von Gottes Frieden will ich singen der neuen Stadt Jerusalem."[15] Die Strophen des Liedes aber stecken voller Klagen: „Wie lange gehn wir auf den Straßen, die uns der Tod zurechtgemacht? Wie lange atmen wir die Gase, die unsre Herrn uns zugedacht? Wie lange geben wir nur Waffen, wenn uns ein Kind nach Brot gefragt? Wie lange beten wir Gewalt an, wenn sie von oben angesagt?"[16]

Jede Epoche, jede Generation hat den Kanon an Liedern für die Gemeinde erweitert. Biblische Motivation dafür bildet die häufig vorkommende Aufforderung „Singt dem Herrn ein neues

Lied" (Ps 33,3; 96,1; Js 42,10 u. a.). Zeitgeschichtliche Motivation bieten Entwicklungen in der Welt, die nicht sang- und klanglos übergangen werden sollen. Denn in ihren Liedern beziehen DichterInnen und KomponistInnen, bezieht die singende Gemeinde Position. Es ist die Position von Glaubenden angesichts der Herausforderungen des jeweiligen Zeitgeschehens.

Gemeinschaft ausdrücken

Untersuchungen von Ernst Klusen[17] ergaben, dass nur bei etwa 15 % der Bevölkerung in Westdeutschland keinerlei Bedürfnis besteht, sich singend auszudrücken. Dafür, dass sich eine breite Mehrheit gelegentlich zum Singen anstecken lässt – auch in den Kirchen –, nennt Klusen drei Arten von Motivation: die kontemplative, die kooperative und die aggressive Motivation, wobei die letzte im Liedgut der Christenheit eher unterrepräsentiert ist.

Dorothee Sölle aber bewegte sich singend in jeder dieser Motivationen. An drei Beispielen möchte ich das zeigen. Mit dem englischen Kirchenlied „Breathe on me breath of god", das sie in „Atem Gottes hauch mich an"[18] übersetzte, legte sie die Spur hin zu einer kontemplativen „mystischen Einung…vom Atem Gottes und dem atmenden Ich"[19].

Das kubanische Lied „Llamado soy des Dios"[20] brachte sie 1993 mit von einer Lateinamerikareise. Sie bat mich seinerzeit um eine möglichst originalgetreue, singbare Übersetzung ins Deutsche. Das Lied beschreibt visionär in nur einer Strophe, wie eine geschwisterliche Welt entstehen wird, wenn der Mensch mit Gott kooperiert: „Ich kenne Gottes Ruf und bin dazu bereit, mit ihm an seiner Welt der Liebe mitzubaun".

Und wie ein Lied klingt in mir ihr Gedicht „Gegen den Tod"[21]. Es enthält aggressive Gedanken gegen die Todesstrukturen in unserem Alltag: „Ich muss sterben. Aber das ist auch alles, was ich für den Tod tun werde. Alle anderen Ansinnen – seine Beamten zu respektieren, seine Banken als menschenfreundlich, seine Erfindungen als Fortschritte der Wissenschaft zu feiern –

werde ich ablehnen … Singen werd ich und ihm Land abgewinnen mit jedem Ton. Aber das ist auch alles".

Therapeutische Wirkung

Dass Musik therapeutisch wirken kann, ist keine Erkenntnis der Neuzeit. Im biblischen Kontext erinnert uns die Geschichte vom depressiven König Saul, dessen Seele sich erst zum Harfenspiel Davids aus der Verstimmung lösen kann, an das heilsame Potenzial in Musik und Gesang (vgl. 1 Sm 16,23).

Kirchenvater Augustin (354–430) allerdings fürchtete die psychologische Wirkung des Singens so, dass er in seinen „Bekenntnissen" einen inneren Disput mit Gott über „die gefährlichen Reize des Gehörsinns" [22] aufzeichnete: „Die Lüste und Genüsse der Ohren hatten mich fester umstrickt und unterjocht, doch du hast mich davon gelöst und befreit. Auch heute noch, ich gestehe es, ruhe ich gern eine Weile im Wohllaut der Töne, wenn sie durch deine Worte beseelt und von lieblichen Stimmen kunstreich gesungen werden … Bisweilen aber …irre ich auch durch zu große Strenge, und zwar hin und wieder so sehr, dass ich all die lieblichen Melodien, nach denen man Davids Psalmen meistens singt, aus meinen Ohren und auch aus denen der Kirche entfernt wissen möchte … Jedoch, wenn ich meiner Tränen gedenke, die ich beim Gesang der Gemeinde in den Frühlingstagen meines neugewonnenen Glaubens vergoss, sodann auch dessen, wie ich noch jetzt ergriffen werde, nicht so sehr durch den Gesang als durch die Worte des Liedes, wenn es mit reiner Stimme und in passendem Tonfall gesungen wird, erkenne ich den großen Wert auch dieses Brauches an."

Dorothee Sölle, so wie ich sie erlebt habe, hielt es, was das Singen betrifft, eher mit Martin Luther als mit Augustin. Luther hat in der Vorrede zum Babstschen Leipziger Gesangbuch von 1545 geschrieben: „Gott hat unser Herz und Gemüt fröhlich gemacht durch seinen lieben Sohn, welchen er für uns hingegeben hat zur Erlösung von Sünden, Tod und Teufel. Wer dies mit

Ernst glaubt, der kann's nicht lassen: er muss fröhlich und mit Lust davon singen und sagen, damit es andere auch hören und herkommen. Wer aber nicht davon singen und sagen will, dass ist ein Zeichen, dass er's nicht glaubt."[23]

So sie's nicht singen, glauben sie's nicht

Und fröhlich, mit Lust habe ich Dorothee Sölle häufig singen gehört, noch am Karfreitag 2003, eine Woche vor ihrem Tod, als sie im Gottesdienst Bach-Choräle mit der Kantorei ihrer Hamburger Kirchengemeinde sang. Sie hat gesungen von Leid, von Tod und Auferstehung – in alten und in neuen Weisen, in vielen Sprachen der Welt. Sie konnte mit dem tiefen Ernst aufgeklärten Glaubens singen, aber auch mit kindlicher Fröhlichkeit „Der du den kleinen Vogel speisest, segne uns, o Gott".

Sie konnte viele gute Gründe nennen, Gott zu loben[24], und ebenso viele, von Gott erst noch Lobenswertes einzufordern[25]. Darüber hat sie geschrieben. Davon hat sie gesprochen – und gesungen, bis sie uns andere mitriss.

Wenn Singen „ein Zeichen des Menschseins" schlechthin ist, wenn Singen „Katalysator sozialer Vorgänge" und „Medium für Gefühle und Empfindungen des Menschen" ist, wenn Singen von Anfang an und grundlegend auch zur Praxis des Glaubens gehörte – in der gottesdienstlichen Verkündigung genauso, wie in der Bewältigung des Alltags und in helfender Seelsorge, dann ist es besorgniserregend, dass in Deutschland nur noch Minderheiten singen.

Wenn Luthers These stimmt, dass der erlöste Mensch fröhlich und mit Lust von seinem Glauben singen muss, dann weist eine verstummende Gemeinde auf die zunehmende Krise des Glaubens hin. Und dann sind wir gefordert, neu und glaubwürdig Position zu beziehen und, zumindest in den Kirchen, dem (gemeinsamen) Singen und dessen Pflege sehr viel mehr Bedeutung zukommen zu lassen, als das vielerorts derzeit der Fall ist. Engel und Frösche werden sich darüber freuen.

Denn „es kommt eine Zeit", schreibt Dorothee Sölle, „da wird man den Sommer Gottes kommen sehen. Die Waffenhändler machen bankrott. Die Autos füllen die Schrotthalden. Und wir pflanzen jede einen Baum. Es kommt eine Zeit, da haben alle genug zu tun und bauen die Gärten chemiefrei wieder auf. In den Arbeitsämtern wirst du ältere Leute summen und pfeifen hören. Es kommt eine Zeit, da werden wir viel zu lachen haben und Gott wenig zum Weinen. Die Engel spielen Klarinette und die Frösche quaken die halbe Nacht. Und weil wir nicht wissen, wann sie beginnt, helfen wir jetzt schon allen Engeln und Fröschen beim Lobe Gottes"[26].

Lachen
Gott will unsere Lebensfreude

von Cornelia Coenen-Marx

„Gott
Gib uns das lange Lachen
Im kurzen Sommer"
(Dorothee Sölle)[1]

Mit Sophia lachen

„Die Kinder lachen nicht, sie schwatzen nicht. Und wenn sie ma-
len, dann sind es düstere Bilder." Erschreckende Sätze in einem
Illustrierten–Artikel über Blutrache in Albanien. Die Autorin erzählt, wie selbst kleine Kinder in die tödlichen Familienfehden
verstrickt sind. Die Fotos zeigen den kleinen Sokol, der mit trau-
rigen Augen das Bild seines ermordeten Bruders hochhält, und
ein Bild, das er gemalt hat: eine Blume, die als schwarz-rote
Hand aus der dunklen Erde ragt. Ein Bild für Todesmacht und
Todesangst. Dass es gemalt werden konnte, ist Schwester Christine Färber zu verdanken, die dort, in den Bergen Nordalbaniens,
um Versöhnung ringt. In ihren Therapiestunden lernen die Kleinen, Angst und Trauer auszudrücken und zu überwinden. Sie haben ein Kreuz gezimmert für Sokols erschossenen Bruder Elton.
Und ein Wandbild gemalt, das vom Frieden erzählt: eine weiße
Taube auf grün-blau-goldenem Paradiesgrund. „No war" steht
da in goldenen Buchstaben – und die Pistole ist rot durchgestri-
chen. Wo solche Bilder gemalt werden können, rückt die Freiheit
näher. Und ich sehne den Tag herbei, an dem auch diese Kinder
wieder lachen.

Lachen ist pure Lebensfreude. Ich kenne kein schöneres Lebenszeichen. Meine dreijährige Nichte Sophia macht mir das vor. Wer mit ihr zusammen ist, glaubt, das Lachen sei ein Kinderspiel. Gerade wenn ich selbst deprimiert und in mich gekehrt bin, fordert sie mich dazu heraus. Lachend und mit ausgebreiteten Armen läuft sie auf mich zu, weil sie sich freut, mich zu sehen. Animiert mich, sie in den Arm und auf den Schoß zu nehmen, zu herzen und zu küssen. Und lacht noch mehr. Gluckst in sich herein, lässt sich über den Rücken streicheln und am Hals kitzeln und kichert perlend in den hellsten Tönen. Grundloses Kinderlachen? Ich glaube, Sophia kann lachen, weil sie sich geliebt und geborgen weiß. Das macht, dass auch ihre Tränen jederzeit wieder umschlagen können in ein versonnenes, zufriedenes Lächeln. So, glaube ich, sind wir alle gewollt. Gott will uns lachen sehen.

Hans Dieter Hüsch hat das auf wunderbar-leichte Weise ausgedrückt:

„Wir alle sind in Gottes Hand
Ein jeder Mensch in jedem Land
Wir kommen und wir gehen
Wir singen und wir grüßen
Wir weinen und wir lachen
Wir beten und wir büßen
Gott will uns fröhlich machen …

Wir alle bleiben Gottes Kind
Auch wenn wir schon erwachsen sind
Wir werden immer kleiner
Bis wir am Ende wissen
Vom Mund bis zu den Zehen
Wenn wir gen Himmel müssen
Gott will uns heiter sehen."

Ach Sophia, du weißt Gott sei Dank noch nichts davon, wie schwer es ist, sich das Lachen zu bewahren. Du kennst die Kinder nicht, denen das Lachen im Halse stecken geblieben ist. Denen die Sonne sich verdunkelt hat, weil das Herz ihrer Mütter und Väter mitten im Leben erstarrt und kalt geworden ist. Du kennst die Erwachsenen nicht, die keine Kraft mehr haben, ihre Kinder kommen und gehen, lachen und weinen zu lassen. Die sie festhalten müssen, bis die Liebe zum Krampf wird. Sophia, wir haben es gut, du und ich. Auch wenn ich weiß, wie schwer es ist, sich die Heiterkeit zu bewahren trotz alledem. Dein perlendes Lachen hat Lebenskraft und zieht mich mit ins Spiel unseres Lebens.

Lachen, wenn es Winter wird

„Lachen Sie nicht – doch, lachen Sie", sagte meine wunderbare und kompetente Vorstandsassistentin im letzten Jahr, als sie mir ihr Weihnachtsgeschenk übergab. Es war ein Bilderbuch-Klassiker, Leo Lionnis „Frederick". „Weil es allzu deutlich ‚Winter' geworden ist in unserem Arbeitsfeld, möchte ich Ihnen dieses Buch schenken", schrieb sie. „In den letzten Wochen geisterte mir Frederick immer durch den Kopf." Ich lächelte, als ich das las – es waren Gedanken, die die Seele wärmten. Denn es will schon etwas heißen, wenn sich Menschen in Zeiten der Ökonomisierung und Rationalisierung, gerade auch im Gesundheitswesen, daran erinnern, was uns wirklich leben lässt. Dass am Ende nicht nur zählt, was in der Bilanz „unten rechts" steht, sondern auch das, was keiner auf dem Ticket hat außer ein paar Verrückten: Farben und Sonnenstrahlen, Worte und Gedichte. Eben das, was die Maus Frederick sammelte, während alle anderen fleißig Nüsse bunkerten für den Winter. Die Vorstandsassistentin in Zeiten der Ökonomisierung weiß wohl: von Geld allein wird keiner satt. Wenn uns das Lachen nicht im Hals stecken bleiben soll angesichts der sozialen Kälte, dann braucht es mehr.

Lachen Sie nicht, wenn ich von einem Bilderbuch erzähle; doch: lachen Sie, weil die Kinder es besser wissen als wir. Frederick ist eine Erinnerung für uns Erwachsene, bei denen allzu deutlich der Winter ausgebrochen ist, sodass es sich lohnt, einander an die Wärme des Sommers zu erinnern. Meine Assistentin hat das für mich getan – mit dieser wunderbaren Geschichte vom Wert der Poesie in einer Geizgesellschaft, die die Armen und Arbeitslosen, die chronisch Kranken und Sterbenden zunehmend im Stich lässt. Was das tatsächlich bedeutet, erzählt übrigens in diesen Tagen der Film „Montags in der Sonne", der uns mitten hineinnimmt in das melancholische Dasein entlassener, spanischer Werftarbeiter. In diesem Film liest einer der Männer einem Vierjährigen, den er für 3000 Peseten hütet, obwohl er nicht mal dessen Namen kennt, eine Gute-Nacht-Geschichte vor. Und zufällig ist es La Fontaines Geschichte von der Grille und der Ameise, eine frühe Gegengeschichte zu Lionis Frederick. Denn die Grille, die, anders als die Ameise, den ganzen Sommer über gesungen hat, muss im Winter hungern und frieren – wer nicht arbeiten will, muss eben frieren, lautete damals die Moral. „Wer hat sich das denn ausgedacht", fragt der Arbeitslose und klappt das Bilderbuch zu. „Scheiß-Ameise, die ist wirklich ein Geizhals." Und dann erzählt er dem Kind, wie es tatsächlich zugeht in dieser kalten Welt. Warum die einen sich eine goldene Nase verdienen und die anderen hungern. Und die Menschen im Kino lachen, sie lachen die alte Moral der Arbeitsgesellschaft weg. Aber es ist ein sarkastisches Lachen. Befreit klingt es nicht.

In „Montags in der Sonne" sind alle Träume ausgeträumt und Melancholie macht sich breit. „Nicht nur, dass der Sozialismus am Ende ist und die Solidarität der Arbeiter auch, ist das Problem. Sondern dass der Kapitalismus wirklich so ist, wie befürchtet", sagt ein russischer Migrant in diesem Film. Und ein anderer, ein sterbenskranker Alkoholiker mit leerem Kühlschrank, meint dazu: „Ob wir an Gott glauben, das ist nicht die Frage. Die Frage ist, ob Gott an uns glaubt. Und er glaubt nicht an uns." So – ohne Träume, von Gott und aller Welt verlassen –, kann man nur noch dahindösen unter der Sonne. Aber lachen, von Herzen lachen, kann keiner mehr. Dazu braucht man gemeinsame Träume und Erinnerungen. Ach doch, an einer Stelle, da löst sich das Lachen ganz langsam aus der Gruppe: als sie die Asche des Alkoholikers mit einem geklauten Kahn auf See bringen und dann merken, dass sie den Kumpel – oder was von ihm übrig geblieben war – vergessen haben.

Ja, gerade wenn es Winter wird, dann brauchen wir einander.

Das Lächeln am Fuße der Leiter

„Montags in der Sonne" ist ein ungewöhnlicher Film – er kommt ganz ohne Brutalität aus und ohne falschen Humor. Dabei leben wir in einer Zeit, in der die Medien sich wesentlich als Unterhaltungsmedien verstehen. Es sieht so aus, als würden wir allmählich mit Entertainment und Spieleangeboten überflutet. Die Witzbolde kommen und gehen, immer neue Namen und Shows prasseln auf uns ein, immer neue Steigerungsformen des Blödsinns. Denn wer uns nicht mehr gefällt, der verschwindet schon bald in der Versenkung. Und wer eben noch hochgejubelt wurde, wird morgen schon runtergeschrieben.

Henry Miller hat die wunderbare Geschichte von einem Clown erzählt, der ein Meister darin ist, die Leute zum Lachen zu bringen.[2] Jeden komischen Handgriff, jeden hilflosen Ausrutscher setzt er bewusst und genießt das Jubeln der Menge, das Lachen und die Ekstase. Bis zu dem Tag, an dem er sich in dieser Ekstase verliert, an dem er einen Augenblick zu lange innehält – ein gefallener Clown, der immer noch lächelt. Dieses Bild des Lächelns am Fuß der Leiter zieht den Zorn der aufgepeitschten Menge auf sich. Dieses Lächeln im Fall scheint unerträglich, die Steine fliegen, die Pfiffe gellen. Zerschlagen und enttäuscht verlässt Millers Clown das Unterhaltungsgeschäft – eine traurige Gestalt, die die Menschen zum Lachen bringen wollte. „Aber da war keine Bitterkeit in seinem Herzen, nur tiefe Trauer", lese ich. Nicht die Fähigkeit, Menschen zum Lachen zu bringen, hatte er verloren, sondern das eigene Glück. Die Glückseligkeit, die er in jenem Moment der Ekstase erlebt hatte. Wer aber einmal dieses Glück berührt hat, der hat wohl ein feines Gespür für falsches Lachen, erstickte Tränen, Sarkasmus und billigen Abklatsch von Freude. Kein Wunder, dass der zerschlagene Clown in den nächtlichen Träumen sein Publikum mit anderen Augen sieht: Gespenster sieht er, weiß und tot, jedes an seinem Kreuz.

Vorbei die Stürme des Lachens, die Schmeicheleien. Vorbei der Applaus. Millers Clown begibt sich auf die Suche nach etwas Größerem. Unerkannt zieht er mit einem anderen Zirkus weiter, mit den Leuten und ihren Tieren. Er will einfach nützlich sein, an ihrem Leben teilhaben. Nicht im Gegenüber, im Miteinander will er das Leben finden. Nicht andere zum Lachen zu bringen, ist sein Ziel, nicht über andere zu lachen. Sich aneinander zu freuen, das ist Leben, das bricht die Einsamkeit auf. Millers Clown weiß jetzt: das Publikum applaudiert nicht uns, es applaudiert sich selbst. Die Menge lacht auf der verzweifelten Suche nach Lebensfreude.

Die wirkliche Freude aber liegt darin, ganz du selbst zu sein – wie ein Kind zu lachen, meint Millers Clown. Und wie Paul Klee oder Picasso die Meisterschaft der Dreijährigen einholen wollten, so sucht dieser Clown das Lachen des Kindes, Sophias Schöpfungslachen. „Wenn er schon ein Clown war, dann ganz und gar und durch und durch, von Grund auf … Clown zu jeder Zeit, für Lohn oder aus reiner Freude am Dasein." Diese reine Freude ist vielleicht der größte Gottesdienst. Denn Gott gefällt nicht nur das Singen der Mönche im Chor, er liebt auch den nächtlichen Tanz des Narren Colombine, der sich einst heimlich in die Klosterkirche schlich. Gut, dass der Abt ihn entdeckte und ermutigte, bevor er weiterzog. Und gut, dass der Schriftsteller Miller uns zeigt, was der Dienst des Clowns ist. Der hat am Ende das Lächeln wiederentdeckt. Für sich selbst und für andere. Ja, und auch für Gott: „A votre service, grand seigneur." Der Clown lehrt uns, wie wir über uns selbst lachen sollen, schreibt Miller im Nachwort. „Und dieses Lachen wird aus Tränen geboren."

Die reine Daseinsfreude, mit der wir Gott loben, erinnert mich an Sophias Lachen. Das „Lächeln am Fuße der Leiter" aber, das Lachen, das aus Tränen geboren wird, das erinnert mich an Jesus. Das Schöpfungslachen glücklicher Kinder und das Osterlachen von Menschen, die über Dornen gegangen sind, gehören für mich zusammen. Denn das Osterlachen nimmt das Lachen des Kindes in der Krippe wieder auf und besiegelt es. Und die ausgebreiteten Arme am Kreuz bestätigen die offenherzige Geste, mit der Jesus die Kleinen empfängt und segnet. Das wärmende Lachen, wenn es Winter wird, das ist ein heller, fröhlicher Gottesdienst. Ein inspirierender, ein ansteckender Dienst am Leben, der uns Mut für die Zukunft macht. Denn wir warten ja darauf, dass endlich unser Mund voll des Lachens sein wird, wenn die Gefangenen erlöst werden und die Panzer springen.

Unter Tränen lachen

„Ich bin vom Glück begünstigt", sagt die Baskin Maite Pagzaurtundua zu der „Brigitte"-Redakteurin, von der sie interviewt wird.[3] Maite träumt von einem toleranten, offenen Baskenland in einem offenen, toleranten Spanien, das den Pluralismus nicht verleugnet. Sie arbeitet politisch für die Initiative „!Basta Ya!", die vom europäischen Parlament den Sacharow-Preis für Menschenrechte erhielt, weil sie ihre Ziele ohne Gewalt und Fundamentalismus durchsetzen will. Von der Eta allerdings erfahren die Aktivisten Feindschaft und Hass. Für Maite ist das eine ganz persönliche Erfahrung: ihr Bruder Joseba wurde bei einem Attentat ermordet. Sie weiß, wie es ist, dem nackten Hass der Radikalen zu begegnen, als Mörderin und Faschistin beschimpft zu werden. Sie hat das erlebt, als sie mit ihrer kleinen Tochter Clara schwanger war. Und dennoch – trotz Leibwächtern und unzähligen Einschränkungen des Alltags – sie lässt sich nicht vertreiben, sie stellt sich dem Totalitarismus entgegen.

Auch wenn Maite nicht weiß, wie man soviel Horror verdaut, ihr Lachen hat sie nicht verloren. Zwar vermisst sie es, zu Fuß durch die Stadt zu laufen – aber „dafür kann ich jetzt so etwas tragen", sagt sie lachend und zeigt ihre Cowboystiefel mit Pfennigabsätzen. Im heutigen Baskenland mit „all den humorlosen Andächtigen im Tempel des Nationalismus" sei das „Lachen ein revolutionäres Element und für die Bedrohten absolut lebensnotwendig." Denn eins will Maite sicher verhindern: dass ihre Kinder traurige Menschen werden könnten. Und damit stimmt sie mit Christine Färber aus Albanien absolut überein. Maite und Christine stehen für Menschlichkeit, für Menschen, die lachen und weinen können, ohne zu verhärten und ohne zurückzuschlagen. Vielleicht hilft es dabei, die Kinder zu lieben und den Kindern das Lachen zu erhalten. Immerhin hat auch Jesus das getan.

In ihnen begegne ich Menschen, für die Freude und Schmerz, Tränen und Lachen keine Gegensätze sind. Menschen, die auch unter Schmerzen für Offenheit und Lebendigkeit stehen und sich der Kälte, der Härte und der Bitterkeit widersetzen. Die sich nicht einpanzern in Fundamentalismus und vorschneller Parteilichkeit. Und auch auf steinigen Wegen die Rosen blühen sehen. Sie können unter Tränen lachen, weil sie wissen, dass am Ende die Freude siegt – eine Freude, die den Schmerz nicht verrät und in der all unsere Traurigkeiten wegfließen, in der auch der Tod sich zum Leben wandelt. Das Osterlachen von Menschen wie Maite, die mit dem Tod ihres Bruders lebt und den gemeinsamen Überzeugungen weiter folgt, die zwischen Leibwächtern ihr Kind erzieht und mit ihm spielt, die sich schön macht und sich an ihren Stiefeln freut, dieses befreiende Lachen ist für mich ein Zeichen der Hoffnung, das andere aufrichtet. Rebellion aus Lebenslust.

Wer so der Angst und dem Tod trotzen kann, weil er oder sie von einer Sache überzeugt ist; wem das Lachen nicht vergeht, weil er nicht allein ist; wer sich wie Maite gestärkt weiß von der Kraft der Liebe und der Freundschaft, der ist wahrhaftig „vom Glück begünstigt". Johann Sebastian Bach erzählt davon in einer Arie – die Freunde Jesu können unter Tränen lachen, weil sie auf den Dornen des Leidens die Rosen schon blühen sehen.

Zeit zum Weinen – Zeit zum Lachen

Ingrid Riedel hat ein Buch mit dem schönen Titel „Zeit zum Lachen – Zeit zum Weinen" herausgegeben.[4] Es trägt den Untertitel „Emotionen, die das Leben intensiver machen". In einer Welt, in der Erwachsene sich selbst mit Prozac auf die Beine helfen und ihre Kinder mit Ritalin zu angepasstem Verhalten erziehen, ist es offenbar notwendig geworden, Mut zu machen zu starken Emotionen. Jene Unterhaltungsshows, die einem mit brüllendem Gelächter den Abend vertreiben oder die Zuschauer im Urwald das Fürchten lehren, scheinen dabei nicht zu helfen. Im Gegenteil, sie hinterlassen allzu viele abgestumpft und leer in den schwer erträglichen Alltag. Das Glück und die Furcht, die uns in den Serien vor Augen geführt werden und auf Titelblättern begegnen, sind schnell verbraucht, ihnen fehlt der Kontrast, der lebendig macht. So, ohne Hintergrund und ohne Aussicht, bleiben beide auf Dauer stumm.

„Gib mir die Gabe der Tränen, Gott, gib mir die Gabe der Sprache", zitiert Ingrid Riedel gleich in ihrem Vorwort Dorothee Sölle. Und dann erzählt sie von der heilsamen Kraft des Weinens, von der Kraft der Tränen, die den Panzer lösen und unseren Körper weich machen, bis wir wieder lachen können. Ganz ohne Lachtherapie, wie sie inzwischen nicht nur in China angeboten wird. Vielleicht sogar ohne die Clowns, die zur Freude der Kinder – und nicht nur der Kinder – eine neue Leichtigkeit und Farbe in die Krankenstationen bringen. Immerhin: ihr Dasein konfrontiert die Welt der Krankheit und Leistung, in der die einen hetzen und für die anderen die Zeit still stehen bleibt mit jener anderen des Traums, der Leichtigkeit und Würde. Und so betrachtet wäre es vielleicht nicht schlecht, an manchem Arbeits- und Lebensort einfach einmal Seifenblasen steigen zu lassen oder eine Pappnase aufzusetzen – auch außerhalb der „tollen Tage".

Bei einer Bereichsversammlung von Erzieherinnen und Sozialpädagogen der Kaiserswerther Kinder-, Jugend- und Behindertenhilfe löste sich die Anspannung beim Erstellen von Ziel- und Leistungsbeschreibungen in einem ungewöhnlichen Protest: Spaß war gefragt. „Denn wenn wir den Spaß an der Arbeit verlieren, wenn vor Anspannung keiner mehr lachen kann, dann helfen wir niemandem, sein Glück zu finden." Vielleicht wäre es das Geld wert, einen Clown zu beschäftigen, meinten die Mitarbeiter.

Da müsste doch einer her, der lachend alles in Frage stellt und damit für heilsame Unterbrechungen sorgt. Die jungen Leute waren einem Trend auf der Spur. Denn auch Managementberater wie Fritz Maywald denken inzwischen darüber nach, die eingefahrenen Wege in Frage zu stellen und etwas Narretei ins Management zu bringen.[5]

Wo das Lachen die Anspannung, die Angst und die Tränen löst, wo es uns leicht macht wie die Kinder oder die Engel, da kommt es zum Ziel. Unzählige Male hat meine Mutter mir erzählt, wie sie als Jugendliche bei einer Beerdigung Tränen gelacht hatte: ein Zylinder war von der Empore der Friedhofskapelle gefallen, einer Frau, die unten saß, direkt auf den Kopf. Und weil der dunkle, steife Hut, der Frau viel zu groß war, fiel er ihr über die Augen, sodass sie ganz verdattert ihr Gesangbuch in den Schoß legen musste. Wahrhaftig, eine Zirkusszene in der Kirche. Kein Wunder, dass der Kontrast sich im Lachen löste, in einem zunächst unterdrückten, glucksenden Lachen, bei dem dem jungen Mädchen die Tränen über die Wangen liefen. Dieses Lachen bei der Beerdigung hat meine Mutter zeitlebens als besonders befreiend erlebt. Und obwohl – oder weil – Krankheit, Krieg und Tod in ihrem Leben reichlich geräubert hatten, fiel ihr diese Szene immer wieder ein.

Viele kennen das Gefühl, gerade dann lachen zu müssen, wenn Traurigkeit uns steif macht und tödlicher Ernst den Augenblick verdunkelt. Dieses Lachen zieht den Vorhang auf, weckt und öffnet alle Tore. Nein, dieses schwarze Trauerspiel hat nicht das letzte Wort. Der Augenblick kommt, wo alles umschlägt, wo sich Tränen in Freude lösen. Daran erinnert ja die fast vergessene Tradition des Osterlachens im Kirchenjahr. Mit einem fröhlichen Witz soll die Osterpredigt beginnen und damit der langen Passionszeit und ihrer Melancholie ein Ende setzen. Vergessen wir die Urne und die Asche; das Grab ist leer, die Sonne scheint und das Leben beginnt hier.

Ein Wunder, dass ich so fröhlich bin

„Ich komm, weiß nit woher,
ich fahr; weiß nit wohin.
Mich wundert's, daß ich fröhlich bin",

heißt es in einem alten Vers. Tatsächlich wissen wir manchmal gar nicht, woher unser Lachen kommt – und das nicht nur bei der Beerdigung. Ein Scherz steckt an, ein Witz deckt Spannungen auf, ein herzliches Wort macht unser Leben leicht, ein Tier macht eine komische Bewegung, und wir lachen. Oft genug verstehen wir erst später, warum.

Aber ein paar Voraussetzungen scheint es doch zu geben, damit einem Menschen das Lachen nicht vergeht. Du brauchst wie Sophia Eltern, Erzieher oder doch Freunde, die dich um deiner selbst mögen. Vor denen du alle Masken fallen lassen und auch Blödsinn machen darfst, ohne ausgelacht und kleingemacht zu werden. Denn das schmerzt und bringt ängstliche Gestalten hervor. Du brauchst wie Maite ein Gefühl dafür, was den Einsatz lohnt, was das Opfer und die Tränen lohnt. Wer keinen Grund mehr hätte, zu trauern und zu weinen, der hat wohl auch wenig Grund zu lachen. Und – ich wage es kaum zu sagen – es wäre lohnend, wenn du mit Jesus um des Lebens willen auch den dornigen Weg gehen könntest. Ich weiß, er wird schmerzlich. Aber wo Angst und Liebe zusammenbleiben, da verlierst du nicht die Weichheit, die dich lachen lässt – früher oder später.

Wo also das Lachen verboten ist, da ist Vorsicht geboten. Da nehmen Menschen sich selbst und ihre Ziele zu ernst. Oder sie sind schon verletzt. Da hat die Angst uns gefangen genommen und die Leichtigkeit ist verflogen. So wie in Umberto Ecos Roman „Im Namen der Rose", in dem der blinde Klosterbibliothekar Gorge ängstlich über die verbotenen Bücher wacht. Am gefährlichsten erscheint ihm Aristoteles' Theorie der Komödie mit ihren ansteckenden, freizügigen Scherzen. Solche Bücher, meint er, müsse man wegschließen, vergiften, verbrennen – denn der christliche Glaube, der Kreuzesglaube biete dem Lachen keinen Raum. Aber wer das Lachen verbieten will, der vergiftet am Ende das Leben und macht das Kreuz zum Todesgötzen. Der Franziskanermönch, der das Kloster besucht und nach den verbotenen Büchern forscht, fragt deshalb mit Recht, ob Jesus etwas nicht gelacht habe.

Der Glaube lacht. Er lässt sich nicht festnageln an den Kreuzen des Alltags. Er gibt der Angst nicht das letzte Wort. Aber er nimmt die Verletzungen der anderen ernst. Wo Menschen verletzt sind, da erstirbt auch das Lachen. Wo Verbissenheit, Perfektionismus und Gewalt das Feld bestimmen, da helfen am Ende auch Witz und Satire nicht weiter – sie reißen die Wunden nur wieder auf. Vielleicht kannst du es da mit einem Lächeln versuchen. Ein Lächeln könnte entwaffnend sein. Ich meine nicht das abgeklärte Lächeln des Buddha, der alles Leiden hinter sich hat. Ich meine das Lächeln der Mutter, die ihr Kind zum Leben ermutigt, und das des Geliebten, in dessen Blick ich mich schön fühle. So, glaube ich, schaut Gott uns an. Und das ist der Grund für das Wunder des Lachens.

Gehen
Unterwegs sein – eine spirituelle Erfahrung

von Georg Friedrich Pfäfflin

„Der Weg nach Innen ist kein Spaziergang,
bei dem man sich an den
eigenen Gefühlen berauscht …"
(Dorothee Sölle)

„Vieles würde besser gehen,
wenn man mehr ginge."
(Johann Gottfried Seume,
„Mein Spaziergang nach Syrakus", 1802)

Eine Legende

Zwei Mönche lesen in einem alten Buch, es gebe einen Ort auf dieser Welt, wo Himmel und Erde einander berühren. Sie lesen weiter: Wer diesen Ort findet, der habe das Glück seines Lebens gefunden. Da machen sie sich auf, diesen Ort zu suchen. Der Weg scheint ungeheuer weit. Sie nehmen große Anstrengungen auf sich und können lange nicht finden, was sie suchen. Eine Tür sei dort, hatten sie gelesen. Man brauche nur zu klopfen und einzutreten. Endlich finden sie doch, was sie suchen. Sie stehen vor der Tür und klopfen an. Bebenden Herzens treten sie ein. Sie schauen um sich – sie stehen zu Hause in ihrer Klosterzelle.

Der Ursprung des Wortes „pilgern"

Das Leben ist eine ständige Reise auf der Suche nach dem Zuhause. „Vita est peregrinatio", haben die Alten gesagt. Das Leben ist eine Reise. Wer sich auf den Weg macht, ist ein Pilger, ein „peregrinus".

Ich möchte dem Wort nachspüren: In seinem ursprünglichen Sinn heißt peregrinus „Fremder". Er ist derjenige, der sein Heil in der Fremde sucht. Dahinter steckt der Mythos von der Gründung der Stadt Rom: Romulus hatte mit einem Pflug, gezogen von einem jungfräulichen Gespann, eine Grenzfurche um seine künftige Besitzung gezogen. Er markierte seinen Acker (ager). Sein Zwillingsbruder Remus machte sich über diese Grenzziehung lustig. Das empörte Romulus. Um die Götter, auf die er sich berief, wieder gnädig zu stimmen, erschlug er Remus und tränkte mit dem Blut des Bruders seinen Acker, seinen Besitz. Der ager romanorum, auf dessen Gebiet das Gesetz des Stadtgründers von Rom galt, stand später für die Heimat und den Rechtsbereich der Römer. Wer innerhalb der Grenzen des späteren Imperium Romanum wohnte, der unterstand dem römischen Recht, war römischer Bürger und hatte Rechtssicherheit.

Wer außerhalb der gesetzten Grenze lebte – per agrum –, der war recht- und heimatlos, ein Fremder. Zusammen mit den „Armen" bildeten die „peregrini" eine soziale Schicht.

Erst mit dem Anwachsen der Pilgerbewegung in der christlichen Welt bekam das Wort „peregrinari" die Bedeutung von „pilgern". Das klingt harmlos und fromm. Die, die sich auf den Weg gemacht haben, wissen aber, was es heißt, über den eigenen Acker hinaus zu gehen, in die Fremde.

Vita est peregrinatio

Wie kommt es, dass die Idee vom menschlichen Leben als einer Pilgerreise zu einer echten Massenbewegung im Mittelalter führte? Juden wie Christen verstanden sich als Fremde in der Welt.

Abraham verlässt auf Geheiß Jahwes seine Heimat „zum Segen aller Geschlechter". Mose führt das Volk Israel aus Ägypten und wandert 40 Jahre durch die Wüste „ins gelobte Land". Die Diaspora-Juden pilgern zum Passahfest jedes Jahr nach Jerusalem.

Die Predigt, die Papst Calixtus II. in Santjago de Compostela, neben Jerusalem und Rom der wichtigste Pilgerort im 12. Jahrhundert, gehalten hat und die Bestandteil des Liber Sancti Jacobi, eines bedeutenden mittelalterlichen Pilgerführers, ist, legt dar: „Wie der Pilgerweg auf die alten Väter zurück geht und wie er beschritten werden soll. Er nahm seinen Ausgang bei Abraham, wurde von Abraham, Jakob und den Söhnen Israels bis zu Christus fortgesetzt, um durch Christus und die Apostel bis heute bereichert zu werden". „So war unser Herr Jesus Christus nach seiner Auferstehung von den Toten, bei seiner Rückkehr nach Jerusalem, der erste Pilger, so dass die entgegenkommenden Jünger ihm sagten: ‚Bist du denn der einzige Fremdling (Pilger) in Jerusalem?'" Die mittelalterliche Kirche versteht sich als „ecclesia peregrinans", als pilgernde Kirche.

Die spirituelle Erfahrung des Kreuzgangs

Wenn wir heute in oder vor mittelalterlichen Klöstern stehen, und seien es nur Ruinen, dann staunen wir über die Schönheit dieser Bauwerke. Vielleicht ahnen wir, dass das, was wir heute als ästhetisch empfinden, durch eine andere Spiritualität geschaffen wurde, die uns nicht mehr zugänglich ist.

Die Erfahrung des Unterwegsseins auf Erden wird in den Bauwerken ausgedrückt. Jeder Stein hat seine Botschaft. Nichts ist zufällig. Suchen wir nach der Botschaft, so müssen wir uns dem Mönchtum selber stellen, das innerhalb der Kirche den Stand der Vollkommenheit darstellt, selbstverständlich nicht der erlangten Vollkommenheit, sondern der zu erlangenden, der erstrebten. Ein Mönch ist immer auf der Suche nach Gott, er hat ihn nicht. Das damit zusammenhängende Wegmotiv findet seinen baulichen Niederschlag im Kreuzgang. Er ist das geographische und spirituelle Herz des Klosters. Die Bauweise führt uns ins 6. Jahrhundert zurück, als in St. Gallen der Plan eines „Musterklosters" entstand. Nichts wurde dem Zufall überlassen: Eine Seite des Kreuzgangs zum Beispiel lehnt sich an die Südseite des Kirchenschiffs an. Die hohen Mauern der Kirche sollen die ungesunden Nordwinde abhalten. Der Standort der Kirche wurde so gewählt, dass die Schatten der Kirche nicht in den Kreuzgang fallen. Das gesamte Klostergebäude wurde um die Bogengänge des Kreuzgangs angelegt. Rundbögen verlaufen rings um den Innenhof. Der Garten wird durch eine Türe oder einen etwas größeren Rundbogen zugänglich. Im Garten dann der Brunnen, das Wasser und der Baum.

Wird der Kreuzgang begangen, dann ziehen die rhythmischen Pfeiler- und Säulenfolgen den mittelalterlichen Menschen in den Raum hinein. Der Kreuzgang, indem er ergangen wird, wird der „Weg zu Gott". Figürlich verzierte Kreuzgesimse, Wandmalereien, Figurenkapitelle zeigen Szenen aus dem Leben Christi. Geht man im Kreuzgang, so ergeht man die Geschichte Christi. Bilder aus der Schöpfungsgeschichte lassen vor dem gehenden Mönch die Schöpfung entstehen. Sie teilt sich Schritt für Schritt mit. Fratzen, Dämonen, Echsen, Teufel sind an den Säulen dargestellt, Zwitterwesen, mal Tier, mal Mensch, mal Pflanze. Der meditierende und gehende Mönch ergeht die dunkle Seite der Schöpfung, das Unbegreifliche, das nicht Definierte. Entsetzen und Ausweglosigkeit begegnen ihm bei seinem Gehen. Der Mönch im Kreuzgang ist ein Pilger. Er setzt sich, indem er durch den Kreuzgang geht und geht, der Predigt der Bildersprache aus. Indem er geht, ergeht er Heilsgeschichte und Schöpfungsgeschichte, er begegnet Teuflischem und den Schrecken seiner eigenen Seele. Er geht, er schaut, er geht, er meditiert und betet. Indem er betet, geht er. Und indem er geht, betet er. Das ist die spirituelle Dimension des Gehens.

Wir sind heute im wahrsten Sinne des Wortes vom Weg abgekommen. Den Erkenntniswert, den spirituellen Wert dieses Weges können wir kaum noch erkennen. Wir betrachten nur. Wir staunen nur. Wir ordnen ein. Das Mysterium des Kreuzgangs aber muss man viele tausend Male ergehen.

Gehen als Andachtsform

Im Herbst 1997 gestand der Südtiroler Bergsteiger Reinhold Messner, dass er im Gehen bete. Damit meint er wohl nicht, dass er im Himalaya oder in der Arktis Gebete spricht, die er zu Hause gelernt hat. Das Gehen selbst ist das Gebet.

Wer sich auf die physische und psychische Erfahrung des Gehens einlässt, der möchte die „Spiritualität des Weges" erfahren. Und es sind viele, die diesen Weg heute wieder suchen.

Kann man die „Spiritualität des Weges" erlernen?

Staunen – Loslassen – Widerstehen

Dorothee Sölle schreibt in ihrem Buch „Mystische Reise": „Die Stationen einer heutigen mystischen Reise gehen ineinander über wie die der alten Reisen. Ich nenne sie: Staunen – Loslassen und Widerstehen." „Der erste Schritt des mystischen Wegs ist eine via positiva".

Das Staunen als Glückserfahrung. Du gehst auf dem Pilgerweg nach Santiago, von Le Puy kommend, im Frühling über das Aubrac durch Millionen von blühenden Narzissen, und dann zwischen Castrojeriz und der Fiterobrücke stundenlang durch rote Klatschmohnfelder. Die Wolken ziehen über den weiten Himmel, und wenn sie die Sonne verdunkeln, dann werden die Mohnfelder schwarz, soweit das Auge reicht, bis dann die durch die Wolken brechende Sonne wieder das weite Land in dunkles Rot taucht. Du wirst berührt vom Geist des Lebens.

Zum Staunen gehört aber auch die dunkle Seite des Entsetzens: Es sind die Erfahrungen aus der Geschichte, die sich mit dem Pilgerweg verbinden: Eroberung und Zerstörung, Betrug und Verbrechen, Verwüstung und Tod machten auf diesem Weg alles Blühende nieder. Auf wie viel Trümmern und Gräbern wächst der rote Mohn?

Kann man das Staunen lernen? „Hören, Innehalten, zur Ruhe kommen, Betrachten und Beten", sagt Dorothee Sölle – und Gehen, Gehen, Gehen. Das schafft dem Wunder Raum.

Es gibt auch eine „via negativa". „Im Staunen enttrivialisieren wir uns und machen uns auf den zweiten Pfad der mystischen Wanderung, den des Loslassens. Wie lernt man das Loslassen?" (Dorothee Sölle). Das beginnt mit ganz elementaren Fragen: Worauf freue ich mich bei dieser Reise? Was lasse ich zurück? Wer freut sich über meine Reise? Zu Hause? Dort, wo ich hingehe? Wem nützt diese Reise? Wem schadet sie? Welche Konflikte löst diese Reise aus? Welche Konflikte löst sie? Was nehme ich mit? Was will ich nach Hause zurückbringen?

Ich habe einmal auf dem Pilgerweg nach Santiago eine Frau getroffen, die in ihrem Rucksack Steine hatte. Sie erzählte, dass sie diese von zu Hause mitgenommen habe. Jetzt, wo sie älter werde, wolle sie sich Zeit nehmen, Altes zurückzulassen. Dazu habe sie die Steine im Gepäck. Symbolisch stehen sie für ihre Sorgen, und die wolle sie dort ablegen, wo Menschen schon seit Jahrhunderten Last in Form von Steinen ablegen. Am Eisenkreuz von Ponferrada wird dazu Gelegenheit sein. Gehen, pilgern als Psychodrama, als Einübung ins Loslassen, ins Abschiednehmen von Gedanken, die einen besetzen, von Gewohnheiten und Selbstverständlichkeiten, von unerfüllbaren Träumen und von Menschen, an denen das Herz hängt; leicht ist das nicht, aber Gehen hilft.

Man braucht nicht viel, um unterwegs zu sein. Wer das, was er braucht, auf dem Rücken tragen muss, merkt schnell, wieviel Unnötiges er mit sich herumträgt, nicht nur an Besitz, sondern auch an „Gewalt und Ego" (Dorothee Sölle).

„Man muss wie Pilger wandeln,
frei, bloß und wahrlich leer,
viel sammeln, halten, handeln,
macht unsern Gang nur schwer.
Wer will, der trag sich tot;

wir reisen abgeschieden,

mit wenigem zufrieden;

wir brauchen's nur zur Not",

singt der Mystiker des reformierten Pietismus, Gerhard Tersteegen, 1738.

„Abgeschiedenheit" nennt die Mystik diesen Vorgang, „Gottleiden". Denn es geht ja beim Gehen, beim Pilgern nicht nur um das Loslassen überflüssigen Ballastes, sondern auch darum, sich selbst zu vereinsamen, sich selbst zurückzuziehen. Man „baut das Elend", sagten die alten Pilger. Das ist viel ausdrucksstärker als „pilgern", als „gehen", als „wandern". Das Elend bauen, da schwingt die Angst mit, ganz allein zu sein, in der Fremde, ganz leer, einsam, verlassen von sich selbst und nichts so sehr zu vermissen wie Gott.

Man macht sich auf den Weg, um als Veränderter zurückzukommen, die „via positiva" und die „via negativa" hinter sich zu haben und auf die „via unitiva" zu gelangen, wie es die Tradition genannt hat. Das ist ein Einssein, in Gott sein, heil sein. Dorothee Sölle sagt: „Die dritte Station führt in ein Heilen, das zugleich ein Widerstehen ist. Beides gehört in unserer Situation zusammen. ‚Heil' heißt, dass Menschen in Compassion und Gerechtigkeit mitschöpferisch leben, indem sie geheilt werden, das Heilenkönnen erfahren."

Wir sind in Finisterre angekommen, gut 800 Kilometer westlich von der französisch-spanischen Grenze, einen guten Tagesmarsch über Santiago hinaus. Finisterre, das Ende der Welt. Hier gibt es kein „Ultreia!" mehr. Kein weiter …, weiter. Hier auf dem Felsen, der weit ins Meer reicht, kann man keine Hütte bauen, kein Zelt aufschlagen und zu den Freunden sagen: Hier lass uns bleiben. Hier lass es gut sein.

Hier angekommen, ist das Ziel der Reise eigentlich gar nicht das Ziel. Es ist nur eine Station auf dem Weg. Und der Rückweg ist so lang wie der Weg, den man gekommen ist. Nach Westen ging der Weg, auf das Meer zu, in dem die Sonne abends versinkt, nach Westen in den Tod. Jetzt aber müssen wir Widerstand leisten. Wir müssen umkehren. Im wörtlichen Sinn des Wortes. Wir gehen nach Osten, dorthin, wo die Sonne aus den Bergen aufsteigt und wo unser eigentliches Ziel, das Zuhause ist.

Im Buch der Richter steht eine eindrucksvolle Geschichte, sie handelt von einem Aufbruch in der Nacht und einem Weg der Sonne und dem Leben entgegen. Es ist die Geschichte von Simson und den Stadttoren (Ri 13–16). Eines Tages, so erzählt die Geschichte, kam Simson nach Gaza. Die Stadt gehörte nicht zu Israel, sondern zum Reich der Philister, den Erzfeinden Israels. Während Simson dort schlief (er war bei einer Hure gewesen), taten sich die Leute in Gaza zusammen und beschlossen: Morgen, wenn es Tag wird, bringen wir ihn um. Aber Simson blieb nur bis Mitternacht liegen. Dann stand er auf, ging zum verschlossenen Stadttor, fasste die beiden Flügel samt den Torpfosten, hob sie auf seine Schultern und trug sie den Berg hinauf, von dem aus man nach Israel sieht, nach Hebron. Und auf der Höhe des Berges ging ihm die Sonne auf.

Diese Geschichte ist später, auf vielen Bildern des Mittelalters und in vielen Glasfenstern der Dome, als ein Vorspiel der Auferstehung gemalt worden.

Vielleicht sagt das Bild dem, der zurückgeht, seinem Zuhause entgegen: Du sollst die Tore des Todes geöffnet finden, durch sie hindurchgehen, der Sonne entgegen. In den neuen Tag.

Jadokus – der Schutzheilige der Pilger

Staunen – Loslassen – Widerstehen kann man beim Gehen einüben und lernen. Aber wie bereite ich mich vor, bevor ich den Weg antrete?

In Winnenden bei Stuttgart steht in der alten Schloßkirche – einer Pilgerkirche – ein eindrucksvoller Jakobs-Altar. Neben der Darstellung von Pilgerlegenden finden sich in einer Nische die Apostel Paulus und Petrus und die beiden Jakobspilger Wendelin und Jadokus. Die Figuren wirken gereift und abgeklärt. So stellt man sich Heilige vor, Menschen, die ihre Erfahrung gemacht haben mit dem Leben, mit Menschen, mit Gott. So zu werden erhoffte man sich, aber es wird nicht gelingen. Denn dazu sind wir zu sehr belastet mit uns selbst. Vorbilder, die einen eher verzagt werden lassen angesichts der eigenen Unzulänglichkeiten. Aber draußen vor der Kirche sitzt in der ehemaligen Totenleuchte noch einmal ein Jadokus. Es ist eine kleine Gestalt, ein Epoxyd-Harzguss aus dem Jahre 1982. Ein junger Jadokus. Eher ein lässiger Typ. Vielleicht ein bisschen müde, abgespannt. Die ihm zugedachte Fürstenkrone liegt achtlos am Boden (er hat auf die Herrschaft in seiner bretonischen Heimat verzichtet). Jadokus könnte jederzeit aufstehen und gehen. Er hat die Wanderschuhe an. Er hält den Pilgerstab locker in der Hand. Die Pelerine ist umgelegt. Der Hut ist auf dem Kopf. Er hat noch gut 2000 Kilometer vor sich, den weiten Weg nach Compostela. Und den Weg zurück, nach Hause. Was wird sein? Wie wird es sein? Halte ich das durch? Komme ich je wieder nach Hause zurück? Alles ist offen. Jetzt nur der gegenwärtige Augenblick. Der Augenblick des Aufbruchs. Die kleine Pause vor dem Neuen. Alles ist leicht und ertragbar. Das Gesicht ist gesammelt und offen. Was hinter mir liegt, liegt hinter mir. Entspanntes Innehalten vor dem Weitergehen.

Wenn ich vor diesem Jadokus stehe, so wird mir seine Heiterkeit, sein Lächeln, seine Aufbruchstimmung zur Hilfe für den Tag, in den ich gehe.

Schönheit
Dass die Wahrheit im Sinne
der Unverborgenheit erscheine

von Bärbel Wartenberg-Potter und Jörn Halbe

„Man kann Gott nicht lieben,
wenn man kein Gespür für Schönheit hat."
(Dorothee Sölle)[1]

Jenseits von Eden

Eine Mutter fährt mit der kleinen Tochter ans Meer, ans karibische Meer. Zum ersten Mal wird das Kind das Meer sehen. Die Mutter hat ihm davon erzählt. Während sie noch im Auto kramt, läuft das Kind neugierig unter die Palmen und über die Sandbänke, und plötzlich sieht es das Meer: Das weite, blaugrüngolden strahlende karibische Meer. Fassungslos rennt es zur Mutter zurück und ruft: „Komm schnell, Mama, komm, hilf mir sehen."

Die Schönheit des Meeres – ein Augenpaar, eine Seele allein kann sie nicht fassen. Das Erlebnis von Schönheit ruft nach Mitteilung, es will geteilt werden und vertieft sich, wenn es mit anderen gemeinsam erlebt wird. Eine spirituelle Kraft ruft in die Gemeinschaft. Die Ergriffenheit durch ein Wunderwerk der Schöpfung weckt in uns den Wunsch, Teil dieses großen Ganzen zu werden, zu sein.

Wir beide, Autorin und Autor, haben beim Nachdenken über die Schönheit versucht, einander beim Sehen zu helfen. Und dabei die Entdeckung gemacht: Schönem begegnen kann heißen, den Riss erst deutlich zu spüren, der durch die Welt, die Schöpfung geht. Wir sind „jenseits von Eden" geboren. Hässliches umstellt uns: Rassismus, Zerstörung der Schöpfung, Unfrieden zwischen den Religionen, Hass. Das Schöne lässt uns den Schmerz nicht vergessen, mit dem wir etwas vermissen, lässt ihn uns erst richtig spüren, bringt uns auf die Spur. Mystisch gesprochen: Dass wir Gott vermissen.

Dieser Schmerz und die Augenblicke aufscheinender Schönheit sind darum ein Anfang, ein Anfang auf das hin, was Bert Brecht in dem Gedicht „An die Nachgeborenen" beklagt: Er sei „verzweifelt, wenn da nur Unrecht war und keine Empörung"[2]. Ja, warum ist da so wenig Hunger? Hunger nach dem Ausstehenden, Versprochenen, dem Schönen in seiner gerechtesten Gestalt, also Hunger nach Gott? Die eine mögliche Erklärung: Menschen können sich durch ästhetische Momente ablenken, beruhigen, vertrösten lassen, darin aufgehen. Sie begnügen sich dann sozusagen mit der Verpackung. Das kann heute in vielen Formen geschehen, auch in den Kirchen und in Gottesdiensten. „Erbarmungsloser Umgang mit den Menschen und religiöses Leben auf hohem Niveau."[3]

Aber da ist auch die Erfahrung, dass *mit einem einzigen Blick Deiner Augen* (Hl 4,9) das Schöne selbst als „das von Gott" verwandelnd in unser Leben tritt. Es bringt uns zum Singen und Loben. Vom Schönen bewegt Gott zu vermissen, oder auch durch die Erfahrung des Schönen Gott loben. Die Schönheit, die uns Brot und Trost und Freude schenkt. Die uns beflügelt, uns in Geduld harren lässt und den schweren und schönen Weg der Gerechtigkeit gehen.

Wir knüpfen an an Dorothee Sölles Mystikverständnis und finden darin eine neue Beziehung von Transzendenz und Immanenz: in der Wahrnehmung des Getrenntseins in der Natur, in der Verbundenheit eines Kindes mit Himmel und Erde, in dem Hunger nach Gott und in der Schönheit, in der Gott am Werk ist, Gott – der *Name* schlechthin, göttliches Da-Sein in Gerechtigkeit und Ganzheit. Diese Schönheit kann in uns die Gewissheit unserer Aufgabe wecken oder – *with grace* – voller Anmut und Gnade – im liebevollen Blick einer Großmutter die hässliche Welt in eine schöne verwandeln; dem Todeswunsch Einhalt gebieten. Oder die Fülle all der *Namen* Gottes öffnen.

Öffnen für die Transzendenz

„Spirituelle Freiheit wird dort gelebt, wo wir unsere Begrenzung erfahren, indem wir sie verlassen. Die mystische Ekstase bedeutet Entdeckung der Begrenzung des Geistes und Überschreiten der vorgegebenen Grenzen ... *Nicht das Selbst wird überstiegen und verlassen, wohl aber das erstarrte, im Gefängnis eingeschlafene Ich.* Es wird nicht die gelebte Immanenz aufgegeben um einer phantastischen Transzendenz willen, sondern es wird eine neue Beziehung von Transzendenz und Immanenz gesucht, in der die Immanenz nicht mehr dicht, zu, verschlossen und trivial sich selbst wiederholend ist, sondern sich so für die Transzendenz öffnet, dass sie an ihr Anteil hat."[4]

Dies, will ich sagen, geschieht, wo mir Schönheit begegnet und der Augenblick es gönnt.

„Das normale Bewusstsein weitet sich, verborgene Kräfte werden freigesetzt, *so dass ‚Wahrheit' im Sinn von Unverborgenheit erscheinen kann.* Die Erfahrung einer Gegenwart des Göttlichen geschieht dann nicht mehr durch Lehre, heilige Schrift oder Sakrament vermittelt. Die Zeit steht still in der Gegenwart des mystischen Nun."[5]

Davon zwei kleine Berichte, beide vom Ufer des Meeres:

Verlangen

Es war die Zeit der späten Dämmerung. Die Brandung ließ es gut sein für diesen Tag. Der Ozean atmete ruhig. Den Sand herauf liefen die Wellen sich aus, ungewohnt leise, ungewohnt sacht, legten Schaumstreifen hin, in gebrochenem Weiß, das beim Verrinnen der Wellen langsam verlosch. Das Wasser, die Küste sonst dunkel. Nichts als nur diese Bewegung, von weit her kommend, wieder und wieder, in sich zurückkehrend, ohne Verweilen.

Da nahm ich es wahr, als griffe das Meer mit Händen nach rettendem Land. Wie, um herauszukommen aus sich; wie, um nicht in sich selbst zu ertrinken.

Verlangen. Und darin der Schmerz – nicht der Vergeblichkeit, sondern der Trennung. Als einer Trennung, bei der es nicht bleiben kann, ohne dass aufscheinen würde, wie dann. An Land kommen, endlich …

Als sich mir Worte einstellten, waren es diese: *Dass alles Geschaffene insgesamt seufzt und in Wehen sich windet bis jetzt und wartet …* Alles Geschaffene! Auch schon das unvergiftete Meer, auch die noch nicht von Ölpest befallenen Strände. *Hoffen wir aber, was wir nicht sehen, bleiben wir dran mit Geduld.*[6]

Drachentöter

Der Junge hielt eine Rute in beiden Händen. Sie war etwa viermal so groß wie er. Keine Angelrute, obwohl es von ferne so aussah, als spielte er ‚Angeln‘. Es war ein ins Krumme und Schiefe gewachsener Ast, auf dem Weg mit dem Fluss hinein ins Meer aller Zweige beraubt, mit der Flut an den Strand getrieben, bei Ebbe dort liegen gelassen.

Der Junge war vier, vielleicht fünf, blaues Hemd, kurze Hosen; mit dem Kopf der Kinder noch, rund und eigenwillig groß im Verhältnis zum Körper, in dem er sich zu Hause fühlte, wie nur ein Kind es zu fühlen vermag. Barfuß. Die runden Beine knöcheltief im nassen Sand des Strandes. Und in beiden kleinen Fäusten fest der lange Ast.

Aber er spielte nicht ‚Angeln‘.

Mit der steigenden Flut waren die großen, die mauerhoch wachsenden Wellen der Brandung wiedergekommen. Ihnen vermaß er sich! Seinen ganzen Leib warf er in die Stimme, seine ganze Stimme warf er ihnen entgegen: Ihnen gebietend, mit hoch, in ihre Höhe hinauf geschwungener Rute. Was er schrie, zerpflückte das Rauschen der Seen, die sich mit dem Übermut, dem Gleichmut, dem verdammten, mit vollkommen unantastbarer Macht kopfüber an den Strand kobolzten; nur seine Stimme war da, geladen von Willen: ‚Auf die Knie!‘, hätte der Sinn sein können; ‚Halt, oder …!‘.

Sie hörten nicht. Aber er wusste ihr Ende.

Noch eben gebläht von der ganzen Gewalt ihrer Tonnen von Wasser, mussten sie – auslaufen. Schaum in den Sand werfend wie breite Zungen, leckend, lechzend, saugend bis zu den Knöcheln der Kinderbeine hin, der Herkulessäulen in Wahrheit! Denn nun, da sie so an den Jungen heran, auf ihn zu, zu ihm hin gekrochen kamen: Traf sie die Rute. Von oben, mit hoch in den Himmel gereckten Armen, schlug der Junge den Drachen: „Là et là et là …!" In Stücke gehauen, zerhackt, zu Tode getroffen, verschrien … fielen die Wasser in sich zurück. Zischend. Doch nur – mit Wiederholung als Zukunft.

Als ich den Helden meiner Frau zeigen wollte, lag die Rute vergessen im Sand. Und irgendetwas spielte der Junge, nicht größer als die schwarze Tasche, hinter der wir ihn sahen. Eigentlich nur seinen Kopf.

Was war das Schöne gewesen, das mich Bezaubernde an diesem Bild? Die Freiheit, der Mut, die Macht dieses Kindes, das vollkommen eins mit sich war und ganz mit dem Leben verbunden. Ein Königskind, Gotteskind: *„JHWH ist König. Er hat den Erdkreis gegründet, dass er nicht wankt. Er richtet die Völker recht. / Der Himmel freue sich, und die Erde sei fröhlich, das Meer brause und was darinnen ist; … denn er kommt, denn er kommt, zu richten das Erdreich"* (Ps 96,10 –11.13)[7].

Hermeneutik des Hungers

In beiden Erlebnissen, beiden Erfahrungen treibt eine Sehnsucht, ein Hunger. Zwar, es ist wahr, auch mir ging es so: „Bevor ich wusste, was ich ersehnte, war die Sehnsucht selbst verschwunden, der Blick durch den Schleier vorbei, und die Welt wurde wieder alltäglich, leise bewegt vielleicht nur durch ein Sehnen nach der eben entglittenen Sehnsucht."[8] Desto wichtiger aber wird das Verstehen, das Entziffern dieser Sehnsucht, die sich den Dingen und Gestalten eines gewöhnlichen Abends, eines gewöhnlichen Tages am Strand ganz und gar ungesucht einschrieb. Was ist die

‚*Wahrheit*' im Sinn von *Unverborgenheit*, die darin erscheinen kann –
und wollte?

Nicht gegen eine „Hermeneutik des Verdachts", aber deren
Anspruch begrenzend, hat Dorothee Sölle versucht, „eine Hermeneutik des Hungers zu formulieren"[9]. Ein kritisch wie schöpferisch fruchtbarer Ansatz, gerade auch, wo es um Schönheit in
mystischem Erleben geht! Denn zwar gibt es „eine tiefe ... Beziehung zwischen Mystik und Ästhetik, zwischen Gottes-Freude
und der Schönheit." Doch es gibt sie bisher nur als „noch wenig
reflektierte"[10]. Das birgt die Gefahr einer Ästhetisierung mystischen Erlebens, die auch noch dies Erleben selber ästhetisierend
mystifiziert. Und genau dieser Gefahr einer ‚Mystik als Mode',
spätmodern allemal naheliegend, wehrt die Hermeneutik des
Hungers:

„Ästhetisierung der Mystik findet vielfach dort statt, wo das
soziale Ich sich verleugnet und in seiner Erlebnisgier, die an die
spätmittelalterliche Wundersucht erinnert, mit dem Trend geht,
der die sozialen Werte des gemeinschaftlichen Lebens verschwinden macht. Es gibt eine ästhetisierende Sehnsucht nach ‚Religion
pur', die mystische Elemente aufnimmt und sie individuell aneig-
net. Das Innere Licht macht dabei nicht die Realität durchlässiger,
sondern nur das sich in ihm genießende Ich. ... *Der wirkliche Hunger ist anders.* Nicht ein spielerisches Interesse daran, diese oder
jene religiöse Tradition zu beschnuppern, treibt die Suche nach
essbarem mystischem Brot voran. Sie wächst vielmehr mit jeder
neuen Niederlage Gottes, jeder weiteren Zerstörung der Erde
und ihrer Bewohner."[11]

Der *wirkliche* Hunger: Im gelebten Augenblick ihn als Hunger
zu erleben, schenkten der Abend am Meer und das spielende
Kind mir. Sehnen, das inwendig war, konnte auswendig werden,
konnte sich wahrnehmen in der Erscheinung transparent offener
Realität. Aber der *Name* des Hungers?

Schönheit des Ankommens, Standhaltens, Heilwerdens – das war der
Wunschinhalt dieses Erlebens, unbestimmt, ziehend, kein Name.
Nur, dass ich darin nicht mich gemeint sah, sondern das Dransein

der Welt und ihr Sehnen hinter dem Vorhang der Dinge. Ich teilte ihr Dransein und Sehnen, war so in ihr, sie in mir. Das Ziel, die Erfüllung, das Ankommen-, Standhalten-, Heilwerden-*Können* lag nicht bereit, nicht in ihr, stand noch aus: Das gerade war ja der Grund ihres Hungers.

Als Jesus, vom Geist in die Wüste geführt, vierzig Tage und Nächte gefastet hatte, *hungerte ihn* (Mt 4,1–11). Womit der Versucher ihn abfinden wollte, sättigen, abspeisend aber – Essen satt! Grandiosität! Weltherrschaft! –, das schlug er aus. Er hungerte weiter, hungerte durch bis auf den Grund allen Hungerns. Und da lag der Name, der aus der Schrift: *„Gott, deinen Herrn, sollst du anbeten und ihm allein untertan sein"* (Mt 4,10)[12]. Liebe zu Gott[13] war der Weg bis zum Grund, ,*Ich bin da'* war der Name, der rufende, weckende (Ex 3,14.15)[14], als der Grund wirklichen Hungers. – Jesus, als der falsche Sättiger wich, war noch allein, in der Wüste. Aber nicht in der Öde. Die Schönheit des Himmels erschien ihm: *„Und siehe, da traten die Engel zu ihm und dienten ihm."* Sie stärkten ihn, denke ich mir, Elias gedenkend (1 Kg 19,4–8). Sie machten ihn aber nicht satt. Sie stärkten ihn – zum Hungern: *„Das Reich Gottes ist nah, und nah seine Herrschaft!"*, wird er sagen. Und: *„Wohl denen, die arm sind vor Gott und es wissen. Ihnen gehört das Reich der Himmel. Wohl denen, die hungrig und durstig nach Gerechtigkeit sind. Ihr Hunger und Durst wird gestillt"* (Mt 4,17; 5,3.6)[15].

Die Schönheit des Himmels, die Liebe zu Gott machen nicht satt. Sie *wecken* den wirklichen Hunger. Den, der *das schlafende Ich im Gefängnis* nicht sogleich daraus befreit, aber selbst wach werden lässt.

Wach, zu vermissen. Wach, auf die Suche zu gehen. Wach, zu entdecken, worin erscheint, worin begegnet, was fehlt; aber auch, was ihm im Weg ist, was es aufhält, niederhält, abtreibt. Denn dieser wirkliche Hunger ist nicht ein bloßes Gefühl, das leichthin verwirrt, vermarktet, betäubt und um sich selbst gebracht werden kann. Es steckt etwas anderes dahinter, treibend, verlangend – der *Name*. Der *Ich bin da* steckt dahinter.

In der Schönheit am Werk

Soviel trifft zu: „Im ästhetischen Sinne sind wir alle Animisten, die glauben, dass allem eine lebendige Seele innewohnt.“[16] Aber von da aus ist es noch weit zu dem Geständnis, Bekenntnis in dem Gedicht „*Was hast du getan wird der engel mich fragen*“[17]:

> … die fehlende zwischenrolle in der kette der ausbeutung
> ich spiel sie
> sei nicht noch trauriger engel
> ich brauche ästhetik
> wie du deine flügel
> geh nicht weg frag mich wenigstens noch
> glaub mir jede seidene blume und jeder ton
> macht uns stärker
> mut kommt nicht aus bomben
> er wächst aus schönheit
>
> Was tust du fragt mich der engel

In der Schönheit am Werk ist der *Name*. Nicht allgemein ein Ge-spür für die Beseeltheit der Dinge qualifiziert Ästhetik als mys-tisch, nicht Konfluenz, die ihr Wahrheitskriterium statt im Erfah-renen im Erfahren selber sucht, in der Unmittelbarkeit des Erlebens von Ganzheit, Verbundenheit, Einheit, sondern das Wahrnehmen, in uns und um uns, des *Ich bin da – vermittelt* durch-aus, vermittelt im *Namen* und all seinen Namen.[18] Ihr stellt sich die Frage der Wahrheit nicht als von außen an sie gestellt, sie ist ihr eingeschrieben. Eingeschrieben als die Frage nicht nach ir-gendeiner Wahrheit, sondern nach der, die im *Namen* sich mitteilt.

Das unterscheidet die Geister. Es widerspricht einer welt-abgewandten, in sich versponnenen, in sich verliebten Theologie und Spiritualität, die Ästhetik von Ethik, Schönheit von Gerech-tigkeit, Orthodoxie von Orthopraxie trennen zu dürfen vermeint. Nicht im Namen des *Namens*! Die Schönheit, in der er am Werk ist, die das Lob der Schöpfung singen und die Menschen sich verwundern lässt über die Welt und sich selber in ihr (Ps 104 und Ps 8)[19], sie ist nicht zu trennen von Recht und Gerechtigkeit, von Mitleidenschaft und Erbarmen. Sie strahlt auf in der Epiphanie zum Gericht (Ps 50,2–6). Sie streitet als ‚andere‘, ‚fremde‘ gegen die *„ugliness of injustice“*[20] (das Hässliche der Ungerechtigkeit). Sie treibt sich herum in der Welt als die Schönheit des Samariters, „die Schönheit eines Menschen, der berührbar ist; verwundbar durch den Anblick des Verwundeten“[21]. *Ecce homo!*

Brunnen in Sarajewo

Ich trete in die langgestreckte Halle, die von hellen Steinsäulen getragen wird, die Wände ein sanftes Weiß. Eine ebenfalls steingetragene Decke wölbt sich und vervollkommnet den Eindruck geschlossener Ganzheit. Von irgendwo fällt Helligkeit herein und taucht den Raum in ein geheimnisvolles, verschwebendes Licht.

Am Ende des sonst ganz leeren Raumes steht ein Brunnen. Eine Schale aus hellem Stein. Das Wasser, türkisfarben, fließt aus vier schmalen Mündern, also in die vier Himmelsrichtungen, in ein im Boden eingelassenes Rund. Das Plätschern vertieft die Stille, die zum Schauen und Verweilen einlädt.

Ich bin seltsam ergriffen von der Schönheit des Brunnens, wünsche zu verweilen und dem schönen Augenblick zu vertrauen:

Bilder steigen in mir auf: „Wasser des Lebens …“, „Du wirst sein wie eine Wasserquelle, der es nie an frischem Wasser fehlt …“, „Sie werden kommen von Osten und von Westen, von Norden und von Süden und zu Tische sitzen im Reiche Gottes …“ Mir gehen die vielen Streitigkeiten, die Kämpfe und der Krieg durch den Kopf, die in dieser Stadt getobt haben. Wie viel Not und Tod, Hass und Gewalt sind aus dieser Stadt hervorgegangen. Die Vollkommenheit des Brunnens lässt mich die Unvollkommenheit des Lebens, auch meines eigenen Lebens sehen, nicht anklagend, eher heilend, denn sie weckt meine Sehnsucht, meinen Hunger, so vollkommen zu werden, eine Wasserquelle für andere Menschen. Ich schaue auf mein Leben, seine Beschädigung und denke angesichts des Brunnens wie Martin Luther: Erinnere dich, du bist getauft.

Dieser vollkommen schöne Brunnen – er steht in einem moslemischen Gebetsraum in Sarajewo – bewegt mich zu denken: Ich will meinen Beitrag zum Frieden zwischen den Religionen erbringen. Die Stimme, die zu mir spricht aus der Mitte dieser versammelten Schönheit des Brunnens, entlässt mich mit diesem Wunsch und Auftrag, und Franz von Assisi gibt mir dazu die Worte: „Mache mich zum Werkzeug deines Friedens ...“

There were no mirrors in my Nanas house ...

Die schwarzen Schwestern von *Sweet Honey in the Rocks* aus Washington singen seit Jahrzehnten von der Freiheit der schwarzen Menschen, besonders der Frauen, a capella, sieben schwarze Frauen mit der unvergleichlichen Musikalität der Black Music. Schwierige Sounds, schwierige Texte voller Wahrheit und Wirklichkeitssinn geben Einblick in das Leben eines schwarzen Mädchens, das bei seiner Großmutter, bei „Nana“, das Leben kennenlernt und das ganz eigene Wertesystem der schwarzen Menschen.

„Da war kein Spiegel bei meiner Nana im Haus
Kein Spiegel in Nanas Haus
Da war kein Spiegel in Nanas Haus
Kein Spiegel in Nanas Haus

Und das Schöne, das ich sah in allen Dingen
das Schöne in allem war in ihren Augen

Nie hab' ich gesehen meine Haut ist zu schwarz
Nie sah ich meine Nase ist platt
Nie wusst ich meine Kleider passen nicht
Nie merkt ich es gibt Zeug das mir fehlt

Weil die Schönheit aller Dinge in ihren Augen lag
(The beauty in everything was in her eyes)"

Was für eine Erfahrung! Ein kleines Mädchen läuft mit einem Schutzmantel durch die von Rassismus, Abwertung, Armut und Dürftigkeit gezeichnete Welt und merkt nichts von all dem. Was es umgibt, ist der liebende Blick der Großmutter, sind ihre Augen, durch die eine andere Wahrheit strahlt, das Geheimnis der Schönheit: Schön ist, was geliebt wird.

Die Welt des Rassismus wird vielleicht aus diesem Mädchen eine gequälte, verzweifelte Frau machen, die niedrige Dienste verrichtet oder als drogenabhängige Prostituierte enden wird, als verzweifelte Mutter, deren Kinder in Gewalt und Kriminalität enden, die mit Messern um die wenigen Lebenschancen kämpfen. Sie wird der Verachtung, dem Ignorieren, dem „Nicht-Ganz-Mensch-Sein" begegnen, das ihr die rassistische Gesellschaft auferlegt. Der gekreuzigte Christus, wie ihn Azaria Mbata aus Südafrika in Zeiten der Apartheid in Holz geschnitten hat, ist ihr Bruder.

Das alles kann geschehen. Aber durch all dies läuft das Mädchen hindurch, durchlebt es, durchleidet es und weiß: Es ist nicht wahr. Because I am somebody. I am a child of God. I am created in God's image. Ich bin jemand, ein Kind Gottes. Ich bin nach Gottes Bild geschaffen.

Das Böse, Verneinende hat nicht das letzte Wort. Da gab es diesen Blick der Nana, der eine andere Wirklichkeit erschuf, der einen Schutzmantel der Liebe und Unschuld um das Kind legte, den nichts und niemand zerreißen kann. Nanas Augen erschufen eine andere Welt, eine Welt, in der Schwarz schön ist, in der anderes zählt und in der das Kind getragen wird von dem Licht der Gewissheit: „Ich bin schön, weil mich ein liebendes Auge schön macht. Durch dieses Auge blickt Gott selbst auf mich." Denn dass Nana trotz eines Lebens der Erniedrigung diesen Blick behalten hat, das verdankt sie der Gemeinschaft, die sich Sonntag für Sonntag zu Gottesdiensten versammelt und mit Liedern und

Geschichten die Gottebenbildlichkeit jedes Menschen bekräftigt. Sie lehren die schwarzen Menschen, sich als Teil des gesamten Schönheitswerkes Gottes zu sehen. Deshalb webte Gott selbst der Nana diese Fähigkeit und diese Gewissheit in den Blick, den anderen Blick, mit dem sie das Kind anschaut. Die Spiegel sind nicht aufgestellt, die sie zur Unperson machen. Nanas Augen sind der wahre Spiegel, und dieser Spiegel entwirft Schönheit anders. Sie sehen das Kindergesicht, sie wissen um die unbeschädigte Kinderseele. Und die Nana kämmt das schwarze Kraushaar liebevoll – wer sagt noch, es sei hässlich? – und das wird zu einer Zeremonie der Schönheit. Sie lehrt das Kind, Gott und die Menschen anders zu lieben, umfassend, so, wie Alice Walker es beschrieben hat, wenn sie Celi in ihrem letzten Brief zu Gott beten lässt: „Lieber Gott, liebe Sterne, liebe Bäume, lieber Himmel, liebe Menschen, liebes Alles. Lieber Gott. Danke, dass du meine Schwester Nettie und unsere Kinder heimgebracht hast."[22]

Namen

Unsere Mutter sang jeden Morgen mit uns Kindern Lieder aus einem 1928 erschienenen Liederbuch für die Mädchen-Bibelkreise, zu denen sie gehörte. Das Buch trug den Titel „Unser Lied." Noch heute freue ich mich, wenn ich in den zersungenen Seiten dieses Buches blättere. Ich denke, unsere Mutter hat uns die Schönheit Gottes mit diesen Liedern in Herz und Gemüt gesungen. Die Lieder waren voll der schönsten Namen für Gott, freilich durchzogen von patriarchalen Gottesbildern, aber doch nicht nur, da waren auch Bilder voll mystischer Tiefe.

Später im Leben habe ich mit vielen Frauen nach neuen Namen für Gott gesucht und dabei entdeckt, wie viele schöne Namen die Tradition gefunden hatte.

Gott Du
unseres Lebens Mitte
Quelle Schatten Fels

Stab Brot Ziel
Morgenstern Feuersäule
Sonne Wolke Licht Glut

Adlers Flügel Gotteslamm
Löwe Panter Bärin Sturm

Wüste Leben Freude Liebe
Hüter Hirte Burg
Vaterherz Mutterherz
Herzog der Frommen
Seelentrost

Ehrenkönig Herzenskönig
Richter Kämpfer Arzt
Gnadenwunder Liebeszunder
Tiefste Weisheit
Schönste Zier
Friedefürst Kriegsmann
Herrscher Schild

achtsam strahlend dunkel licht
treu bewegt tief
abgründig unerbittlich
gnädig stark ungezählt
sehend barmherzig gerecht

Ufer Weite Kreuz
Mitleid Leidenschaft
Meeresstern Hort

sehend stürmisch aufrüttelnd vernichtend
eifernd lebendig
stark wie der Tod

Schönheit Gerechtigkeit
Hunger Durst
Brot Wasser Wein
Schlaf Traum Tränen
ewiges Denken
Kind Mann Frau
Hauch Gedächtnis Wind
Geist

lieblich gewaltig unendlich
verlangend

Todeswolke Todesmacht
Motte Made
Lebenshauch Liebe
Hilfe Heil Geburt

Höhe Kluft Verwehen Weite
Freude Blume Auge Mund
Schweigen Friede Dunkel Wort
Stern Erbarmen Mandelzweig

Blau Rot Grünkraft Gold
Mutter Vater Schwester Bruder
Freund Freundin
Geliebter Löser
Güte Zorn Recht Lied
Himmel Sehnsucht See

Bei einer Begegnung mit Vertretern der verschiedenen Religionen
erzählte mir ein geistlicher Mann aus der Tradition der indischen
Sikh, bei ihnen gebe es 1100 Namen für Gott. „Wenn Gott alles
in allem ist, dann braucht man auch so viele Namen." Ich habe
mir das Gebet von ihm erbeten, aber er hat es mir nicht geschickt. Als weiser Mann weiß er: Wir müssen alle unsere eigenen

Namen für Gott finden. Freilich, aber nicht erfinden; sie kommen uns von ferne zu – und vielleicht inspirieren sie uns zu neuen Namen.

Rosen gegen den 11. September

New York. In einem Theater in einer Seitenstraße des Broadway trägt ein einzelner Mann Texte vor, die er, ein Überlebender aus dem Südtower des World Trade Center, nach dem 11. September geschrieben hat. Es ist sein Versuch, dem Terror zu entkommen, geistig-seelisch, so, wie er ihm in letzter Minute körperlich entkommen ist.

Wenige Menschen interessieren sich noch für diese Geschichte. Das *Lamb Theater* ist wenig besucht – doch die wenigen hören gebannt die Geschichte eines Entrinnens, die Geschichte einer Rettung aus Entsetzen, Erstarren, Panik, Einstürzen, Kopflosigkeit, Lähmung, Zerstörung, zerfetzten Menschen, Blut, Staub, Sirenengeheul, Rennen, Schreien, Handys. Voller Voyeurismus, ungläubig, starrt die Welt auf die Bildschirme. Hier ist ein einzelner Mensch: Wie entkam er dem allen?

Er entkam. Zufällig, sagt er, hatte ihn ein herabfallendes Metallstück nicht getroffen, sondern einen anderen zerschmettert. Zufällig lief er in die richtige Richtung, zufällig half ihm jemand beim Aufstehen nach einem Sturz. Er entfernt sich von dem Inferno, ungläubig, er glaubt selbst nicht, dass er entkommen ist. Er weiß nicht, was er mit sich machen soll. In seinem Wohnblock sind viele tot. Wieso er nicht?

Erstarrt steht er vor der absoluten Zerstörtheit alles dessen, dem er bisher vertraut hat. Nur eines weiß er zu tun: Er kauft einen Strauß Rosen, geht blind und ohne zu denken zurück, auf das Inferno zu, auf die brennenden Trümmer. Er legt die Rosen mitten auf die Straße, kniet sich daneben. „Ich war nur leer. Diese Geste hielt mich davon ab, in das Inferno zurückzulaufen. Eine Stimme sagte: ‚Halt, nicht weiter, es gibt noch Rosen in der Welt‘."

Die Schönheit der Blumen war die Gewähr, dass das Leben noch heilig war, dass man es wieder aufnehmen konnte. Der Schrecken freilich war nicht aufgehoben. Kein Wort, keine Hand, kein Mensch, nur die Schönheit und Verheißung der unschuldigen Blumen besiegte den Todeswunsch. Gott sprach durch sie. Trostrosen waren es. Denn: „Die Ros ist ohn Warum."

Als Maria durch den Dornwald ging, schwanger mit dem Kind, das einmal eine Dornenkrone tragen würde, da haben die Dornen Rosen getragen. Etwas von der Art geschah am World Trade Center am 11. September 2001.

Glück
Wer das Glück will, will vielleicht auch Gott

von Reinhild Traitler

> *„Wenn du nur das Glück willst,*
> *dann willst du nicht Gott."*
> (Dorothee Sölle)

Den „Jahrhundertsommer" 2003 habe ich, wie jeden Sommer, mit meiner Enkelin in meinem Häuschen in Mallorca verbracht. So nach und nach kamen Familie und Gäste, die Sprachen purzelten durcheinander und das Haus atmete Tag und Nacht.

Ein Sommerleben, voller Strand und Hängematte, voll köstlicher Gerichte und prickelnder Getränke, voller Gespräche und Bücher, Musik, Lachen, Streiten, voller Kinderspiele und Abenteuer, eine glanzvolle, unvergessliche Zeit.

Jede Nacht das gleiche Ritual, wir sitzen auf der Terrasse des Hauses und blicken in den Nachthimmel, der dort so klar ist, dass man meint, die Sternhaufen der Milchstraße ausmachen zu können. Wir starren in das Gefunkel, bis uns die Augen tränen, und werden ganz still dabei. Das geht so eine lange Weile, wir können uns fast nicht trennen, „noch fünf Minuten", bettelt meine Enkelin, und wir bleiben sitzen, noch fünf Minuten, und dann gleich noch einmal und noch einmal. Man möchte am liebsten die ganze Nacht dort draußen sein, und diesen Himmel in sich einfließen lassen, diese zauberische Gegenwart, die mit der Morgendämmerung wieder verblassen und der tyrannischen Sonne das Feld überlassen wird.

Der Inbegriff des Glücks schien es mir, scheint es mir immer noch. Und doch, in einer jener heißen Nächte hatte ich einen Traum, der mich erschreckt aufwachen ließ. In einer unbestimmbaren Landschaft lag ich und hatte schrecklichen Durst. Mund und Gaumen waren so trocken geworden, dass ich nicht mehr schlucken konnte. Ich hatte ein Gefühl, als ob ein heißer Wind in meinem Mund wütete und das Innere nicht mehr aus Fleisch, sondern aus Pergament bestünde, „parchment", eingetrocknetes Lebendiges. Jemand gab mir zu trinken und ich trank, trank einen jener Lastwagen leer, die auf Mallorca das Wasser transportieren. Aber als ich fertiggetrunken hatte, war mein Mund so trocken wie zuvor, und meine Zunge immer noch ein Blatt Papier.

Da wachte ich auf, und mein Mund war tatsächlich so verdorrt wie im Traum. Benommen ging ich in die Küche, um ein Glas Wasser zu holen, und ehe ich trank, huschte einen Augenblick lang die Angst durch mein Herz, es könne mir jetzt so gehen wie in meinem Traum. Ich trank mehrere Gläser hintereinander und mein Gaumen fühlte sich nun wieder frisch an, befeuchtet. Der Durst war weg.

Dennoch, eine Distanz hatte sich eingeschlichen in mein Sommerglück, der Zauber war gebrochen.

Später dann die Frage: warum so ein Traum? Weil ich niemandem davon erzählen wollte, drehte sich das Warum in meinem Kopf im Kreis, turnte die möglichen Antworten auf und ab und landete immer wieder an den gleichen Orten: Es ist doch ganz klar, sagte die Stimme der Vernunft, es war heiß in diesen Nächten, wahrscheinlich hast du nicht genügend Flüssigkeit zu dir genommen, da träumt man vom Trinken, aber man träumt eben bloß, und der Traum löscht nicht den wirklichen Durst.

Eine andere Stimme sagte: Alles. Du hast alles getrunken und trotzdem hattest du Durst. Mitten im Glück hattest du Durst. Du hattest Durst nach mehr. Du bist unmäßig. Unmäßig mit deinen Glücksansprüchen.

Eine dritte mischte sich ein: Nicht unmäßig. Nein, du bist nicht unmäßig. Du brauchst etwas anderes, das ist doch ziemlich vordergründig. Das, was du hast, stillt deinen Durst nicht. Du verlangst – ja wonach verlangst du denn?

Glück – ein schillernder Begriff

Das Glück ist wie ein Ringelspiel.

Man hat Glück gehabt, wenn man noch einmal davongekommen ist.

Auf gut Glück überlassen wir uns manchmal dem Zufall.

Nicht selten haben wir mehr Glück als Verstand.

Ein Unglück ist ein Verhängnis, das über uns hereinbricht, ohne dass wir etwas dazutun können. Die dreizehnte Fee ist diejenige, die Unglück verheißt, weil sie zu viele gute Wünsche gehört hat! Man darf es eben nicht verschreien, das Glück.

Im Deutschen ist das Wort „Glück" unpräzise. Es trägt die Merkmale des Ursprungsworts, das Zufall, Verhängnis, Schicksal bedeutet, Worte, die darauf hinweisen, dass uns etwas von außen anspringt, überfällt, auf das wir, wenn überhaupt, nur beschränkt Einfluss nehmen können.

Aber Glück heißt auch erfülltes Leben, ein Zustand, den wir am treffendsten mit dem altmodischen Wort „Glückseligkeit", beatitudo, wiedergeben. Im Mittelhochdeutschen wurde solch ein Zustand noch mit dem Wort „Heil" bezeichnet. In diesem Sinn gebraucht auch die Bibel das Wort „Glück", wenn sie es überhaupt gebraucht, was selten genug geschieht. Eher spricht sie von der Freude in Gott, von Glückseligkeit und der Fülle des Lebens.

Die Vorstellung, dass das Glück eine Gunst des Geschicks ist, treffen wir gelegentlich nur in der Weisheitsliteratur. Dabei besteht kein Zweifel darüber, was dieses Glück ist, und wem die Menschen es verdanken: Glück ist Leben, das überquillt von Gütern und Gutem, von Genüge an allen Dingen und sichtbarem Segen, Gesundheit, Kindern, Eingebettetsein in das große Ganze, die Erfahrung, dass das Leben es gut meint mit uns.

Es steht allein in Gottes Hand, dieses Glück zu schenken oder zu verweigern, er kann es geben oder entziehen, wem und wann Gott will, Gerechten und Ungerechten gleichermaßen.

Das Unglück der Gerechten und die Tatsache, dass viele Ungerechte bemerkenswert gut und glücklich zu leben scheinen, bleibt dabei ein Paradox, das sich glaubende Menschen nicht erklären können. „Schrecken hat sich gegen mich gekehrt und hat verjagt wie der Wind meine Herrlichkeit, und wie eine Wolke zog mein Glück vorbei" klagt Hiob (30,15). Fordert Gott das Unglück der Seinen? Darauf antwortet die Bibel mit „nein". Eine verbitterte Seele, die nie das Glück gekostet hat (Ib 21, 25), ist eben gerade kein Zeichen der Wohlgefälligkeit vor Gott. Wir müssen die himmlische Glückseligkeit nicht mit irdischem Unglück erkaufen. Das Unglück in unserem Leben, das, was das menschengemachte Unrecht übersteigt, bleibt Geheimnis und Herausforderung und ist nicht Teil eines Austauschverhältnisses. Ebenso muss man nicht etwas zurückgeben für erfahrenes Glück, keine „höhere Macht" besänftigen, damit sie nicht zu neidisch wird.

Trotzdem haben sich in der Alltagskultur solche Vorstellungen erhalten, es bringe kein Glück, zu glücklich zu sein, man klopft auf Holz!

Diese Vorstellungen verstehen Glück und Unglück als Geschick, das von außen an uns herantritt, ein Unheil, das uns überfällt, ein Glück, das uns überwältigt, und dessen Ursprung rätselhaft bleibt.

Aber man kann Glück auch als eine Haltung verstehen, als einen mittleren Weg, den man suchen und gehen und finden kann. Für den Philosophen Wilhelm Schmid ist Glück ein Bewusstseinszustand „der dadurch entsteht, dass ich das ganze Leben umfassen kann, in allen seinen Aspekten". Die Grundhaltung, die zum Glück führt oder zu dem, was Schmid das „schöne Leben" nennt, ist deshalb jene des Ausgleichs, der Balance, eine stoische Gelassenheit, die vor zu großem Glück, aber auch zu großem Unglück schützt. Keine Ekstase, aber eine Heiterkeit angesichts all dessen, was das Leben für uns bereithält. Auf die Frage, ob er denn glücklich sei, antwortet Schmid konsequent, er versuche, nicht zu glücklich zu sein.

Wunschlos unglücklich?

Die Suche nach dem Glück hat Konjunktur in der westlichen Welt. Inmitten der Sattheit und Fülle der Dinge, die uns mit ihren Heils- und Glücksversprechen zu verführen trachten, macht sich bei vielen Menschen eine resignierte Daseinsverdrossenheit breit. Wir stehen vor der paradoxen Tatsache, dass wir – in der besten aller Welten lebend – nicht glücklich sind. Aus dem Waren-Leben ist noch kein wahres Leben geworden. Abenteuer und Extremerlebnisse, spirituelle Wege und erlernbare Techniken der glücklichen Lebensführung sollen Abhilfe schaffen und zu einem tieferen Glück verhelfen, als jenem der Konsumerfüllung. Aber das Glück hält sich unverfügbar.

Vielleicht leben wir tatsächlich in einer Situation kollektiven Unglücks, wenn man Unglück, mit Simone Weil, nicht als ein Ereignis, sondern als eine Entwurzelung des Lebens begreift. Ich denke, dass es einen Zusammenhang zwischen Globalisierung und Entwurzelung gibt, dass die rücksichtslose Benutzung und Verschiebung von Rohstoffen, Gütern, Menschen, Gedanken, Gefühlen und Heiligem verhindern, dass Menschen an irgendeinem Ort sich einwurzeln und „standhalten" müssen. Mobilität, Flexibilität, Fluidität, Ausweichen und sich Ablenken lassen sind Kardinaltugenden der globalisierten Marktwirtschaft – sie sind aber zugleich Praktiken der Entwurzelung, die langsam die Fähigkeit aushöhlen, sich einer konkreten Situation mit voller Aufmerksamkeit zuzuwenden. Im Gegensatz zu Weils Verständnis vom Unglück, das einen körperlichen Schmerz einschließt und die Abwesenheit eines Trostes, ist das Unglück der reichen Welt diffus, es leugnet die Schmerzen und quillt über von Tröstungen. Ständig lockt es weg von der Notwendigkeit zu verweilen, auszuhalten und standzuhalten, ohne die das Leben flach wird und ein tiefes Gefühl nicht wachsen kann. Es erzeugt eine Trägheit, die ein heimliches Einverständnis mit dem Zustand des Unglücks zur Folge hat – oder ist es der Zustand des Glücks?

Man wünscht sich nichts mehr. Nichts wirkliches jedenfalls, obwohl es ja mittlerweile immer mehr Geschenkrituale gibt – und die Schaufenster zu allen heiligen und unheiligen Zeiten überquellen von „Geschenkideen". Das wunschlose Glück und das wunschlose Unglück aber sind im Prinzip ein und dasselbe. Ein Wohlsein, das keine Wünsche mehr an das Leben hat, verkommt zwangsläufig zu Zynismus, Depression oder jener milden Hoffnungslosigkeit, die so viele Menschen in einen eigentümlichen Dämmerzustand des Verharrens versetzt.

Das wunschlose Glück ist der Feind des Glücks, weil der „Vogel Wunschlos" tatsächlich nicht weit fliegt und immer wieder auf den gleichen Bäumen landet, sie sind nur jedes Mal ein bisschen größer! Zum Glück gehört es, Wünsche zu haben, die nicht bloß auf Wunschdinge gerichtet sind, sondern auf das Leben selbst, darauf, wie wir es leben möchten, damit es ein erfülltes Leben wird, gerecht, schön und glücklich – für alle! Dieses Glück hängt mit der Erfahrung des konkreten Unglücks zusammen, mit dem Leiden am Unrecht und an den Verstricktheiten, der Empörung über die Zerstörung.

Glück ist, sich zu vergessen

„Unglück ist doch, sich ständig wahrnehmen zu müssen. Glück, sich vergessen zu können", hat Fulbert Steffensky in einem Gespräch einmal gesagt. Im gleichen Interview hat Dorothee Sölle davon gesprochen, dass ihr Glück mit Ichlosigkeit zu tun hätte: „Das Ego irgendwann ganz loslassen, weil diese Schöpfung gut ist". Diese beiden Sätze sind verwandt, aber sie stehen auch in einer Spannung zueinander.

Sich vergessen können, vor Freude, Staunen, „weg" zu sein, gehört wohl zu den Glückserfahrungen der meisten Menschen. Glück ist das, was unsere Vorstellungen vom Glück übersteigt. Wenn ich von mir selbst absehe, ist mein Verlangen nicht auf Ich-Erfüllung gerichtet, sondern aufs Ganze. Dieses Ganze hat etwas zu tun mit größeren Spannen von Zeit, einem weiteren Raum, einer Verbundenheit mit allem. Ich bin aufgehoben darin und habe gleichzeitig den Wunsch, es zu erhalten. Das Bewusstsein der Schönheit des Geschaffenen und seiner Verletzlichkeit gehören zusammen. Ich möchte es bewahren, nicht nur als ästhetischen Genuss, sondern um seiner selbst willen, weil es so ist, wie es ist. Ich habe dann das Gefühl, den Atem anhalten zu müssen, damit es nicht zerstört wird. Wo es verwundet ist, möchte ich es heilen.

Ich stehe „neben den Schuhen" meines Ich, selbst-vergessen und hin-gegeben. Vielleicht bin ich dann identisch mit derjenigen, als die ich eigentlich erschaffen wurde. Vielleicht kommt mein Glück in diesem Augenblick aus der Übereinstimmung mit mir selbst.

Ich habe solche Momente der Übereinstimmung in den unterschiedlichsten Zusammenhängen erlebt: Als ich das erste Mal schnorchelte und das Gefühl hatte, dass mir Gott begegnet in einem Schwarm von Silberfischen an einem kleinen Riff in der Karibik, vor einer unbedeutenden Insel, die einmal von Sklaven und Sklavinnen bevölkert war. Oder als wir die ganze Nacht sangen als der erste Golfkrieg begann. Es war eine Aktion hilflos-zornigen Protests, aber gleichzeitig hatte ich, während wir sangen – immer das gleiche „Dans nos obscurités, allume le feu que ne s'éteint jamais" – das Gefühl, dass wir uns auf geheimnisvolle Weise hineinsangen in eine Gemeinschaft des Widerstands, was mich mit einer Art Glück erfüllte, trotz allem. Auch als ich diesen Sommer über die Pyrenäen nach Hause fuhr, und auf der Höhe der Passstraße halt machte. Vor mir lag das Panorama der Bergketten ausgebreitet, die ganze Welt schien in dieser Fuge zwischen Himmel und Erde zu liegen, und ich war ein Teil davon. Dann sah ich die Schneisen der Skipisten, das Liniengeflecht von Masten und Drähten, das Zerstörte, und mir kamen die Tränen.

Sich selber vergessen heißt, das eigene Sein, Denken und Handeln nicht sogleich verzwecken zu müssen. Ich bin hier, ich bin in der Welt, Teil des immensen Schöpfungswerks, dessen Schönheit darin besteht, dass alles in Übereinstimmung mit sich selbst und allem anderen lebt und wirkt.

Die „Rose blühet, weil sie blühet". In den Augenblicken der Selbstvergessenheit erlebe ich, dass ich bin, ohne dass ich mich erklären und begründen muss, dass ich Teil eines unermesslichen Ganzen bin, das mich mit Staunen und Dankbarkeit erfüllt; dass ich mich dem Leben und seinem Schutz zuwenden kann, weil mein Verlangen nach mehr geht, nach der Ewigkeit des Lebens selbst, und dass ich darin aufgehoben bin. Mein Verlangen geht nach Gott.

Das Ego ganz loszulassen ist etwas anderes, als sich selbst zu vergessen, es ist – zumindest auf den ersten Blick – von einer schwer erträglichen Radikalität. Was ist damit überhaupt gemeint? Auch das ichlose „Ich" bleibt verhaftet und behaftbar, hat ein Bewusstsein von sich selbst innerhalb des Ganzen. Darüber hinaus braucht es ein Ego, um sich des Egos zu entäußern, so wie es Besitz braucht, um sich vom Besitz freizumachen. Franziskus und Clara gehörten zur Jeunesse Dorée des mittelalterlichen Assisi. Ihre Grunderfahrung war jene des Überflusses, und sie wehrten sich gegen die Gewalt, mit der er erobert und verteidigt werden musste. Ihre Freiheit war die Entäußerung und das Glück, das mit ihr kam.

Aber kann man denjenigen, die ich-schwach durch das Leben gingen und gehen, empfehlen, das Ego loszulassen, und ihr Glück in der Ichlosigkeit zu suchen? Soll man Frauen, die in der christlichen Tradition dazu angehalten waren, Altruismus und Selbstaufgabe zu üben, nahelegen, das auch weiterhin zu tun? Gibt es eine Ichlosigkeit, die nicht schon geschlechts- oder klassenspezifisch ist?

Dorothee Sölle hat Vorwürfe dieser Art in ihrem letzten Referat aufgegriffen und nochmals versucht zu sagen, worum es ihr geht: nämlich um das Leerwerden in einer Welt der Überfülle, die ständig Angebote der Ich-Erhöhung, Ich-Stärkung, Ich-Tröstung bereit hält und uns so verwehrt, uns für ein „anderes Glück" zu öffnen, das mit der Selbstvergessenheit ja nicht bloß die ekstatische Erfahrung des Einssein mit dem Ganzen verbindet, sondern die Grundbereitschaft der Hinwendung an die Gemeinschaft, mit allen Konsequenzen, die diese in sich birgt.

Glückserfahrungen sind für viele Menschen verbunden mit

Öffnung, mit Begeisterung, mit dem Impuls, das Glück mitzuteilen und zu teilen: diesen Kuss, – wenn schon nicht der ganzen Welt, so doch den Menschen die mit mir leben, beten, arbeiten!

Ja, es ist ein Unglück, sich ständig wahrnehmen zu müssen und es befreit, nicht bloß in den Spiegel zu starren, wo man manchmal nichts weiter sieht als den eigenen resignierten Blick. Es ist ein Stück Freiheit und Glück, den anderen ins Gesicht zu schauen, und dort Mut und Schönheit und Beherztheit zu erblicken.

Aber es ist auch ein Unglück, wenn man nie in den Spiegel sehen darf. Nie sich selbst wahrnehmen, mit den eigenen Augen. Wenn man sich immer nur im Spiegel der Augen der anderen betrachtet. Ego-Losigkeit heißt etwas anderes für die Gebückten, die Gesichtslosen, niedrig Gehaltenen und unscheinbar Gemachten. Sie darf weder Forderung noch Herrschaftsinstrument sein, das Rollen zuweist und Geschlechtermoral festlegt, sondern muss freie Entscheidung bleiben oder endlich werden.

Die Radikalität dieses Weges der Selbstvergessenheit und Ichlosigkeit wird nicht vom Grad der Verabschiedung von der Welt bestimmt, sondern im Gegenteil vom Grad des zur Welt hingewandten Lebens. Ich kann mich vergessen, weil ich mich in die Welt hinein vergesse, in die Schöpfung, in das Ganze. Befreit vom Blick auf mich selbst kann ich meine Energien auf mein Verlangen nach Gerechtigkeit, Mitgefühl und Frieden konzentrieren und diese Sorge in meine Alltagsentscheidungen einbeziehen. Es ist ein Glück, mich eingebettet zu wissen in die Gemeinschaft der Liebhaberinnen und Liebhaber des Lebens, es ist der Wunsch nach einem größeren Glück als alle meine Vorstellungen von Glück, es ist der Durst inmitten der Fülle, der mich aufwachen und nach Quellen suchen lässt.

Glück – das Reich der Himmel, schon jetzt

Obwohl die Bibel selten von Glück spricht, malt sie immer wieder Bilder von glücklichem Leben. Die berühmteste Rede Jesu, die Bergpredigt, entwirft ein Glück, das die Menschen mit ihrem

Sein und Handeln mitgestalten, das sie hier und jetzt erfahren, das aber nicht den gängigen Vorstellungen von Glück als gutem und schönen Leben in der Alltagskultur der Antike entsprach.

Es ist Glück, das in der Praxis der Nachfolge entsteht, wo Menschen versuchen, den Weg mit Jesus Christus zu gehen und sich dabei an der Königsherrschaft Gottes orientieren. Auf diesem Weg gibt es Schwierigkeiten, Misserfolge, Konflikte, vielleicht sogar Verrat; es gibt die Erfahrung der Machtlosigkeit und die Versuchung, aufzugeben. Aber es gibt auch das Glück der neuen Gemeinschaft.

Die Bergpredigt setzt bei den Alltagserfahrungen der Menschen an und entdeckt in ihnen die Kraft zum Widerstand und die Schönheit des gemeinsamen Lebens: Glücklich sind diejenigen, die sanft sind, nicht, weil sie die Erde besitzen werden, sondern weil es glücklich macht, gewaltfrei zu leben; glücklich sind die Barmherzigen, nicht nur, weil dies in der antiken Gesellschaft eine Versicherung auf Gegenseitigkeit war, sondern weil jeder Akt der Barmherzigkeit zu einer Atmosphäre des Wohlwollens beiträgt. Glücklich sind, die reinen Herzens sind, nicht, weil ihnen etwas im Himmelreich verheißen wird, sondern weil sie schon jetzt die Fähigkeit haben, das von Gott im anderen zu erblicken. Glücklich sind, die hungert und dürstet nach Gerechtigkeit, nicht, weil sie schlussendlich satt werden sollen, sondern weil dieser Hunger sie schon jetzt zu einer Praxis des Teilens und der Solidarität treibt. Ich glaube, sie sind glücklich, weil sie schon jetzt satt werden können.

Die Bergpredigt ist ein Gegenentwurf zur Alltagsrealität in der Pax Romana. Nicht der imperialen Hand des Pater patriae, sondern der Fürsorge des Vaters, „der in den Himmeln ist", verdanken die Menschen ihr Heil und ihre Kraft zum Widerstand gegen die allgegenwärtige Macht des Mammon.

Das Leben wird glücklich auf dem Weg der Nachfolgegemeinschaft der Jüngerinnen und Jünger. In der Rede Jesu werden keine außergewöhnlichen Taten verlangt oder unhaltbaren Versprechen gegeben. Niemand wird von goldenen Tellern essen, niemand sich auf Rosen betten. Vielmehr wird der Alltag der Menschen validiert und entfaltet seine Kraft: die erzwungene Sanftmut derer, die keine Macht haben, oder das selbstverständliche (aber vielleicht durchaus widerwillige) Teilen derer, die in Kargheit leben, werden auf einmal zu „Kernkompetenzen", die helfen, das Leben gut zu leben.

Glück heißt vielleicht, in den Dingen des Alltags einen Sinn zu erblicken und sich gleichzeitig offen zu halten dafür, dass eine andere Wirklichkeit durch sie hindurchscheinen könnte. In ihrem Buch „Pilgrim at Tinker Creek" beschreibt die amerikanische Essayistin Annie Dillard einen Baum, den sie oft betrachtete, wie einen alten Freund, selbstversunken in seine Schönheit, bis er sich eines Tages für sie in eine Feuersäule verwandelte, die dastand und leuchtete, wie eine Fackel. „Es war nicht, als ob ich sähe, sondern als ob ich zum ersten Mal gesehen würde, als ob mich ein machtvoller Blick ergriffen und atemlos gemacht hätte"[1], schreibt Annie Dillard, die sich noch nach Jahren an die Kraft erinnert, die von dem brennenden Baum ausgegangen war, und an das Glücksgefühl, das sie ergriffen hatte.

Vom Glück, Gott zu loben

Ohne das Selbst zu vergessen, können wir uns nicht verlieren in etwas, das nicht wir selbst sind. Dazu braucht es Aufmerksamkeit und Hinwendung. Einen Baum, einen Stein, eine Wolke sehen. Ein Gesicht. Einen Schmerz wahrnehmen. Einem Leiden nicht ausweichen. Lieben lernen.

Glück heißt, sich zu vergessen.
Gott loben heißt, sich zu vergessen.

Es heißt im Alltag, der uns manchmal verschlingt, ängstigt oder ratlos macht, die andere Wirklichkeit anzurufen, hervorzurufen. Nicht aufzuhören, Gott zu loben und damit diese andere Wirklichkeit zu erinnern und hochzuhalten. Genau das machen die Psalmen. Mitten in den Bedrohungen von Hunger, Krankheit und Feinden, im Bewusstsein falscher Wege, die man gegangen ist, und der Schuld, in die man sich verstrickt hat, singen Menschen Lieder des Gottvertrauens und des Gottesglücks und öffnen so ein Fenster auf das Ganze des Lebens. Wer das Glück will, will vielleicht auch Gott, will sich ergreifen lassen und Antwort geben.

Für Dorothee Sölle ist das Gotteslob, die Gottes-Freude, zur steten Praxis mystischer Frömmigkeit geworden. In einem für den 30. Juli 2003 geschriebenen Meditationstext zum Vers „Unser Herz freut sich des Herrn und wir trauen auf seinen heiligen Namen" (Ps 33, 21) schreibt sie:

„Die Freude an Gott ist vielleicht das Allerwichtigste, was die Psalmen uns lehren können … die Freude an Gott, an seiner Schöpfung, an Sonne, Mond und Sternen, die auf und untergehen, an Wäldern und Feldern, an Narzissen und Tulipan. Es ist eine Art von Glück, diese Freude an, oder sollte man nicht besser sagen ‚in Gott'?

Die Psalmen sind in einer Elendswelt entstanden, die wir uns heute kaum noch vorstellen können. Wieso spielt in dieser Welt der Ängste …das Lob Gottes eine solche Rolle? Warum freut sich unser Herz, und woher kommt dieses merkwürdige Vertrauen, dass es auch morgen etwas zum Sich-Freuen gibt? In einer jüdischen Psalmenauslegung heißt es: ‚Die Welt wird erst sichtbar, wo sie besungen wird'. Und wir werden erst glücklich, wenn wir mitsingen."[2]

Schauen

Gott schauen – in den Farben des Lebens

von Frauke Eiben

„Ich meine also nicht, dass Menschen heute Gott weniger erfahren als in früheren Zeiten; Gottes Präsenz und Gottes Abwesenheit sind im Jubel und in der Verzweiflung und manchmal gar in der rätselhaften Vermischung beider auch uns gegeben. Das Leben selber ist von dieser Qualität, die wir Gott nennen, so durchdrungen, dass wir gar nicht umhin können, von ihr zu zehren und nach ihr zu hungern. Nur wissen wir das oft nicht, weil wir sprachunfähig gemacht worden sind. Wir wagen nicht, das, was in der Tat „Gotteserfahrung" genannt zu werden verdiente, mit dem Gott der von Männern verwalteten Religion in Beziehung zu setzen ..."
(Dorothee Sölle)[1]

An meine erwachsenen Kinder

Lieber Ben, liebe Lin!

Meine wichtigste Gotteserfahrung habe ich nicht aus dem Studium von Büchern oder meiner kirchlichen Arbeit gewonnen, sondern aus einem Schmerz und einem Abschied, der euer und mein Leben geprägt hat. Ihr wart beide noch klein, fünf und sieben Jahre alt, als die Ehe zwischen mir und Eurem Vater zerbrach. Wir gingen getrennte Wege. Dass diese Entscheidung für mich bedeuten würde, meinen Weg allein zu gehen und euch zu verlassen, war eine bittere Wahrheit, die ich zu lernen hatte und nur schwer akzeptieren konnte. Immer wieder habe ich dagegen angekämpft, gehofft, gewünscht, dass eine andere Lösung möglich wäre. Vergebens. An einem Punkt, als die Mutlosigkeit und Trauer dabei

war, ganz von mir Besitz zu ergreifen, hat, so glaube ich ganz fest,
Gott mir einen Traum geschickt, der mir heraushalf:

Ein Traum gibt Grund zu hoffen

Weit hinaus geschwommen bin ich in diesem Traum, weit hinaus
aufs Meer. Ich sah euch vor mir schwimmen und strengte mich
an, euch zu erreichen. Als ich meinem Ziel zum Greifen nah
war, zog mich eine gewaltige Kraft nach unten. Ich hatte Todesangst – versank im tiefen Meer und konnte euch weder sehen
noch spüren. Doch plötzlich wandelte sich die Situation. Ich
konnte innehalten. Von der Meeresoberfläche erreichte mich ein
starkes, wärmendes Licht, und ich fand mich eingehüllt in ein tiefes Blau. Das Wasser hatte seine Bedrohlichkeit verloren, es hüllte
mich ein wie in einen Mantel aus intensivem Blau. Alles war gut,
und ich wehrte mich nicht mehr dagegen zu sinken. Nach einer
Weile spürte ich etwas Festes unter meinen Füßen, ich hatte den
Grund erreicht. In diesem Moment durchfloss mich eine große
Energie und gab mir den heftigen Impuls, mich vom Boden ab-
zustoßen. Mit einem gewaltigen Auftrieb gelangte ich an die
Oberfläche, tauchte aus dem Blau und konnte euch sehen. Lachend in der Sonne.

Nur ein Traum, kann man abwertend sagen. Träume sind
Schäume und nicht der Rede wert! Für mich ist hier jedoch
noch etwas ganz Wichtiges passiert. Als ich aus diesem Traum er-
wachte, hatte ich die feste Zuversicht: ich versinke nicht ins Bo-
denlose, ich kann Auftauchen, und euer fröhliches Lachen war
die Vision, die Verheißung: es wird gut. Vielleicht anders, als ich
es mir wünsche, aber es wird gut. Dieser Traum mit seinem Trost,
dem Licht und dem Blau begleitet mich seitdem, und ich habe
eine Ahnung davon, dass dies eine/meine Gotteserfahrung ist.

So wie ein Engel Elia Brot und Wasser bringt, als er nicht
mehr weiter wollte, schickte Gott mir das Blau von Meer und
Himmel mit seiner tröstlich kraftvollen Botschaft.

Gott schauen

Gott schauen, so nannten die Mystiker und Mystikerinnen eine Möglichkeit der Gotteserfahrung. Dieses Schauen war und ist nur möglich mit geschlossenen Augen. Das griechische Verb „myein" heißt „die Augen schließen" und „nach innen schauen". Es geht also darum, sich mit sich selber auseinanderzusetzen und die Bilder, die dabei auftauchen, anzunehmen und zu deuten. Dabei ist es wie bei jedem Geschenk so, dass wir diese Situation nicht herstellen können. Wir können allenfalls die Voraussetzung schaffen und uns einüben in den Blick nach innen. Es ist sicher kein Wunder, dass mein Gottestraum sich im Urlaub Raum nahm, in einer Zeit, in der die äußeren Stimmen leiser waren und kein Terminplan mich gefangen hielt. Gott schauen ist eine Möglichkeit zur Selbsterfahrung und Selbstfindung, auch der Heilung. Jedoch ist das „Schauen" nur der erste Schritt. Der christliche Glaube orientiert sich am Doppelgebot der Liebe: Gott lieben und den Nächsten wie mich selbst. Und so ist das, was ich von Gott erfahre, immer auf ein „Du" hin zu übersetzen. Es geht um Beziehung und um Beziehungsfähigkeit.

Für mich konnte ich diese Erfahrung so übertragen: das Schauen hat mir Mut gemacht, genau hinzusehen. Nicht nur den Verlust zu beklagen und in der eigenen Traurigkeit zu versinken, sondern zu sehen: so ist die Realität – eure, meine und die eures Vaters – und wenn wir damit leben wollen, dann geht es darum, die Wirklichkeit anzunehmen und zu gestalten. Es geht darum, Verantwortung zu übernehmen. Für euch und für mich selbst. „Nichts kann mich trennen von der Liebe Gottes": diese mystische Einsicht des Apostel Paulus habe ich im blauen Licht des Meeres gespürt, und auch das andere war deutlich: nichts kann mich trennen von eurer Liebe.

Dass unser Leben und unsere Familienbeziehung von diesem Moment an problemlos gewesen wären, kann ich natürlich nicht behaupten. Es gab auch weiterhin Tränen und Missverständnisse neben dem Lachen und der selbstverständlichen Nähe, aber es hat mir von diesem Tag an nicht mehr den Boden unter den Füßen entzogen, wenn es schwer wurde.

Dass aus der Gotteserfahrung eine Veränderung der Alltagswirklichkeit wird, dass aus dem Hinsehen der Mut zum Handeln erwächst, ist eine Kraftquelle in der Mystik des Alltags, die ich seitdem versuche, lebendig zu halten.

Ein Meer von blauen Gedanken

„blau: farbempfindung durch die wellenlänge
0,00044–0,00049 mm verursacht.
blau, eine kurzwelle. die emission von blau durch glühende körper nimmt mit steigender temperatur zu …
wenn ich die augen schließe, wird es blau. Vielleicht ein chemisches reagenz?"[2]

Nicht irgendeine Farbe des Farbspektrums umgab mich in meinen Traumbildern. Es war Blau. Und das ist gewiss kein Zufall.

Blau ist neben Rot bei den Deutschen die beliebteste Farbe. Sie strahlt Seriosität und Vertrauen aus. Nivea, Aral, Deutsche Bank und Tempo-Taschentücher wollen auch durch ihre Farbsprache überzeugen. Sicherheit, Vertrauen, Gesundheit, Frische. Etwa 80 % der deutschen Unternehmen hatten bis Anfang der 70er-Jahre Blau als Hausfarbe gewählt, um das Firmenimage positiv darzustellen.[3]

Für mich ist das Blau sehr viel mehr, als sich hinter diesen Zuschreibungen verbirgt. Es lockt mich, inspiriert mich, spricht zu mir von meinen Sehnsüchten und Träumen. Es ist eine Farbe der Gotteserfahrung. Goethe hat dem Blau in seiner Farbenlehre den Widerspruch zwischen Reiz und Ruhe zugeordnet. Er schreibt: „Wie wir einen angenehmen Gegenstand, der vor uns flieht, gern verfolgen, so sehen wir das Blaue gern an, nicht weil es auf uns dringt, sondern weil es uns nach sich zieht."[4] Er beschreibt damit einen Sog und eine Kraft, die uns begegnet, wenn wir in uns hinein schauen, oder die uns beim Staunen über die

Schöpfung ergreift. Das Blau des Himmels und des Wassers spricht zu mir von Gott und ist in mir, wenn ich die Augen schließe. Es gibt meinen Gedanken Raum und eröffnet Räume. Es versammelt mich und hilft mir, zum Schweigen zu kommen. Diese heilsame Wirkung habe ich oft in unseren Griechenland-Urlauben gespürt. Der blaue Himmel, das blaue Meer und Zeit für blaue Gedanken. Aber auch in meiner Alltags-Spiritualität spielt es eine Rolle. In meiner Zeit als Pastorin in Travemünde war es ein blau-gefasstes Fenster im Altarraum der St. Lorenz-Kirche, das mich wie kein anderer Gegenstand in der Kirche zum Beten und zum Schweigen versammelt hat. Jesus am Kreuz war auf diesem Fenster zu sehen, die Frauen trauernd an seiner Seite, Leid und Schmerz in ihren Gesichtern. Dass es dennoch eine tröstliche Botschaft ausstrahlt, liegt an dem Blau, das alles umhüllt. Es ist Zeichen für Gottes Liebe und Nähe, die auch im Tod und in der Sinnlosigkeit des Leidens nicht fern sind. Hier verbinden sich Göttliches und Menschliches, Zeit und Ewigkeit, Schmerz und Trost in einer Farbe. Alles ist aufgehoben in Gott.

Wie Mosaiksteine gehören diese Blau-Erfahrungen zusammen. Der Traum, die Natur und die Kunst – vielleicht auch mein Tick, blaue Dinge in meinem Zimmer zu horten –. Die Farbe ist für mich in all ihren unterschiedlichen Nuancen eine Erinnerung und ein Anhaltspunkt für den Zugang zu einer anderen Dimension. Es ist ein Fenster zu Gott. Ernst Bloch beschreibt das Blau als eine „Fernfarbe", die „anschaulich-symbolisch das zukunftshaltige, noch-nicht-Gewordene in der Wirklichkeit"[5] beschreibt. Das gilt für unsere Beziehung zu Gott und für unsere Beziehungen zueinander.

Wie alles im Leben, so hat auch das Blau in seiner Farbsprache zwei Seiten. Es hilft zur Konzentration, zur Ruhe und zur Versenkung, aber es kann auch gefangen halten und uns durch seinen Sog der Welt entfremden. „Ich darf allerdings nicht in der blauen Sphäre bleiben, sonst gerate ich in einen Zauber hinein und komme nicht mehr in die Rot-Welt zurück"[6], so beschreibt Otto Betz die Ambivalenz, die wir im Blick behalten müssen. Das Wichtige an meinem Traum war ja neben dem blauen Trost das Auftauchen. So verstehe ich den christlichen Glauben als ein Aufeinanderbezogensein von Versenkung und Beziehung, Gebet und Tat, Mystik und Widerstand, wie Dorothee Sölle es nennt. In die Farbsprache übersetzt heißt das, dass die Mischung von Blau und Rot, von Ruhe und Energie sich die Waage hält und aufeinander bezogen bleibt. Es geht nicht um den Rückzug aus der Welt, sondern um das Kraftschöpfen für alles, was uns aufgetragen ist.

Wenn ich mir was wünschen dürfte ...

Vielleicht fragt ihr euch, warum ich euch nach all den Jahren diese Geschichte, diesen mystischen Traum aufgeschrieben habe. Einmal ist es ein Stück von mir und meinem Glauben, das ich mit euch teilen möchte. Es ist Teil meiner Gottesbeziehung, die vielleicht nicht sichtbar geworden ist in unserem Miteinander und die auch bei mir Zeit zum Wachsen brauchte. Es ist ein sehr persönlicher Blick nach innen, ein Versuch, eine Erfahrung in Sprache zu übersetzen. Dabei hat mich die Lektüre und Auseinandersetzung mit einer Gotteslehrerin wie Dorothee Sölle inspiriert und ermutigt, meine Alltagserfahrungen ernst zu nehmen und in ihnen Gottes Handeln an mir zu schauen. Diese eigene Wahrnehmung hat mich sensibler gemacht für die Sehnsucht, bei anderen Worte für ihren Glauben und ihre spirituelle Suche zu finden.

Für euch, für euren Lebens- und Glaubensweg wünsche ich mir deshalb:

Traut euch, eure Lebenserfahrungen als Gotteserfahrungen zu deuten!

Oft setzt schon im eigenen Kopf die Schere an, dass wir trennen in Bereiche, in denen der Glaube eine Rolle spielt, und Bereiche, die von Gott unberührt bleiben. Mit dieser Trennung, auch wenn sie eine lange Tradition hat, schneiden wir uns von einer wichtigen Lebensader ab. Gott in unseren Alltag zurückholen, ist eine spirituelle Aufgabe, in die wir uns einüben können.

„Während in Wirklichkeit Gott an vielen Stellen unseres Lebens präsent und erkennbar ist, fehlt uns Sprache, Gott zu nennen. Die Trivialisierungsmacht ... redet uns ein, was wir erfahren, sei doch „nichts als ‚technologische Notwendigkeit, die Folge von Ursachen, die außerhalb unserer Kontrolle sind, emotionale Überspannungen usw.'." [7]

Traut euch im Glück und in der Freude, im Schmerz und in der Niederlage, im Warten auf die Liebe, im Gelingen einer Arbeit, bei der Suche nach dem Weg ins Leben Gottes Gegenwart zu erwarten und zu spüren. Durch diese geistige und geistliche Dimension hat der Alltag ein anderes Gesicht. Er ist nicht belanglos und trivial, getrennt von der Glaubenserfahrung, sondern, wie es in alter Sprache heißt, geheiligt.

„Mit meinem Gott kann ich über Mauern springen": der Konfirmationsspruch, den ihr beide und auch euer jüngster Bruder euch ausgesucht habt, erzählt etwas von der befreienden Kraft des Glaubens, der es nicht nötig hat, sich einsperren zu lassen in Gebäude der theologischen Richtigkeiten und gesellschaftlichen Erwartungen.

Unsere Gesellschaft ist in vielen Bereichen eingestellt auf den schnellen Konsum und den schnellen Erfolg. Hunderte von Büchern und Broschüren machen uns vor, wir könnten, wenn wir nur einem bestimmten Plan folgten, glücklich und erfolgreich werden. Ich glaube, das ist zu einfach. Es gibt Dinge, auf die müssen wir warten oder uns einüben. Die Liebe, das Glück kommen nicht automatisch, wenn wir ein bestimmtes Programm absolvieren. Es ist nicht machbar. Was wir jedoch tun können, ist, dass wir diesen Erfahrungen eine Möglichkeit geben, sich in uns zu ereignen. Dass wir ihnen quasi in unserem Alltag eine Landebahn bereithalten. Deshalb möchte ich euch zurufen:

Achtet auf „blaue Momente"

In einer Alltagswelt, die geprägt und strukturiert ist durch den Terminplaner, das Mobiltelefon und den Computer bleibt wenig Raum, für die Seele zu sorgen. Immer aktiv, immer erreichbar, das ist das Lebensmotto eurer Generation. Mit einem Klick in das World-Wide-Web scheinen alle Ziele erreichbar. Manchmal habe ich die Sorge, dass euer Studium, Informatik und Betriebswirtschaft, diese Seite des Lebens über Gebühr stärkt.

Doch niemand kann nur funktionieren und es ist unmöglich, immer „im roten Bereich" aktiv zu sein. Deshalb: Achtet auf das Blaue in eurem Leben! Auf die Träume, die Sehnsucht, die Stille, die tiefen Gefühle, die Weite, das Geheimnis, achtet auf Gott. Schaut auf das Blau des Himmels!

Lernt sie schätzen, diese Farbe des Lebens, die „seltsamerweise die einzige Farbe ist, die wir fühlen können."[8] Den „blues" nach dem Liebeskummer, die heilende Kraft eines tiefen Traumes und den Sog in die Weite beim Blick auf das blaue Meer. Blau ist eine Fernfarbe, ein „Südwort"[9] das Platz für Gefühle schafft. Blaue Gedanken sind keine Störung der Produktivität, sondern eine Kraftquelle. Sie geben Raum, sich selbst und Gott zu begegnen und mit einem anderen Blick auf das Leben zu schauen. Ohne das Blau fehlt euch etwas Wichtiges im Leben.

Bleibt behütet!
Mama

Anmerkungen

Lieben

[1] Der Beitrag ist ein Erinnerungsgespräch Ende der 80er Jahre in Managua – noch unter den Sandinisten – im Centro Oecumenico mit Dorothee Sölle kurz vor der Regenzeit in heißen Tagen und Nächten; verwoben mit einigen ihrer lyrischen Gedichte.

[2] Sölle, Dorothee: Predigten, in: Spiel doch von Brot und Rosen – Gedichte. Berlin: Fietkau Verlag, 1983.

[3] Sölle, Dorothee: Unilateralism oder die Vorleistung Gottes. Ebd.

[4] Sölle, Dorothee: Drei Wünsche. Ebd.

[5] Sölle, Dorothee: Aus der Schule plaudern. Ebd.

[6] Sölle, Dorothee: Credo für die Erde, in: Loben ohne Lügen – Gedichte. Berlin, Kleinmachnow: Fietkau Verlag, 2000.

[7] Sölle, Dorothee: Gegen den Tod, in: Spiel doch von Brot und Rosen – Gedichte. Berlin: Fietkau Verlag, 1983.

Kämpfen

[1] Sölle, Dorothee: Den Rhythmus des Lebens spüren. Inspirierter Alltag. Freiburg: Herder, 2003, S. 107.

[2] Sölle, Dorothee: The Silent Cry. Mysticism and Resistance. Minneapolis: Fortress Press, 2001.

[3] Zitiert aus: Birch, Charles: Biology an the Riddle of Life. Sidney, Australia: University of New South Wales Press Ltd, 1999, S. 14.

[4] Ricoeur, Paul: Soi-même comme un autre. Paris: Editions du Seuil; 1990. Vgl. bes. El Dixième Etude, S. 345–410.

[5] Sölle, Dorothee: The Silent Cry. Mysticism and Resistance. Minneapolis: Fortress Press, 2001, S. 222–224.

[6] Sölle, Dorothee: Beyond Mere Obedience. Minneapolis, Minnesota: Augsburg Publishing House, 1970. Vgl. S. 49–54.

[7] Aus Fabella, Virgina / Torres, Sergio (Hrsg.): Doing Theology in a Divided World. Maryknoll, New York: Orbis Books, 1985, S. 84.

[8] Aus Joseph, M.P. (Hrsg.): Confronting Life: Theology out of the Context. Delhi: Cambridge Press, 1995, S. 36.

[9] Locke, Hubert G. (Hrsg.): The Barmen Confession. Papers from the Seattle Assembly. Lewinston / Queenston: The Edwin Mellon Press, 1984, S. 328.

[10] Sölle, Dorothee: The Silent Cry. Mysticism and Resitance, Minneapolis: Fortress Press, 2001, S. 194–195.

Tränen

[1] Sölle, Dorothee: Lob der Tränen, in: Walter, Rudolf (Hrsg.): Lob der sieben Tröstungen. Freiburg: Herder, 1982.

[2] In Jamaika gibt es z. B. den Brauch, neun Nächte nach dem Tod eines Menschen durchzuwachen und alles zu erzählen, was an Gutem und Schlechtem erinnert wird, die Konflikte kommen heraus. Nach solchen Nächten kann die Gemeinschaft weiterleben.

[3] Jones, Alan: Soul Making. The Desert Way of Spirituality. San Francisco: Harper, 1989, S.82.

[4] Einsichten zu den Wüstenvätern und der Wüstentradition habe ich dem Buch von Alan Jones entnommen, auf das ich mich im Folgenden, über die Direktzitate hinaus, beziehe.

[5] Jones, Alan, aaO., S.2, eigene Übersetzung.

[6] Zum „Schauen": „What do we see if we take the time to look? We see disconnection, absurdity, and glory – certainly these are contradictory things. If we look hard enough, we will see a great deal of glory and promise. Unfortunately our vision is often distorted by pain and suffering. But we need to look at pain and suffering if we are to see past them to the glory and the promise. There is real glory in a way of believing that tries to be honest about what it sees. This has, at least, the promise of maturity „ (Jones, Alan, aaO., S. 23).

[7] Jones, Alan, aaO., S.22.

[8] „Much of the discipline of the desert is concerned with keeping the shock and promise of love alive. Without the occasional abrasive brush with the unexpected, human life soon becomes a mere matter of routine; and, before we know where we are, a casual indifference and even brutality takes over and we begin to die inside. The shock breaks open the deadly „everydayness" that ensnares us and brings something awesome and terrifying to our reluctant attention: the believer's name for that „something" is God (Jones, Alan, aaO., S. 84).

[9] Theologisches Wörterbuch zum Neuen Testament, Bd. VI. Begr. von Kittel, Gerhard. Hrsg. von Friedrich, Gerhard. Stuttgart, Berlin, Köln, Mainz. S. 40–43.

[10] Jones, Alan, aaO., S.85.

[11] Aus einem Gedicht von Kaleko, Mascha: Die frühen Jahre.

[12] Jones, Alan, aaO., S.85.

Compassion

[1] Sölle, Dorothee: Den Rhythmus des Lebens spüren. Inspirierter Alltag. Freiburg: Herder, 2003, S. 118.

Träume

[1] Sölle, Dorothee: Erinnert euch an den Regenbogen. Texte, die den Himmel auf Erden suchen. Freiburg: Herder, 1999, S. 75.

[2] Sölle, Dorothee: Und ist noch nicht erschienen, was wir sein werden. München: DTV, 1990.

[3] Sölle, Dorothee: Träume mich, Gott. Geistliche Texte mit lästigen politischen Fragen. Wuppertal: Hammer, 1995.

[4] Sölle, Dorothee: Die Hinreise. Zur religiösen Erfahrung. Texte und Überlegungen. Stuttgart: Kreuz-Verlag, 1992.

[5] Sölle, Dorothee: Religionsgespräche. Zur gesellschaftlichen Rolle der Religion. (Red. Wieland Eschenhagen). Darmstadt, Neuwied: Luchterhand, 1975.

[6] Sölle, Dorothee / Metz, Johann B. / Kuschel, Karl-Josef: Welches Christentum hat Zukunft? Stuttgart: Kreuz-Verlag, 1990.

[7] Sölle, Dorothee: Es muss doch mehr als alles geben. Freiburg: Herder, 2002.

[8] Sölle, Dorothee: Die Erde gehört Gott. Wuppertal: Hammer, 1995.

[9] Sölle, Dorothee: Fliegen lernen. Berlin: Fietkau, 1982, S. 4.

[10] Sölle, Dorothee: Mystik und Widerstand. „Du stilles Geschrei". München: Piper, 1999, S. 228.

[11] Sölle, Dorothee: Gegenwind. München: Piper, 1999.

[12] Ebd., S. 209.

Leiden

[1] Sölle, Dorothee: Den Rhythmus des Lebens spüren. Inspirierter Alltag. Freiburg: Herder, 2003, S. 93.

Zorn und Mut

[1] Sölle, Dorothee: Den Rhythmus des Lebens spüren. Freiburg: Herder, 2001, S. 184.

[2] Sölle, Dorothee: Sympathie. Theologisch-politische Traktate. Stuttgart, Berlin: Kreuz-Verlag, 1978, S. 88.

[3] Ebd., S. 83.

Hoffen

[1] Sölle, Dorothee: Zivil und ungehorsam. Berlin: Fietkau, 1990, S. 128.

[2] Esquivel, Julia: Paradies und Babylon. Guatemaltekische Visionen und Gebete. Hrsg. u. übers. von Marion Lahusen-Matthäus. Wuppertal: Jugenddienst-Verlag, 1985, S. 22.

Gerechtigkeit

[1] Aus einem Gebet, das Dorothee Sölle bei ihrem letzten Vortrag in Wien sprach.

[2] Die folgenden Übersetzungen aus Ps 36 erfolgten teils nach Frank Crüsemann und teils nach Bail, Ulrike / Pottmann, Simone in:. Domay, Erhard / Köhler, Hanne (Hrsg.): Der Gottesdienst. Liturgische Texte in gerechter Sprache, Bd. 4: Die Lesungen. Gütersloh: Gütersloher Verl.-Haus, 2001, S. 538f.

[3] Übersetzung von Jes 58,6–9 von Jürgen Ebach in: Domay/Köhler (Hg.), a.a.0. S. 158.

[4] Dazu Frank Crüsemann: Maßstab: Tora. Israels Weisung für christliche Ethik. Gütersloh: Kaiser, Gütersloher Verl.-Haus, 2. Aufl. 2004; darin bes.: Gottes Fürsorge und menschliche Arbeit. Ökonomie und Gerechtigkeit in biblischer Sicht (S. 190–207).

[5] Dokumentation der Tagung „Sozialismus aus dem Glauben". Verhandlungen der sozialistischen Tagung in Heppenheim a.B., Pfingsten 1928, Leipzig/Zürich 1929, 217; nach Stöhr, Martin: Martin Buber und Paul Tillich – eine jüdisch-christliche Arbeit, die Wirklichkeit in die Welt zu ziehen, 2004 (im Druck).

Unterscheiden

[1] Sölle, Dorothee: Was zählt – Brief an meine Kinder, in: Diess.: Erinnert euch an den Regenbogen. Freiburg: Herder, 2003, S. 143.

[2] Vgl. im Folgenden: Ponticus, Evagrius: Praktikos. Über das Gebet. Übers. und eingeleitet v. John Eudes Bamberger, Münsterschwarzach: Vier-Türme-Verlag, 1986.

[3] Vgl. dazu Grün, Anselm: Geistliche Begleitung bei den Wüstenvätern. Münsterschwarzach: Vier-Türme-Verlag, 1991.

[4] Bamberger in: Ponticus, Evagrius: Praktikos. Über das Gebet. AaO., S. 12.

[5] Bamberger in: Ebd., S. 13.

[6] Sölle, Dorothee: Das Recht ein anderer zu werden. Stuttgart: Kreuz-Verlag, 1981, S. 149.

Achtsamkeit

[1] Sölle, Dorothee: Mystik und Widerstand. Du stilles Geschrei. Hamburg: Hoffmann und Campe, 1997, S. 226.

[2] Luther King, Martin: Testament der Hoffnung. Letzte Reden, Aufsätze und Predigten. Gütersloh: Gütersloher Verlagshaus Mohn, 1974, S. 124.

[3] Stutz, Pierre: Alltagsrituale. Wege zur inneren Quelle. München, Kösel, 2003, S. 10.

[4] Meister Eckehart: Deutsche Predigten und Traktate. Zürich: Diogenes, 1979, S. 56.

[5] Weil, Simone: Aufmerksamkeit für das Alltägliche. Ausgewählte Texte zu Fragen der Zeit, herausgegeben und erläutert von Otto Betz. München: Kösel, 1994, S. 65.

[6] Vgl. Sölle, Dorothee: Atheistisch an Gott glauben. Beiträge zur Theologie, München: Dt. Taschenbuch Verl., 1983.

[7] Sölle, Dorothee: Mystik des Todes Stuttgart: Kreuz, 2003, S. 116–117.

[8] Von Bingen, Hildegard: Der Mensch in Verantwortung. Übersetzt von Heinrich Schipperges, Salzburg: Otto Müller, 1972, S. 181.

[9] Zit. nach Alt, Franz: Der ökologische Jesus. Vertrauen in die Schöpfung. München: Goldmann, 2003, S. 177.

[10] Ghandi, Mahatma: Handeln aus dem Geist. Freiburg: Herder, 1977, S. 60–61.

Loben

[1] Sölle, Dorothee: Mystik und Widerstand. München: Piper, 1999, S. 235f.

[2] Sölle, Dorothee: Mystik und Widerstand. AaO.

Singen

[1] Sölle, Dorothee: Loben ohne Lügen. Gedichte. Berlin: Fietkau, 2000.

[2] Sölle, Dorothee: Gegenwind. Hamburg: Hoffmann und Campe, 1995, S. 9.

[3] Juhre, Arnim (Hrsg.): Singen um gehört zu werden. Wuppertal: Jugenddienst Verlag, 1976, S. 193.

[4] Sölle, Dorothee / Schottroff, Luise: Den Himmel erden. München: DTV, 1996, S. 31.

[5] Adorno, Theodor W.: Dissonanzen. Musik in der verwalteten Welt. Göttingen: Vandenhoeck & Ruprecht, 1956, S. 75.

[6] Jürgen Tillmanns in: Juhre, Arnim: Singen um gehört zu werden. AaO., S. 55.

[7] Ebda

[8] Otto Brodde in: Klusen, Ernst: Singen – heute? In Musica 1, 24. Jg., Kassel, 1970, S. 20ff.

[9] Suppan, Wolfgang: Der musizierende Mensch. Mainz/London/New York/Tokyo: Schott, 1984, S. 7.

[10] Ebda

[11] Josuttis, Manfred: Der Weg in das Leben. Eine Einführung in den Gottesdienst auf verhaltenswissenschaftlicher Grundlage. Gütersloh: Kaiser, Gütersloher Verl.-Haus, 1993, S. 178.

[12] Ritter, Adolf Martin: Alte Kirche. Neukirchen: Neukirchener Verlag, 1985, S. 14f.

[13] Schmidt-Lauber, Hans-Chr. (Hrsg.): Handbuch der Liturgik. Leipzig: Evang. Verl.-Anstalt, Göttingen: Vandenhoeck & Ruprecht, 1995, S. 513.

[14] Ebda

[15] Sölle, Dorothee: Zivil und ungehorsam. Gedichte. Berlin: Fietkau, 1990, S. 99.

[16] Ebda

[17] Klusen, Ernst: Singen – heute? AaO., S. 20ff.

[18] Sölle, Dorothee: Loben ohne lügen. Gedichte. Berlin: Fietkau, 2000, S.26.

[19] Sölle, Dorothee: Mystik und Widerstand. Hamburg: Hoffmann und Campe, 1997, S. 80.

[20] Mina, Thuma: Internationales Ökumenisches Gesangbuch. München, 1995, Nr. 226.

[21] Sölle, Dorothee: Zivil und ungehorsam, Gedichte. AaO., S. 49.

[22] Augustin: Bekenntnisse. Stuttgart: Reclam, 1977, S. 302.

[23] Luther, Martin: Werke. Frankfurt a. M.: Insel-Verlag, 1983, Band 5, S. 284f.

[24] Sölle, Dorothee: Fliegen lernen. Gedichte. Berlin: Fietkau, 1979, S. 18.

[25] Ebda S. 6

[26] Sölle, Dorothee: Loben ohne lügen. Gedichte. AaO, S. 7.

Lachen

[1] Sölle, Dorothee: Erinnert euch an den Regenbogen. Texte, die den Himmel auf Erden suchen. Freiburg: Herder, 1999, S. 156.

[2] Miller, Henry: Das Lächeln am Fuße der Leiter. Frankfurt a. M.: Suhrkamp, 1996.

[3] Baumgartner, Barbara: „Ich bin vom Glück begünstigt", in: Brigitte 1 /2004.

[4] Riedel, Ingrid (Hrsg): Zeit zum Lachen – Zeit zum Weinen. Freiburg: Herder, ²2004.

[5] Maywald, Fritz: Der Narr und das Management. München: Piper, 2003.

Gehen

Literatur zum Weiterlesen
Bottineau, Yves: Der Weg der Jakobspilger. Bergisch Gladbach: Lübbe, 1987.
Grégoire, Réginald / Moulin, Léo / Oursel, Raimond: Die Kultur der Klöster. Stuttgart / Zürich: Belser, 1995.
Herbers, Klaus: Der Jakobsweg. Tübingen: Narr, 2001.
Legler, Rolf: Sternenstraße und Pilgerweg. Bergisch Gladbach: Lübbe, 1999.
Zink, Jörg: Die goldene Schnur. Anleitung zu einem inneren Weg. Stuttgart: Kreuz 1999.

Schönheit

[1] Sölle, Dorothee: Den Rhythmus des Lebens spüren. Inspirierter Alltag. Freiburg: Herder, 2003, S. 142.

[2] Brecht, Bertolt: Die Gedichte. Frankfurt a. M.: Suhrkamp, 1981, S.722.

[3] Präses Nikolaus Schneider im Eröffnungsgottesdienst der EKD-Synode 2003 in Trier.

[4] Sölle, Dorothee: Mystik und Widerstand „Du stilles Geschrei". Hamburg: Hoffmann und Campe, 1997, S. 49 (Hervorhebung von J. H.).

[5] Ebd. S. 32 (Hervorhebung von J. H.).

[6] Vgl. Römer 8,19.22.25 – Dazu Ernst Bloch, Viele Kammern im Welthaus (1928), in: Ders.: Erbschaft dieser Zeit. Erweiterte Ausgabe, WA 4. Frankfurt a. M.: Suhrkamp, 1962, S. 387–396; S. 393: „Da hebt sich das Wasser so öd und schwer, der Fels lastet, schweigt und starrt auf seine namenlose Weise, unendlich rollt die Wogenprozession aus der Nacht in die Nacht, ungeschäftig in dunklen Geschäften, es flammt die bleiche Blitzader, wie sie Dichter sehen und Philosophen nicht durchdringen, bis auf die feinste Einzelheit in solcher Eile ausgebildet, doch von unfassbar kurzer Dauer; die Sterne brennen als Argusaugen, die keine sind, als Götter, die keine sind, als Feuerklumpen, Strahlungskörper, die keine sind, mitten in der ungeheuren Andersheit der Weltnacht: kein Begriff, weder einfühlend noch dichterisch noch qualitativ noch quantitativ, setzte diesem Übermaß an Rätseln ein Ziel; selbst die Fragestellung blieb hier blind vor Irratio: als der riesigen Anforderung an die Vernunft, die das Geheimnis nicht auflösen kann, ohne ihm gerecht zu werden. Selbst die Mystik gab […] der ,Natur' kein Haus."

[7] Vgl. auch Psalm 93 und 104,5 – 9!

[8] C. S. Lewis, zitiert bei Sölle, Dorothee: Mystik und Widerstand, aaO, S.42.

[9] Ebd., S. 72; vgl. S. 69 – 73.

[10] Ebd, S. 235. – Beziehungsreich immerhin: Bloch, Ernst: Das Prinzip Hoffnung. Frankfurt a. M.: Suhrkamp, 1959, Kap. 20 und 21!

[11] Ebd., S. 73 (Hervorhebung von J. H.).

[12] In der Übersetzung von Walter Jens.

[13] So lese ich Matthäus 4,10 mit 5. Mose 6,5.13 und Dorothee Sölle, aaO, S. 366f.

[14] Martin Buber, Franz Rosenzweig

[15] Walter Jens

[16] Sölle, Dorothee: Den Rhythmus des Lebens spüren, aaO., S. 141.

[17] Ebd. S. 106.

[18] Vgl. zum Problem Sölle, Dorothee: Mystik und Widerstand, aaO., S. 77 – 80, und siehe auch: Den Rhythmus des Lebens spüren, aaO., S. 141: „Nimmt man das Wort ,wahrnehmen' wörtlich, dann zeigt sich, dass Wahrnehmung etwas

mit Wahrheit zu tun hat. Die Wahrnehmung des Schönen verlockt uns zur Wahrheit."

[19] Dazu Sölle, Dorothee, Mystik und Widerstand, aaO., S. 235–238 und 131ff.

[20] De Gruchy, John W.: Holy Beauty. A Reformed Perspective on Aesthetics within a World of Unjust Ugliness. http://livedtheology.org/pdfs/deGruchy.pdf, S. 15; jetzt in Gerrish, B.A. (Hrsg.): Reformed Theology for the Third Christian Millennium. The 2001 Sprunt Lectures. Westminster John Knox Press, 2003.

[21] Steffensky, Fulbert: Den Willen Gottes erfüllt nur, wen fremdes Leid bewegt – das darf die Kirche nie vergessen, in: chrismon plus, 09/2003, S. 52.

[22] Walker, Alice: Die Farbe Lila. Reinbek bei Hamburg: Rowohlt, 1984, S. 211.

Glück

[1] Dillard, Annie: Pilgrim at Tinker Greek. New York: Harper Perennial, 1998.

[2] Aus: Boldern-Texte Juli/August 2003.

Schauen

[1] Sölle, Dorothee: Es muss doch mehr als alles geben. Freiburg: Herder, 2002, S. 39f.

[2] Bayer, Konrad: Topologie der Sprache. Aus: Sander, Gabriele (Hrsg): Blaue Gedichte. Stuttgart: Reclam, 2001, S. 17.

[3] Stather, Martin: Bravo, les hommes en bleu. Aus: Gercke, Hans (Hrsg.): Blau, Farbe der Ferne. Heidelberg: Wunderhorn, 1995, S. 202.

[4] Goethe, Johann Wolfgang: Sämtliche Werke, Abt. I, Bd. 23.1: Zur Farbenlehre. Hrsg. von Manfred Wenzel. Frankfurt: Deutscher Klassiker Verlag, 1991, S. 252.

[5] Bloch, Ernst: Das Prinzip Hoffnung, Bd. 1. Frankfurt: Suhrkamp, 1973, S. 144.

[6] Betz, Otto in Döring, Bruno (Hrsg.): Der Kreis, die Stille und die Farbe Blau. Eschbach: Verlag am Eschbach, 1999, S. 26.

[7] Sölle, Dorothee: Es muss doch mehr als alles geben. Freiburg: Herder, 2002, S. 40.

[8] Theroux, Alexander: Blau, Anleitungen eine Farbe zu lesen. Hamburg: Europäische Verlagsanstalt, 1999, S. 37.

[9] Benn, Gottfried: Probleme der Lyrik. Aus: Sander, Gabriele (Hrsg): Blaue Gedichte. Stuttgart: Reclam, 2001, S. 137.

Zu den Autoren

Susanne Breit-Keßler, geb. 1954, Studium der Theologie und Germanistik, Pfarrerin und Journalistin, seit 2001 Regionalbischöfin für Oberbayern und München, zahlreiche Veröffentlichungen im Bereich Andachten und Predigten, Meditation, Ethik und kirchliche Personalführung. Lebt in München.

Cornelia Coenen-Marx, geb. 1952, Studium der Theologie und Germanistik, nach einigen Jahren Gemeindepfarramt verschiedene Aufgaben in Kirche und Diakonie u. a. als Landeskirchenrätin der EkiR und Vorstand der Kaiserswerther Diakonie. Mitherausgeberin des Monatsmaganzins „Chrismon", Mitglied des Diakonischen Rates des EKD, stellv. Vorsitzende der EKD Sozialkammer, lebt in Düsseldorf.

Marlene Crüsemann, Dr. theol., geb. 1953, z.Zt. freiberufliche Theologin, Schwerpunkt Neues Testament, Veröffentlichungen zur feministischen Theologie und sozialgeschichtlichen Bibelauslegung und zum christlich-jüdischen Dialog, lebt in Bielefeld.

Eugen Drewermann, Dr. theol., Theologe und Therapeut, Publizist. Zahlreiche Publikationen, lebt in Paderborn.

Eugen Eckert, geb. 1954, Pfarrer der Evang. Kirche in Hessen und Nassau, Dichter von Liedern, Kantaten und Oratorien, Musiker der Band Habakuk (www.habakuk-musik.de), lebt in Frankfurt a. M.

Frauke Eiben, geb. 1956, Pastorin der Nordelbischen Kirche, 14 Jahre Gemeindepfarramt, seit 2001 Referentin von Bischöfin Wartenberg-Potter, lebt in Lübeck.

Anselm Grün OSB, Dr. theol., geb. 1945, leitet als Cellerar die Verwaltung der Benediktinerabtei Münsterschwarzach. Geistlicher

ater und Kursleiter – für Meditation, tiefenpsychologische
Auslegung von Träumen, Fasten und Kontemplation. Zahlreiche
Publikationen zu spirituellen Themen.

Jörn Halbe, Dr. theol., geb. 1940, Leiter des Pastoralkollegs der
Nordelbischen und Pommerschen Kirche, lebt und arbeitet in
Ratzeburg.

Heidemarie Langer, M.A., Theologin und Kommunikationsberate-
rin in freier Praxis Ausbilderin und Seminarleiterin im Bibliodra-
ma, in Themen geistlicher Leitung und unseren Grundwerten,
lebt in Hamburg.

Johann Baptist Metz, geb. 1928, Dr. Dr. hc. mult., em. Professor für
Fundamentaltheologie in Münster, Begründer der „Politischen
Theologie", internationale Lehrtätigkeit. Lebt in Münster.

Georg Friedrich Pfäfflin, geb. 1940, Pfarrer i.R., begleitet seit einigen
Jahren Studien- und Wanderreisen nach Santiago de Compostela
als Reiseleiter, lebt in Stuttgart.

Ingrid Riedel, Professorin, Dr. Dr., Dozentin und Lehranalytikerin
am C. G. Jung-Institut Zürich, Honorarprofessorin an der Universität Frankfurt am Main und Psychotherapeutin in eigener
Praxis. Zahlreiche Publikationen. Lebt in Konstanz.

Julio de Santa Ana, geb. 1934, Professor der Soziologie und Theologie, Sao Paulo und Bossey, Autor der Studien des Ökum. Rates
des Kirchen „Die Kirche der Armen", zahlreiche Publikationen,
Mitglied der ökumenischen Vereinigung von Dritte-Welt-Theo-
logen, lebt in Genf.

Bernardin Schellenberger, geb. 1944, war 15 Jahre Trappistenmönch, 10 Jahre Seelsorger, seit 1998 freiberuflich Übersetzer und Autor v.a. spiritueller Literatur. Kursleiter von Besinnungstagen. Lebt in Stuttgart.

Uwe Seidel, geb. 1937, Pfarrer und Publizist, arbeitet seit 36 Jahren in der praktischen Gemeindearbeit, sowohl in der Basis als auch auf Kirchen- und Katholikentagen; dort besonders in der Lebendigen Liturgie, bei Lateinamerikatagen und Liturgischen Festen, lebt in Mehren/Westerwald.

Fulbert Steffensky, geb. 1933, Theologe, emeritierter Professor für Religionspädagogik am Fachbereich Erziehungswissenschaft der Universität Hamburg, Veröffentlichungen im Grenzbereich von Theologie und Pädagogik, lebt in Hamburg.

Pierre Stutz, geb. 1953, Theologe, spiritueller Begleiter, Autor zahlreicher Bücher, Kurse und Vorträge in Deutschland, Österreich und der Schweiz, lebt in Lausanne.

Reinhild Traitler-Espiritu, geb. 1940, Dr. phil., bis 2003 Leiterin des Bildungshauses Boldern, Präsidentin der Interreligiösen Arbeitsgemeinschaft der Schweiz, Mitarbeit in den Vorständen des Ökumenischen Forums christlicher Frauen in Europa und des Dt. Ev. Kirchentags. Schriftstellerische und publizistische Arbeit, v.a. zu feministischen Themen. Lebt in Zürich.

Bärbel Wartenberg-Potter, geb. 1943, Studium der Germanistik und Theologie, Direktorin beim ÖRK für Frauen in Kirche und Gesellschaft, 5 Jahre Lehrtätigkeit in Kingston, Jamaika, seit 2001 Bischöfin im Sprengel Holstein-Lübeck der Nordelbischen Evangelisch-Lutherischen Kirche. Lebt in Lübeck.